TEIL EINS:

Willkommen

KAPITEL 1

Drinks gibt's auf der Terrasse

Willkommen in meinem neuen Buch. Komm rein. Lass mich dir deine Sachen abnehmen. Hier passieren eine Menge toller Dinge, wir werden eine wundervolle Zeit zusammen haben. Im Wohnzimmer wird getanzt, im Keller läuft ein Film, und Drinks gibt's auf der Terrasse. In der Küche kriegst du ein paar radikal neue Ideen zu knabbern, und in der Garage kannst du einige richtig gute Werkzeuge ausprobieren – entweder allein oder gemeinsam mit anderen. Wir werden sicher viel zu lachen haben. Wenn du auf Schatzsuchen stehst: die haben wir auch. Ich habe im ganzen Buch Internet-Links versteckt, die dich zu Videos, Audiodateien und anderen tollen Sachen auf unserer Leser-Webseite[2] führen, die wir extra für dich und die anderen Partygäste eingerichtet haben.

Ich freue mich, dass du einfach gekommen bist, wie du bist. War auch gar nicht nötig, sich aufzubrezeln. Das hier ist nämlich ein ziemlich zwangloses Buch. Vielleicht hast du ja schon ein paar der anderen Bücher besucht, zu denen ich dich eingeladen habe. Viele davon strotzen nur so vor Interviews mit einem Haufen gebildeter Leute und haben am Ende ein Literaturverzeichnis, die sich von der Garderobe bis zum Gästeklo am anderen Ende des Flurs erstreckt. Manche meiner Bücher waren Schwarze-Krawatten-Events mit Catering und Parkservice und einem Streichquartett im Salon. Ganz anders bei diesem kleinen Grillabend-Buch, in das du hier geraten bist – hier ist Arjuna Ardagh, *chez moi*, in Flip Flops und Shorts und einem zerknitterten Hawaiihemd – du bist hier unter Freunden, und wir hängen einfach nur ein bisschen zusammen rum. Also hereinspaziert, fühl dich wie zu Hause, willkommen in der Runde. Wenn du die anderen kennenlernen willst, die zu meiner kleinen Party gekommen sind, schau doch mal hier vorbei.[3]

Ich habe dich eingeladen, weil ich etwas ganz Fabelhaftes mit dir teilen möchte. Ich möchte dir von diesem Offenen Geheimnis erzählen, das mich am allermeisten

---

[2] http://better-than-sex.kajabi.com/login

[3] http://better-than-sex.kajabi.com/groups/9763

inspiriert, für das ich über die Maßen dankbar bin und die größte Leidenschaft empfinde. Ich rede wahnsinnig gern über dieses Offene Geheimnis und dieses Offene Geheimnis ist es auch, bei dem ich mich am besten entspannen kann. Ich habe mein ganzes Erwachsenenleben der Huldigung dieses Offenen Geheimnisses gewidmet. Hier möchte ich mit dir teilen, mit welcher Leichtigkeit auch du noch heute einen Schluck von diesem Zaubertrank nehmen kannst und wie einfach es tatsächlich für jeden Einzelnen hier auf diesem Planeten ist, davon zu kosten, gleich hier, gleich jetzt, ganz genau so, wie wir jetzt bereits sind. Und damit nicht genug - ich verrate dir auch, wie du zu einem Vehikel dieses Offenen Geheimnisses, zu seinem Überbringer, seinem Kurier, seinem Fahnenträger, ja zu einem aktiven Botschafter der Herrlichkeit auf Erden werden kannst.

Jetzt mal ehrlich, wie cool ist das?

Was mich zum Titel dieses Buches führt. Ich bin sicher, die Einladung zu diesem Buch hat dich neugierig gemacht. Hier sind auch schon ein paar Leute aufgetaucht, die das „als" im Titel völlig übersehen haben.

„Bist du Arjuna?" haben sie gefragt. Ja, ich gestehe, der bin ich. „Gut, wir haben diese Einladung bekommen und wollen jetzt mehr über …" an dieser Stelle schauen sie sich verstohlen um und murmeln dann zwischen gespitzten Lippen hervor – „besseren Sex erfahren."

„Verzeihung?" frage ich sie. „Worüber wollt ihr mehr erfahren?"

„Sex. Wir sind hergekommen, um etwas über besseren Sex zu erfahren." Endlich ein tiefer Atemzug des Mutschöpfens. „Wir wollen BESSEREN SEX", platzt es aus ihnen heraus, „und zwar sofort."

„Achso, alles klar. Kein Grund, gleich so zu schreien. Das ist ein harmloses Missverständnis. Eigentlich steht auf der Einladung ‚Besser ALS Sex'. Ich kann euch etwas über das Eine erzählen, das besser ALS Sex ist. Das Offene Geheimnis, das wirklich jedem überall auf der Welt frei zugänglich ist, hier und jetzt, und das auf einen Schlag all deine Probleme löst und dir Zugang zu unendlicher Kreativität gewährt."

Einige dieser Leute nehmen trotz des Missverständnisses mein Angebot an. Andere bleiben hartnäckig dabei, dass das, was sie wirklich wollen, tatsächlich einzig und allein besserer Sex ist und nichts anderes. Die schicke ich dann rüber zu John Grays Party. Bei ihm gibt es alles, was

Mars und Venus[4] brauchen, um ihre Hormone zu einem verruchten Tango auf dem Flügel zu entflammen. Glücklicherweise funktioniert das auch perfekt und alle sind zufrieden.

Nun könntest du annehmen, dass jemand, der die kesse Kühnheit oder die ungeheuerliche Unverfrorenheit besitzt, seinem Buch den Titel „Besser Als Sex“ zu geben, einfach einen Haufen verdrängter Probleme hat, außerdem ziemlich verklemmt ist und nicht besonders auf Sex steht. Nun, da ich von Haus aus Brite bin, könnte man mit dieser Vermutung durchaus richtig liegen. *But that ain't me, babe. No, no, no.*[5] Ich liebe Sex. Sex, Sex, köstlichen, glitschigen, ungezügelten, lustvollen SEX. Ja genau, hierher bitte, ich will mehr davon. Ich hatte, meinen repressiven britischen Genen zum Trotz, schon immer sehr viel Spaß an Sex, bereits seit über 42 Jahren, und ich bin wild entschlossen, diesen Enthusiasmus noch lange zu pflegen. Das Geheimnis, das ich dir anvertrauen will, ist so fantastisch, so mächtig, so köstlich, so unsagbar erfüllend, so vollkommen, so effektiv darin, all deine Schmerzen zu lindern und deine Beziehungen mit Liebe und Humor zu erfüllen und das Genie, das in dir steckt, zu erwecken, dass man gar keine Worte dafür findet, wie genial es eigentlich ist. Denk einfach mal an das, was du bisher für den absoluten Gipfel der Großartigkeit gehalten hast (in meinem Fall wäre das Sex), multipliziere das mit 1.000 und heraus kommt: das Offene Geheimnis, von dem hier die Rede ist.

Ich will dir nun ein bisschen mehr über diese frohe Botschaft erzählen und darüber, wie absurd es eigentlich ist, dass etwas, zu dem wir noch viel leichteren Zugang haben als zu Wasser oder Luft oder Schmutz oder niedlichen Kätzchen auf Facebook, nicht sehr viel bekannter ist als im Augenblick. *Bis jetzt.*

Zunächst einmal wäre da zu erwähnen, dass dieses Offene Geheimnis nie, nie, niemals langweilig wird. Ich selbst bin vor etwa 21 Jahren darauf gestoßen und seither habe ich jeden Tag mehrere Dosen davon genossen. Jedes Mal ist es völlig anders, es wiederholt sich nie, es ist jedes Mal, als wäre es das erste Mal. Verstehst du, was ich meine? Besser als Sex.

Dieses Eine braucht keine Upgrades, man muss es auch nie reparieren oder ersetzen. Wenn du erst einmal weißt, wie du rankommst, bleibt es ein Leben lang so glänzend und neu wie am ersten Tag. Es hat keine technischen Probleme, ist nicht mit anderen Programmen inkompatibel, kein Virus kann ihm etwas anhaben. Damit ist es nicht nur

---

[4] http://marsvenus.com/

[5] Anspielung auf einen Songtitel von Bob Dylan. Wörtlich etwa „Weit gefehlt, Schätzchen. Nee, nee, nee.“. (Anm. d. Übers.)

besser als Sex, sondern auch besser als das Betriebssystem von Macintosh, ein weiteres Lieblingsspielzeug von mir.

Dieses Offene Geheimnis ist auch äußerst praktisch, wenn du Single bist. Warst du schon mal auf einer Party und hast dich wirklich, *wirklich* allein gefühlt? Hast dich verzehrt in dem Gefühl, jemanden zu brauchen, unbedingt zu wollen, damit du dich wieder vollständig fühlen kannst? Du wirst wahrscheinlich schon festgestellt haben, dass das eine ziemlich schlechte Ausgangsposition zum Flirten ist. Je heftiger du deinen Traummann oder deine Traumfrau herbeisehnst, je verzweifelter deine Sehnsucht, desto gleichgültiger verhalten sich selbst die, die deinem Beuteschema noch nicht einmal entsprechen. Das Offene Geheimnis kann dieses Problem lösen. Nur ein paar Tropfen davon und du wirst von innen heraus in Schönheit erstrahlen. Du wirst unwiderstehlich anziehend und plötzlich tauchen wie aus dem Nichts lauter hinreißende Menschen in deinem Leben auf, und sie alle wollen nur dich. Bei mir hat's funktioniert: Ich bin mit der Königin der Herrlichkeit verheiratet, dabei wollten früher nicht mal Stinktiere mit mir ausgehen. Das macht das Offene Geheimnis übrigens nicht nur besser als Sex, sondern auch besser als Coco Chanel No.5.

Und wenn du bereits einen Partner hast, kann das Offene Geheimnis ebenfalls seinen Zauber bei dir wirken. Hast du schon mal einen romantischen Abend mit deinem Partner geplant und am Ende habt ihr euch nur wegen irgendwelchem Quatsch gestritten? Und je mehr du versucht hast, das Problem zu lösen, desto tiefer hast du dich reingeritten oder vielmehr euch beide? Das Offene Geheimnis wird das Gefühl des Getrenntseins, das zwischen euch steht, wie von Zauberhand auflösen, so dass ihr euch beim besten Willen nicht mehr werdet entsinnen können, warum ihr euch eigentlich gestritten habt. Das Offene Geheimnis lässt gerade so viel Getrenntsein zwischen euch übrig, dass ihr einander interessant, exotisch und geheimnisvoll findet, und verbindet euch andererseits so, dass ihr euch miteinander nah, sicher und geborgen fühlt. Das macht das Offene Geheimnis besser als die Kallwass.

Vielleicht hast du schon von der Behauptung einiger Ärzte gehört, dass 85% aller Krankheiten, an denen wir leiden, durch Stress verursacht würden. Nun, das Offene Geheimnis ist der ultimative Stressblocker.

Wenn du kreativ bist, dann sorgt das Offene Geheimnis dafür, dass die Muse dich unablässig küsst, so dass du dich einfach nur noch zurücklehnen und die Sturzbäche der Genialität, die dich durchströmen, zu Papier bringen musst. Du brauchst dann nichts weiter zu tun, als am Pool zu sitzen, Mai Tais zu schlürfen und es einfach fließen zu lassen.

Ich könnte ewig so weiter machen. Ich glaube, das werde ich auch tun, wenigstens noch weitere hundert Seiten lang oder so, denn es gibt endlos viele tolle Dinge über dieses Offene Geheimnis zu berichten.

Zugegeben: Ich bin nicht der Erste, der ein Buch über das Offene Geheimnis schreibt. Allerdings könnte ich durchaus der Erste sein, der dabei am Pool sitzt und Mai Tais schlürft. Wirklich jeder große, kreative, wahrhaftig zufriedene Mensch, den die Geschichte hervorgebracht hat, hat sich in hohem Maße darauf verlassen, dass das Offene Geheimnis ihn mit einem endlosen Fluss freier Energie versorgen würde.

Inzwischen fragst du dich wahrscheinlich, wie du endlich Zugang zu diesem Offenen Geheimnis bekommen und anfangen kannst, Spaß zu haben. Ok. Ich werde dir jetzt verraten, wo du hingehen und suchen musst. Am besten graben wir dazu einfach einen der alten Texte über das Offene Geheimnis aus:

> *Vor langer Zeit, als die Erde und alle Lebewesen erschaffen wurden, wurde im Rat der Götter eine Versammlung einberufen. Sie wollten das Offene Geheimnis für alle Menschen zugänglich machen, allerdings fürchteten sie auch, dass man Missbrauch mit ihm treiben könnte. Also beschlossen sie, es irgendwo zu verstecken, wo nur diejenigen es finden würden, die seine Macht auch zu schätzen wüssten.*
>
> *Aber wo sollten sie das Offene Geheimnis verstecken? „Wir vergraben es tief in der Erde", sagte einer der Götter. Doch ein anderer entgegnete: „Nein, das reicht nicht, irgendwann werden die Menschen riesige Maschinen bauen, mit denen sie sich in die Erde graben, und dann werden sie es finden."*
>
> *Wieder einer meinte: „Wir versenken es im tiefsten Ozean." Doch da widersprach einer: „Nein, lieber nicht dort, denn sie werden lernen, in großen Fischen aus Metall in die Tiefen vorzudringen und dann werden sie es finden." Da sagte einer: „Wir bringen es auf den Gipfel des höchsten Berges und verstecken es dort." Aber wiederum entgegnete ein anderer: „Nein, das wird auch nicht reichen, denn irgendwann werden sie auf jeden Berg hinauf kommen und Schindluder mit dem Offenen Geheimnis treiben." Da gaben sie verzagt auf. „Wir wissen nicht, wo wir es verstecken sollen, denn scheinbar gibt es keinen Platz auf Erden oder im Meer, den die Menschen nicht irgendwann entdecken werden."*

Der König der Götter dachte lange nach und sagte schließlich: „Wir werden Folgendes tun. Wir werden das Offene Geheimnis tief im Zentrum ihres eigenen Wesens verstecken, denn die Menschen werden niemals auf die Idee kommen, ausgerechnet dort danach zu suchen."

Da kamen sie alle überein, dass dies das perfekte Versteck sei, und es war vollbracht. Seit jener Zeit durchstreifen die Menschen die ganze Erde, sie graben, tauchen, klettern und forschen, sie streben nach Macht und Reichtum und Ressourcen, dabei liegt der größte Schatz doch die ganze Zeit in ihnen selbst.

In diesem Buch geht es nun darum, wie wir dieses Offene Geheimnis, das tief im Innern eines jeden von uns begraben liegt, zu Tage fördern. Und – was noch wichtiger ist – es geht darum, wie wir in die Lage kommen, den wahrscheinlich größten Dienst der Nächstenliebe und der liebenden Güte, den ein Mensch einem anderen erweisen kann, zu vollziehen: das Offene Geheimnis in einem anderen Menschen lebendig werden zu lassen.

In diesem Buch werde ich dir einen allgemeinen Überblick darüber geben, wie man das anstellt. Ich werde die sieben Eigenschaften beschreiben, die jeder einzelne von uns entwickeln kann, um zu einer exzellenten Unterstützung für andere zu werden. Dabei werde ich oft auf eine spezielle Methode verweisen, die wir entwickelt haben und die sich Awakening Coaching nennt. Diese Methode aktiviert die sieben Eigenschaften in jedem, der sie nutzen möchte, und macht sie für ihn zugänglich. Das ist ein bisschen so, als würde Steve Jobs ein Buch darüber schreiben, wie man echt geniale Computer herstellt, oder Henry Ford ein Buch über den Verbrennungsmotor. Sie könnten über die Grundlagen schreiben, würden aber letztendlich immer wieder auf den Apple Computer oder Autos der Marke Ford verweisen, um ihren Aussagen Glaubwürdigkeit zu verleihen und gute Beispiele anzuführen. Ich werde dir alles beibringen, was nötig ist, um das Offene Geheimnis in jedem anderen Menschen zu erwecken und ich werde diese Theorie mit Beispielen untermalen, wie wir das mithilfe der Werkzeuge aus dem Awakening Coaching machen.

Unsere Reise beginnt allerdings bei dir selbst. Du weißt ja, das hier ist eine Mitbring-Party. Ich sehe schon, dass in dem Behälter, den du mitgebracht hast, etwas ziemlich Leckeres drin ist. Das ist die wichtigste Zutat überhaupt. Komm mit in die Küche, und wir legen sofort los mit dem, was du zur Party mitgebracht hast.

KAPITEL 2

Wie steht's mit dir?

Alles beginnt und endet mit dir. Wenn du deine Zeit nützlich, sinnvoll und angemessen verbringen willst, musst du bei dir selbst anfangen.

Du bist nicht ohne Grund heute ausgerechnet hier gelandet. Du könntest im Augenblick auch jede Menge anderer Dinge tun. Du könntest zum Beispiel *Modern Family* im Fernsehen schauen, *Fifty Shades of Grey* lesen, an der Börse spekulieren, in der Suppenküche Obdachlose versorgen oder deine Eltern besuchen. Du könntest einen Spaziergang in der Natur machen oder Wasserski fahren, Bungeespringen oder eine Wollmütze für ein Katzenbaby stricken. Du könntest dich auf Facebook herumtreiben, posten, liken und Bilder von Kätzchen in deinen kleinen Wollmützen teilen. Du könntest auch trinken, rauchen, essen, tanzen oder Stabhochspringen. Aber du tust nichts von alledem, oder? Nicht schwindeln. Du stürzt dich nicht gerade mit einem Fallschirm aus schwindelnder Höhe oder tauchst irgendwo im Meer und du hältst auch keine Rede vor den Vereinten Nationen, richtig? Du bist hier und schenkst deine Aufmerksamkeit dem Offenen Geheimnis. Und dafür gibt es einen Grund.

Bevor du hier gelandet bist, hast du wahrscheinlich die Einladung auf unserer Webseite, in einem E-Book oder bei Amazon gelesen. Da stand: „*... beschreibt die ekstatische Kunst des Awakening Coachings: wie man seinen Mitmenschen dabei helfen kann, jenes Offene Geheimnis zu entdecken, das eine unerschöpfliche Quelle der Stille, des Wohlbefindens und der Kreativität ist, und diese Quelle in jedem Bereich ihres Lebens zum Sprudeln zu bringen.*“ Etwas an diesen Worten hat dich veranlasst, auf der Stelle mehr darüber erfahren zu wollen, es kommt dir viel spannender vor als beim Bungeespringen kleine Katzenbabymützchen zu stricken. Aber was genau war es?

Stelle dir einmal vor, du gehst in einer kleinen Stadt, in der du gerade zu Besuch bist, eine belebte Straße entlang. Du kommst an einem Reisebüro vorbei und siehst im Schaufenster Plakate von Korfu, Hawaii oder dem Grand Canyon. Du bemerkst sie kaum und gehst einfach weiter. Dann kommst du an einem Blumenladen vorbei. Knallgelbe Tulpen, aus Holland eingeflogen. Orchideen. Ein Dutzend rote Rosen sind gerade im Angebot. Aber all das reizt dich nicht, du gehst weiter. Dann kommst du an einem Kleidergeschäft vorüber. „Die neuesten Farben und Trends zum halben Preis." Pullover, Hosen, Hüte, Schuhe. Ja, Schuhe! Schuhe aller Art, in allen Farben und Größen, jede Menge schöner, sexy, eleganter Schuhe zum Sonderpreis. Doch auch daran gehst du vorüber und hast kaum Augen dafür.

Und dann näherst du dich einem Restaurant. Du riechst den Duft der Speisen, der auf die Straße heraus weht. Du weißt gar nicht so genau, was für ein Restaurant es eigentlich ist, schaust dir auch die Speisekarte nicht so richtig an, sondern bestellst – nachdem du dich gesetzt hast – einfach das Erstbeste, was du siehst.

Warum?

Warum waren der Blumenladen, das Reisebüro und der Klamottenladen völlig uninteressant, aber vom Restaurant wurdest du magisch angezogen, ohne groß auf die Speisekarte zu schauen? Bestimmt kennst du die Antwort schon. Weil du Hunger hattest, nicht wahr? Wenn du richtig hungrig bist, sind dir Ambiente oder Kundenbewertungen auf *Yelp!* einfach schnuppe, auch ob der Salat in der Region gezogen wurde. Wenn du richtig hungrig bist, willst du einfach nur essen, und zwar so schnell wie möglich.

Es gibt da noch eine andere Art von Hunger. Dieser Hunger ist kein Hunger nach Essen oder das Bedürfnis zu trinken, noch nicht einmal ein Wunsch nach überhaupt etwas Greifbarem. Ich benenne dieses Gefühl gern anders, um den Unterschied zu verdeutlichen. Ich bezeichne es als *Sehnsucht* oder Sehnen. Für meine Begriffe kann man sich nur Dinge wünschen, die man im Geist bereits definiert hat. „Ich will mehr Geld." Das ist eindeutig. Nimm die Dinge in die Hand, und irgendwann hast du vielleicht das Geld. Aber der Wunsch ist immer noch da, du willst mehr oder irgendetwas anderes. „Ich möchte eine Beziehung haben. Ich bin so einsam, ich will endlich den Richtigen finden." Und wie schon beim Geld bleibt der Wunsch bestehen, du hast verschiedene Dates oder findest irgendwann jemanden, mit dem du eine Beziehung eingehst. Aber so gut wie immer verändert sich der Wunsch nach einigen Monaten. „Mein Partner sollte anders sein, er sollte mir mehr Aufmerksamkeit schenken, mehr für mich da sein, so wie ich es mir eigentlich von Anfang an gewünscht hatte.“ Und noch eine Weile später taucht ein anderer Wunsch auf: „Ich möchte allein sein.“

Ich will Schokolade.
Ich will mein kostenloses Upgrade.
Ich will einen BMW.
Ich will berühmt sein.
Ich will ein Rockstar sein.
Ich will mächtig sein.
Ich will die ganze Welt beherrschen.

All diese Wünsche führen zu weiteren Wünschen. Aber Sehnsucht ist etwas völlig anderes. Sie kann unglaublich stark sein, sie kann zuweilen alles andere in deinem Leben in den Schatten stellen, obwohl du eigentlich gar nicht so genau weißt, jedenfalls nicht eindeutig und logisch nachvollziehbar, wonach du dich überhaupt sehnst.

Die Sehnsucht nach Zuhause

Ich will dir eine kleine Geschichte erzählen.

Fred geht einkaufen bei Costco.[6] Wie alle anderen auch, zeigt er seinen Mitgliedsausweis vor, schnappt sich einen Einkaufswagen und schlendert zwischen Regalen voller Fernseher, Werkzeuge, Kleidung, Lebensmittel und Bücher herum. Doch dann passt Fred einmal nicht richtig auf und rammt seinen Einkaufswagen in einen riesigen Stapel Basketbälle, jeder einzeln im Karton verpackt. Der ganze Basketballturm stürzt auf Fred hinab, und er geht zu Boden. Einige Sekunden lang ist unser unerschrockener Held bewusstlos. Menschen stürmen zu seiner Rettung herbei, und bald kommt er wieder zu sich, mit einer schmerzhaften Beule am Hinterkopf.

Fred geht's prima, abgesehen davon, dass er nicht mehr weiß, wo er ist, wer er ist, wie er heißt oder was er an diesem merkwürdigen Ort macht.

---

[6] US-amerikanische Großhandelskette. (Anm. d. Übers.)

Fred setzt sich auf. Er schaut sich um. „Wo bin ich hier?" fragt er sich. Er sieht Leute, von denen es die meisten ziemlich eilig haben, ihre Einkaufswagen zwischen den Regalen herum schieben, nach links und rechts blicken und irgendwelche Dinge aus den Regalen nehmen.

„Batterien, davon will ich noch mehr."
„Fünf Pfund Guacamole. Die will ich haben."
„Jeans. Geben Sie mir fünf Paar davon. Ich nehm' gleich fünf."
„Shampoo, da nehm' ich gleich vier Liter. Mehr, mehr, mehr, ich will mehr davon."

Fred sieht noch andere sehr beschäftigte Menschen, in weiße Kittel gekleidet, einige von ihnen fahren mit Gabelstaplern herum und füllen die Regale mit noch mehr Sachen.

„Wo bin ich denn bloß?" fragt sich Fred und kratzt sich am Kopf. „Was ist das für ein Ort?" Er kämpft sich auf die Füße und stützt sich auf seinen Einkaufswagen. Fred möchte dazugehören, also fängt er an, ebenfalls die langen Gänge entlang zu gehen. Ganz automatisch nimmt er jetzt auch Sachen aus den Regalen und legt sie in seinen Wagen. Wenn du in Rom bist, mach was die Römer machen. Doch in seinem Innern ertönt eine leise Stimme. *„Ich will nach Hause"*, flüstert diese Stimme. *„Eigentlich gefällt's mir hier gar nicht. Ich will gar keine Fernseher, Lebensmittel, Bücher oder Klamotten. Das sieht ja alles sehr hübsch aus. Und nützlich ist es auch. Aber hier haben es alle so eilig. Ich will nach Hause."*

Freds Problem ist nur, dass er sein Gedächtnis verloren hat. Er weiß nicht mehr, wo zu Hause ist oder was zu Hause ist. Er weiß nur, dass es dieser Ort hier gewiss nicht ist. Er hat so eine Ahnung, etwas in seinem Zellgedächtnis, das ihm sagt, dass es zu Hause friedvoll ist, entspannt, gemütlich. Zu Hause ist etwas Vertrautes. Er weiß einfach, dass er, wenn er zu Hause ist, nichts weiter braucht, dass er dort nichts vermisst. Zu Hause ist sein Einkaufswagen immer schon voll.

Allmählich ergreift diese Sehnsucht Besitz von Fred, diese Sehnsucht nach etwas, dessen sich sein Geist nicht entsinnen, das er nicht beschreiben, das sein Herz aber nicht vergessen kann. Es lässt ihn nicht los. *„Ich möchte so gern nach Hause gehen. Ich bin müde, ich will mich da, wo ich hingehöre, ausruhen. Ich will unbedingt nach Hause gehen, aber ich kann mich nicht mehr an die Adresse, die Straße, den Stadtteil erinnern."* Fred ist von tiefem, schmerzlichem Heimweh erfüllt.

Fühlt sich irgendetwas an dieser Geschichte für dich vertraut an? Fühlst du dich auch manchmal so mit deinem Leben hier auf Erden? Genauso wie Fred? Hältst du manchmal inne und beobachtest, wie die Menschen eilig ihrer Zukunft entgegenrennen, genau wie du es auch meistens tust, und hast dann Heimweh, obwohl du dich vielleicht nicht mehr bewusst an Zuhause erinnern kannst? Wenn dich dieses Sehnen einmal erwischt hat, kann es ziemlich verwirrend sein. Es lässt dich einfach nicht mehr los und macht es dir unmöglich, dich voll in den Konsumwahn zu stürzen. Aber gleichzeitig ist es doch kaum greifbar und bleibt unbestimmt.

Genau dieses Gefühl einer unbestimmten Sehnsucht führt Fred schließlich zum Gang 387, wo die Selbsthilfebücher und -CDs, die DVDs und Flyer für Seminare und Retreats stehen. Und weil Fred so eine tiefe Sehnsucht verspürt, weil er sein Gedächtnis verloren hat und nicht mehr weiß, wo sein Zuhause liegt, fühlt er sich von diesen Waren magisch angezogen. Er lädt sich seinen Wagen mit unzähligen Dingen voll. Fred findet vielleicht einen Lehrer oder eine Lehre, vielleicht sogar gleich mehrere, die zu ihm passen. Vielleicht entdeckt er Karten und Anleitungen dafür, wo dieses Zuhause liegt und wie man dorthin gelangt. Vielleicht schließt er sich irgendwelchen Gruppen an und lernt eine neue Sprache und neue Verhaltensweisen. Vielleicht findet er ja Reisegefährten für seinen Weg nach Hause. Fred legt sich vielleicht eine völlig neue Identität als „Suchender" zu und fängt an, sich etwas wohler zu fühlen in der Gesellschaft von Menschen, die genauso empfinden.

Doch trotz allem – Fred muss feststellen, dass das Gefühl von Sehnsucht immer noch da ist. Vielleicht wird es von all den Theorien und Landkarten und Reisegefährten ein wenig gelindert. Fred beginnt möglicherweise, sich etwas entspannter zu fühlen. Aber die Sehnsucht nach zu Hause bleibt bestehen.

Warst auch du schon mal in Gang 387 einkaufen? Hast du Wanderkarten gefunden, Konzepte über dein Spitzenpotential, über „Erleuchtung" und die ultimative Wirklichkeit? Hast du dich jemals in einen charismatischen Lehrer verliebt? Hast du gelegentlich eine Gruppe gefunden, zu der du dich zugehörig gefühlt hast? Und dann festgestellt, dass trotz alldem die Sehnsucht in deinem tiefsten Innersten immer noch genauso stark an dir zieht?

Der Sehnsucht folgen

Es hat immer ein paar wenige Menschen gegeben, in jeder Kultur, in jedem Zeitalter, die diesem Sehnen so leidenschaftlich in ihr Innerstes gefolgt sind, dass sie den Heimweg schließlich gefunden haben. Sie haben das Offene Geheimnis jenseits des Geistes, jenseits der endlosen Prozession von Gedanken und Gefühlen, jenseits der automatischen Maschinerie des Wünschens gefunden. Diese Menschen wurden zu Sinnbildern des Höchsten, was wir für menschenmöglich halten. Einige von ihnen sind uns wohlbekannt: Buddha, Jesus, Laotse, Thomas Jefferson, Albert Einstein, William Blake, Michelangelo, Britney Spears (ich gucke nur, ob du auch aufpasst). Heutzutage gibt es Millionen von Menschen, die das Offene Geheimnis, das einfach alles zum Glänzen bringt, entdeckt haben. Manche haben nur einen kurzen Blick darauf erhaschen können, andere haben eine nachhaltige Beziehung zu ihm entwickelt. Ich habe mit hunderten von Leuten gesprochen, die ihr Bewusstsein darauf ausgerichtet haben und inzwischen ein kreatives Leben führen, die einen Beitrag leisten und wirklich etwas bewegen. Ich muss dir etwas äußerst Wichtiges über diese Menschen sagen:

Viele von ihnen hatten irgendwann einmal einen Lehrer oder sogar mehrere. Viele hatten keinen. Einige gehörten einer Gruppe an, lasen Bücher und nahmen an Retreats teil. Viele taten das nicht. Einige waren Vegetarier oder machten Yoga oder meditierten. Und viele nicht. Manche trugen Birkenstockschuhe, aßen Müsli und hatten Om-Tattoos. Die meisten aber nicht. Doch was sie alle miteinander ohne Ausnahme gemeinsam hatten, war, dass sie eine Möglichkeit gefunden hatten, ihrer natürlichen Sehnsucht zu folgen. Mit dieser Sehnsucht in Berührung zu kommen und ihr nach Hause zu folgen, ist der einzige Schlüssel, der immer funktioniert. Der Weg mag dich auf den Gipfel weltlichen Triumphs oder durch tiefe Täler des Kummers und der Verzweiflung führen, doch auf jeden Fall führt er dich zu jenem Offenen Geheimnis, das dein wahres Zuhause ausmacht.

Hat das Restaurant den Hunger in dir hervorgerufen? Natürlich nicht. Der Hunger war schon vorher da. Er war schon da, bevor du das Restaurant entdeckt hast, und er war es auch, der das Restaurant für dich so interessant gemacht hat. Der Hunger gehört dir, er kommt aus deinem Inneren. Er ist nichts Erlerntes, Nachgeahmtes oder Konditioniertes.

Es ist wirklich, wirklich wichtig, dass du das verstehst. Dass du es begreifst. Es voll und ganz verinnerlichst. Denn das macht den Unterschied aus, ob du nur als Statist im Film eines anderen auftrittst oder ob du der Star deines eigenen Abenteuers bist.

Das Gefühl „Ich will nach Hause“ wurde dir nicht von einem Lehrer oder einer Lehre eingepflanzt. Du hast es auch nicht aus einem Buch oder einer CD, und du hast es auch nicht in einem Seminar gelernt. Es kommt aus dir selbst. Es war diese Sehnsucht, die bereits in dir aufgeflammt war, die all diese Dinge überhaupt erst so anziehend für dich gemacht hat. Und genau diese Sehnsucht, ob sie nun eher einem Flimmern oder einem ganzen Feuerwerk entspricht, hat auch dein Interesse an dem geweckt, was ich dir heute erzählen möchte.

Tatsächlich empfindet bei weitem nicht jeder Mensch auf diesem Planeten diese Sehnsucht nach dem Offenen Geheimnis. Viele Menschen interessieren sich überhaupt nicht dafür. Es ist einfach zu tief vergraben. Diese Menschen interessiert es in erster Linie, möglichst viel Geld anzuhäufen, das schnellste Auto zu fahren, immer mehr Macht und immer mehr Sex mit immer mehr Leuten in immer verrückteren Stellungen zu haben. Nicht, dass an diesen Dingen irgendetwas verkehrt wäre. Jeder von uns soll so leben, wie er will. Doch sobald uns die Sehnsucht überfällt, ist es wichtig, ihr aufmerksam Gehör zu schenken. Nichts weniger verlangt sie von uns.

Ich begleite Menschen seit 1991 bei der Wiederentdeckung dieses Offenen Geheimnisses. Ich habe mit Hunderten Menschen im Einzelgespräch gearbeitet und mit Zehntausenden in Seminaren und Gruppen. Ich habe mehr als 1.300 Menschen darin ausgebildet, selbst zu Lehrern des Offenen Geheimnisses zu werden. Wenn man dieses Potential wirklich ausschöpfen will, muss man in jedem Fall die Sehnsucht wecken und ihr Ausdruck verleihen. Wenn wir es auf diese Weise angehen, dann wird dir unser Gespräch wirklich nützlich sein, und du musst nichts und niemandem außerhalb deiner selbst dienen oder folgen.

Probiere es selbst

Fangen wir also gleich an. Bitte lege jetzt für ein paar Minuten einmal alles beiseite, und stelle dir selbst diese eine alles bewegende Frage.

Was ist meine tiefste Sehnsucht?

Denk nicht so viel darüber nach. Schreibe die Frage oben auf ein Blatt Papier und dann lass es einfach fließen. Schreibe alle Antworten auf, die dir innerhalb von fünf Minuten spontan einfallen, danach treffen wir uns wieder.

Was ist meine tiefste Sehnsucht?

1 ____________________

2 ____________________

3 ____________________

4 ____________________

5 ____________________

6 ____________________

7 ____________________

8 ____________________

9 ____________________

10 ____________________

11 ____________________

12 ____________________

13 ____________________

14 ____________________

Fertig? Wunderbar. Ich wüsste wirklich gern, was du aufgeschrieben hast. Du kannst deine Antworten auf der Leser-Webseite, die wir für euch eingerichtet haben, veröffentlichen.[7] Ich habe diese Frage schon Tausenden Menschen aus aller Welt gestellt. Ich stelle sie immer zu Beginn einer Sitzung mit einem neuen Coachingklienten. Ich stelle sie am Anfang jedes Wochenendseminars, von Maui über München bis Memphis. Und ich stelle diese Frage jedem Teilnehmer bei der Ausbildung zum Awakening Coach. Diese Frage ist der Beginn des Awakening Coachings.

Es ist eine ganz andere Frage als *„Was willst du?"* Verstehst du den Unterschied? *„Was wünschst du dir?"*, fragt danach, was du in deinen Einkaufswagen gepackt hast, als du die Gänge entlang geschlendert bist. *„Was ist deine tiefste Sehnsucht?"*, fragt: Was sagt dieses Flüstern aus deinem Inneren, das überhaupt nichts will, sondern dich schlicht an das Gefühl von Zuhause erinnert?

Hier sind die Antworten, die ich am häufigsten von den Menschen zu hören bekomme. Lies sie dir durch und vergleiche sie mit deinen eigenen.

Am tiefsten sehne ich mich (da)nach:

Frieden.
Stille.
Freiheit vom Verstand.
Meine einzigartige Gabe zu entdecken.
Ohne Angst zu leben.
Mir keine Sorgen mehr zu machen.
Mein Herz zu öffnen.
Einfach zu tun, wozu ich hier auf Erden bin.
Dazuzugehören.
Tief zu lieben.

[7] http://better-than-sex.kajabi.com/groups/9765

Ich möchte dir dienen

In diesem Buch werde ich dir zeigen, wie man diese Sehnsucht zum Leben erweckt und wie man ihr bis nach Hause, zu dem Offenen Geheimnis hin folgt, das dein wahres Wesen ausmacht. Ich werde dir zeigen, wie du deinen Alltag auf eine Weise leben kannst, die das Offene Geheimnis in den Mittelpunkt stellt. Und falls es dich interessiert, werde ich dir auch zeigen, wie du andere dabei unterstützen kannst, genau dasselbe zu tun.

Ich bin weder ein Lehrer noch ein Guru noch ein Philosoph. Ich bin nicht hier, um einen Vortrag zu halten, dir irgendetwas zu geben oder dir zu sagen, was du mit deinem Leben anfangen sollst. Ich repräsentiere weder eine bestimmte Gruppe noch eine bestimmte Tradition. Ich bin hier, um dem Hunger, der Sehnsucht zu dienen, die dich bereits erfüllt. Du hast diese Sehnsucht. Du hast den Hunger. Ich habe ein kleines Restaurant. Nichts Besonderes. Nur ein bisschen Reis, ein bisschen Gemüse, vielleicht ein wenig Huhn, ein wenig Fisch. Ein sehr einfaches Restaurant. Wenn du mit deinem Hunger eintrittst, kann ich mich um ihn kümmern. Das ist mein Job. Ich bin ein Awakening Coach, und ich bilde andere Menschen zu Awakening Coaches aus.

Jetzt möchte ich mit dir darüber sprechen, was das eigentlich heißt und weshalb diese Worte so wichtig sind. Was ist Awakening, also Erwachen? Was ist Coaching? Und was passiert, wenn man diese beiden Worte zusammenbringt? Am besten lässt sich diese Frage beantworten, wenn ich dir einige meiner Freunde vorstelle, die heute auch zur Party gekommen sind. Also komm mit nach unten, folge mir in den Keller, dort wirst du ein paar äußerst interessante Leute kennen lernen.

KAPITEL 3

Was ist Erwachen?

Komm, wir gehen in den Keller. Stoß dir nicht den Kopf an dem Balken da. Da unten sitzen ein paar Freunde von mir und sehen sich einen Film an. Ja, ich weiß, es riecht ein bisschen muffig hier unten. Vor ein paar Jahren stand der Keller nach einem Unwetter unter Wasser und wir sind den Modergeruch bis heute nicht wieder losgeworden. Stört er dich? Ich hoffe nicht. Der Fernseher hier unten ist steinalt. Das Bild flackert ein bisschen; hörst du das tiefe Brummen, das er macht?

Siehst du den Mann da auf dem Sofa, der ein bisschen wie Matthew McConaughey aussieht? Der mit dem Dreitagebart, den ausgeblichenen Jeans und den tollen Schuhen? Das ist Mark Thornton. Die schöne Frau an seiner Seite ist seine Ehefrau, Charlotte. Sie ist Schauspielerin und kommt aus Schweden. Ich stell dich ihnen vor. 1999 war Mark noch der Geschäftsführer der J.P. Morgan Privatbank in London. Die gehörte damals noch zu den größten Privatbanken der Welt. Er verdiente einen Haufen Geld mit dem, was Investment Banker halt so den lieben langen Tag tun: Gelder hin und her bewegen. Eines Tages nahm sein Leben jedoch eine drastische Wendung.

Hey Mark, halt den Film doch mal kurz an und erzähl uns deine Geschichte selbst.

> *„Klar, Arjuna. Ich wohnte damals in London. Es war ein Sommertag, halb sieben Uhr am Morgen. Ich war auf dem Weg zur Arbeit und stand gerade auf dem Bahnsteig der U-Bahn. In London nennen sie die Dinger „The Tube“. Ich stand da also in Hemd und Krawatte mit meiner Aktentasche und war völlig versunken in all den Sorgen, Bedenken und Anflügen von leiser Panik, die der Job eines Geschäftsführers einer internationalen Bank halt so mit sich bringt.*
>
> *Und dann erlebte ich mitten auf diesem Bahnsteig einen Augenblick außerhalb der Zeit. Mit einem Schlag hatte alles Denken, Grübeln, Analysieren aufgehört. Ich fand mich in einem Zustand der Offenheit und der Ausdehnung wieder, der sich zutiefst und absolut radikal von der Identifizierung mit meiner eigenen*

Geschichte und dem engen Zeitplan für den bevorstehenden Tag unterschied. Dieser Augenblick hatte etwas so unglaublich Erfrischendes, so unfassbar Nährendes und war dabei doch so simpel, so unmittelbar.

Im Laufe des Tages ereilten mich immer wieder solche Augenblicke. Da hatte sich eine Tür zu etwas Gewaltigem geöffnet und ich stellte fest, dass ich jederzeit dahin zurückkehren konnte, einfach indem ich meine Aufmerksamkeit auf sie lenkte. Ich hatte schon davon gehört, dass Menschen solche Bewusstseinsveränderungen haben. Bisher war ich aber, getreu dem allseits verbreiteten Mythos, davon ausgegangen, dass solche Veränderungen nur Leute erleben, die in Indien leben, wallende Gewänder und weiße Bärte tragen und ihr ganzes Leben der spirituellen Suche widmen. Und da stand ich nun mitten auf dem Bahnsteig, ein ganz normaler Typ, und hielt meine Aktentasche umklammert. Ich war völlig fasziniert.

Später an diesem Tag leitete ich eine Sitzung des Aufsichtsrates der Bank. Wie du dir sicher vorstellen kannst, ist das eine ziemlich formelle Angelegenheit. Ich kündigte den ersten Sprecher an. Und dann war da wieder so ein Moment. Ich hatte das Gefühl, einen Schritt zurückzutreten, heraus aus meiner gewohnten Anspannung. Und da war sie wieder, diese unglaubliche Offenheit: ein unerklärliches Gefühl des Einsseins mit allen Menschen im Raum. Aber nicht nur mein eigenes Gefühl der Begrenzung war verschwunden, ich nahm auch alle anderen frei von Anspannungen wahr, in ihrer ganz natürlichen Unschuld. Mein Herz explodierte förmlich. Da saß ich nun am Konferenztisch, meine Papiere fein säuberlich vor mir gestapelt, leitete ein Meeting in einer Bank und verspürte nur ein grenzenloses Gefühl der Verbundenheit, des Humors und der Verspieltheit.

Seit jenem Tag widme ich mein Leben der Erforschung von Wegen, genau diese Offenheit und Freiheit zu leben, damit ich durch meinen Alltag diesen Prozess des Erwachens fördern kann, anstatt ihn zu unterdrücken. Ich wollte herausfinden, wie mein ganz gewöhnliches menschliches Dasein dabei helfen konnte, diese unglaubliche Möglichkeit einer solchen Art des Erwachens in der Welt zu verbreiten, sie fließen zu lassen, meine Worte mit ihr zu füllen, meine Energie neu auszurichten und meine Lebensart zu verändern.“

Danke Mark. Mein Freund beschreibt hier einen Augenblick des Erwachens. In den vergangenen paar Jahrzehnten ist genau diese Art der Bewusstseinsveränderung Millionen von Menschen widerfahren. Grenzen lösen sich auf und du stellst plötzlich fest, dass du zu deinem ganz natürlichen Bewusstseinszustand zurückgekehrt bist, ohne das vertraute Gefühl des Getrenntseins und ohne Stress. Ich begegnete Mark zum ersten Mal 1999, kurz nach seinem ersten Augenblick des Erwachens. 2001 kündigte er seinen Job bei der Bank und begann kurz darauf seine Ausbildung zum Awakening Coach. Seitdem coacht er Banker und Führungskräfte darin, wie sie das Erwachen an ihren Arbeitsplatz tragen können. Hier erfährst du mehr über Mark: markthornton.us.

Erwachen gehört zu den einfachsten Dingen, die man sich überhaupt vorstellen kann. Aber wer es gern ein wenig komplizierter hätte: das kann ganz leicht arrangiert werden. Wir können eine Menge esoterischer Theorien darum herumbauen, mit Chakras herumwirbeln, uns durch die Barrieren von Karma und Dogma, vergangener Leben und Lieben kämpfen und Simsalabim! schon haben wir es kompliziert gemacht. Doch in seiner Essenz ist das Erwachen etwas unglaublich Einfaches.

Ein weiterer Blickwinkel

Der Film, den sich Mark, Charlotte und die anderen jetzt wieder ansehen, heißt zufälligerweise „Zeit des Erwachens". Er basiert auf einer wahren Geschichte von Oliver Sacks und es geht um eine Gruppe von Patienten in einer Nervenklinik, die alle in einer Art katatonischer Trance gefangen sind. Sie können zwar essen und trinken (manche auch nur mit Hilfestellung), aber sie können nicht auf normale Weise mit ihrer Umwelt interagieren. Dr. Sayer, ein junger Psychiater, gespielt von Robin Williams, testet an ihnen ein neues Medikament und erreicht eine Auflösung der Symptome. Daraufhin kommen sie alle wieder zu sich, können ihr Leben genießen, lachen, singen und ihre ganz persönlichen Gaben ausleben. Einer der Patienten, er heißt Leonard und wird gespielt von Robert de Niro, leidet seit etwa 30 Jahren an den Symptomen, die eingesetzt hatten, als er noch ein Junge war.

In der Szene, die wir gerade sehen, kommt Dr. Sayer gerade mitten in der Nacht in die Klinik. Leonard hatte sich ins Büro des Arztes geschlichen, ihn angerufen und ihm gesagt, er müsse unbedingt kommen, es sei dringend. Der Doktor geht also in sein Büro und da sitzt Leonard an seinem Schreibtisch.

„Setzen Sie sich“, sagt Leonard. „Wir müssen es allen sagen“, sagt er. Er wedelt mit den Händen und ist ganz aufgeregt und voller Leidenschaft. „Wir müssen sie daran erinnern, wie gut es ist …“

„Wie gut was ist, Leonard?“, fragt der Doktor.

Leonard greift nach der Zeitung. „Lesen Sie das“, sagt er. „Alles, was da drin steht – lauter schlimme Dinge. Nichts Positives. Die Menschheit hat vergessen, worum es im Leben geht. Was es bedeutet, zu leben. Man muss sie daran erinnern. Man muss die Menschen erinnern, was sie haben und was sie verlieren können. Was ich empfinde, ist die Freude am Leben. Was es für ein Geschenk ist. Die Freiheit des Lebens.“ Er breitet die Arme aus und lächelt. „Das Wunder des Lebens…“

Jetzt hält Charlotte den Film wieder an. Das Rauschen des Fernsehers ist noch schlimmer geworden und nun versuchen sie, es weg zu bekommen. Aber wo ist Leonard? Wo ist Dr. Sayer? Wo bleibt die dramatische Spannung, ob das Medikament nun wirken wird? Dr. Sayers große Herausforderung, Leonards bedauerlicher Zustand, all diese Probleme wurden nicht gelöst, sondern sie wurden mit einem Knopfdruck auf der Fernbedienung *aufgelöst.*

Aber Moment mal. Im Grunde befinden wir uns ja auch gar nicht im Keller meines Hauses, oder? Ich hab mir das nur als Hilfsmittel ausgedacht, um dieses Buch zu schreiben und dich dahin einzuladen. Ich hab gar keinen Moder im Keller. Ich hab noch nicht mal einen Keller. Es gibt in diesem nicht existierenden Keller auch keinen Fernseher und meine lieben Freunde Mark und Charlotte haben auch nie auf dieser nicht existierenden Couch, in diesem nicht existierenden Keller, gesessen. Es gibt weder Moder noch Rauschen auf dem Bildschirm. Diese Probleme sind also erledigt und wir müssen sie gar nicht lösen.

Tatsächlich sitze ich gerade in meinem Haus, an meinem Schreibtisch genauer gesagt, der Laptop steht vor mir. Wenn ich hin und wieder aufblicke, sehe ich draußen vor dem Fenster Bäume. Wir haben gerade Herbst, während ich dies hier schreibe, und die Bäume leuchten in sämtlichen Grünschattierungen mit goldbraunen Tupfen, sogar rote und dunklere Brauntöne sind zu sehen. Ich sehe, wie die Buchstaben auf dem weißen Bildschirm erscheinen, während ich sie schreibe.

Was siehst du dort, wo du gerade bist? Du siehst Buchstaben auf einer weißen Seite. Aber wenn du den Blick vom Buch oder vom Bildschirm hebst, siehst du dann auch die Farben, die Strukturen und die Größe der dich umgebenden Dinge? Jeden Tag sehen wir den ganzen Tag lang eine Vielzahl von Formen und Farben, Bewegungen und Strukturen.

Ich höre das Geräusch der Heizungsluft, die ins Wohnzimmer strömt. Ich höre auch das Klackern der Tasten, während ich das hier für dich aufschreibe. Von draußen dringt das Geräusch eines entfernten Motors herein. Vielleicht ist das der Straßenverkehr draußen.

Jetzt stell du mal die Lauscher auf. Welche Geräusche hörst du? Benenne sie für dich, indem du sagst „Ich höre Musik“ oder „Ich höre ein Auto.“ Jeden Tag hören wir den ganzen Tag lang unzählige Geräusche, die miteinander tanzen und einander überlagern. Eigentlich ist es nur sehr selten, vielleicht sogar niemals, vollkommen still.

Welche Empfindungen nimmst du gerade in deinem Körper wahr? Benenne auch diese wieder, indem du sagst „Ich fühle meine Zunge in meinem Mund“, „ich fühle, wie meine Füße sich gegenseitig berühren“, „ich spüre einen Schmerz in meinen Augen.“ Jeden Tag haben du und ich und jeder andere Mensch, den wir kennen, Körperempfindungen. In jeder wachen Minute spielen sich ständig irgendwelche spannende Dinge in deinem Körper ab, denen du deine Aufmerksamkeit schenken könntest, jetzt, jetzt und jetzt.

Wir könnten diese Fragen jedem beliebigen Menschen zu jeder beliebigen Zeit und an jedem beliebigen Ort auf der Welt stellen und so gut wie jeder würde sie beantworten können. Abgesehen von einigen wenigen, die blind oder taub sind, können alle Menschen hören, sehen und fühlen. Der Inhalt dessen, was wahrgenommen wird, ist von Mensch zu Mensch unterschiedlich. Die einen sehen vielleicht ein 5000 qm Anwesen mit einer Yacht unten in der Bucht, andere sehen eine Gefängniszelle, die sie mit fünf anderen teilen müssen. Auch die Qualität dessen, was wir sehen, kann unterschiedlich sein, aber was wir alle gemeinsam haben, ist eine auf den Sinnen basierende Wahrnehmungs- und Erfahrungsebene.

Die sekundäre Realität

Es gibt noch eine weitere Wahrnehmungsebene, die uns in jeder Sekunde begleitet. Neben dem Hören von Geräuschen, dem Sehen von Farben und Bewegungen, dem Spüren von Empfindungen existiert eine sekundäre Ebene, die durch unsere Gedanken geschaffen wird. Diese Gedanken sind nur äußerst selten bei dem, was im gegenwärtigen Augenblick geschieht, sie stehlen sich andauernd in die Vergangenheit oder die Zukunft davon, und meist entziehen sie sich dabei unserer Kontrolle.

Diese sekundäre Ebene ist, soweit wir wissen, allein dem Menschen zu Eigen. Wenn du deinen Hund beobachtest, wie er am Abend auf der Veranda sitzt, glaubst du denn, er macht sich Gedanken darüber, wie er seine Zukunft verbessern könnte? Unwahrscheinlich. Denken Flöhe etwa über die Vergangenheit nach, oder wenden das Gesetz der Anziehung an, um die Mutter aller Venen zu finden?

Diese Fähigkeit gedanklichen Erlebens ist zugleich ein Segen und ein Fluch. Sie ermöglicht es dem Architekten, sich im Geiste ein kompliziertes Gebäude vorzustellen, die entsprechenden Pläne anzufertigen und diese der Baufirma zu überreichen, die das Gebäude dann baut. Sie ermöglicht es uns, wundervolle Kunstwerke und Literatur zu erschaffen und uns unzählige Dinge vorzustellen und zu erfinden.

Aber diese sekundäre Ebene wird im Handumdrehen zum Fluch, wenn wir uns nicht mehr von ihr lösen können. Unsere Fähigkeit, uns Dinge auszumalen, die eigentlich noch gar nicht existieren, eignet sich wunderbar als Diener, doch als Herr ist sie eine Katastrophe. Die automatisierten Abläufe von Vergleichen, Beurteilen, Sorgen um die Zukunft und das Bereuen von Vergangenem können in kleinen, bewusst gewählten Dosen recht nützlich sein. Nur leider ist der Prozess des Denkens bei so gut wie allen Menschen völlig außer Kontrolle geraten und behindert unsere Fähigkeit, das wahrzunehmen, was im gegenwärtigen Moment tatsächlich real ist. Uns bleibt nur ein winziges Stückchen unserer Aufmerksamkeit, um zu hören, zu sehen und zu fühlen. Der größte Teil aber, ist die meiste Zeit in Gedanken verloren. Genau wie Leonard, befinden auch wir uns in einer Art Trancezustand. Wir haben das Wunder des Lebens verloren.

Stecken wir erst einmal in diesem äußerst begrenzten Film fest, können wir eigentlich nur noch versuchen, negative und einschränkende Gedanken in positive Gedanken zu verwandeln. Wir versuchen Angst in Optimismus zu verwandeln, Kontrolle in Akzeptanz und Wünsche in Dankbarkeit. Dies ist die gigantische Industrie der Affirmationen und des positiven Denkens. Aber wie funktioniert das Ganze? Die Mehrheit der Menschen berichtet, dass diese einschränkenden und negativen Gedanken dazu neigen, zurückzukehren, immer wieder und wieder und wieder. Tatsächlich müssen sie das sogar, denn das Gefühl, klein und abgetrennt zu sein, löst immer wieder Ängste und ein Gefühl drohenden Unheils aus. Selbst wenn es uns gelingt, begrenzende Gedanken durch ihre expansiveren und positiveren Vettern zu ersetzen, bleiben wir dennoch in einem Gefängnis voller Begrenzungen sitzen, wenn auch mit einer hübscheren Tapete.

Finde das „Ich"

Das ist nicht Erwachen. Beim Erwachen geht es ganz und gar nicht darum, den Inhalt deiner Wahrnehmungen irgendwie zu beeinflussen oder zu versuchen deine Gedanken zu verändern. Erwachen bedeutet einfach nur, das Offene Geheimnis zu entdecken, das all dies wahrnimmt und erlebt.

Jetzt gerade hörst du Geräusche, richtig? Du siehst die Farben, Formen und Größen der Dinge. Möglicherweise zieht auch der eine oder andere Gedanke vorüber. Du sagst „Ich höre die Geräusche", „Ich sehe die Bewegungen", „ich war mir des Gedankens bewusst." Was ist dieses „Ich"?

Den ganzen Tag lang reden wir fortwährend von „ich" und „mir" und „mein". *„Ich will ins Kino gehen. Mir ist langweilig. Ich liebe dich. Schau mich an. Lass mich in Ruhe. Das ist mein Körper, mein Auto, meine Kinder, meine Beziehung."* Aber im Grunde wissen wir gar nicht, was dieses „Ich" eigentlich ist. Wenn wir versuchen, es ausfindig zu machen, endet das meist damit, dass wir eine Geschichte über die Vergangenheit erzählen. Aber nichts von dieser Geschichte können wir jetzt erleben, außer in Gedanken.

Wir treffen Menschen und tauschen unsere Geschichten aus. Wer du auch bist, wie auch immer deine Geschichte lautet, die Gedanken lassen nicht lange auf sich warten, füllen das Vakuum und erzählen die Geschichte. Aber wer ist es eigentlich, der sich dieser Gedanken bewusst ist? Wer ist sich der Geschichte bewusst? Die Geschichte an sich besteht aus Gedanken und Erinnerungen. Aber nichts von alldem vermag das Mysterium zu klären, wer oder was eigentlich in diesem Augenblick die Geräusche hört, die Bewegungen sieht und die Gedanken wahrnimmt.

Tatsächlich lebt jeder von uns in einer Art Hypnose. Wenn wir ein Geräusch hören, wird unsere Aufmerksamkeit vom Inhalt unserer Wahrnehmung so vollkommen in Anspruch genommen, dass es nur noch das Geräusch gibt und wir uns dessen, was dieses Geräusch hört, überhaupt nicht bewusst sind. Dasselbe gilt auch für das Sehen und Fühlen. Wenn Gedanken auftauchen, nimmt uns deren Inhalt so gefangen, dass wir jegliches Gefühl dafür, wer sich eigentlich dieser Gedanken bewusst ist, verlieren.

Erwachen ist einfach. Es ist ein Moment der Erkenntnis, in dem die Aufmerksamkeit sich wahrhaftig, tiefgreifend, grundlegend von der zermürbenden Identifizierung mit den Gedanken und Gefühlen, persönlicher Geschichte, Vorlieben und Abneigungen abwendet und plötzlich gewahr wird, wer sich des gegenwärtigen Moments eigentlich bewusst ist. Diese Erkenntnis dauert manchmal nur den Bruchteil einer Sekunde, aber eigentlich ist sie ständig verfügbar: Beim Orgasmus, bei extremen sportlichen Aktivitäten, im Zwischenraum zwischen Wachen und Einschlafen rühren wir stets an dieses unendliche Reich jenseits des Geistes. Manchmal kann man diesen Zustand ein paar Minuten, vielleicht sogar ein paar Stunden oder gar Tage lang aufrechterhalten. Manchmal entwickelt er sich zu einer stetig abrufbaren Unterströmung in allem, was sonst noch geschieht.

Schon die winzigste Kostprobe dieses Zustands verändert dein Leben.

Das Konzept ist ES nicht

Während du die Worte auf diesen Seiten liest, erfährst du etwas über das Konzept des Erwachens. Doch Konzepte sind absolut nicht dasselbe wie die Erkenntnis des Erwachens selbst. Wenn du zum Beispiel Hunger hast, kann es durchaus interessant und informativ sein, ein Buch über Ernährung und Verdauung zu lesen, aber deinen Hunger wird das nicht stillen. Wenn du geil bist, mag es ja spannend sein, etwas über die Hormone zu lesen, die für das sexuelle Verlangen verantwortlich sind, aber das kommt dem tatsächlichen, wunderbaren Liebesakt nicht im Entferntesten nahe. Erwachen bedeutet, dass die Aufmerksamkeit sich ihrer selbst vollständig bewusst wird. Es bedeutet, in einem Aha-Moment, endlich das zu erkennen, was immer schon da gewesen ist, die Bewegungen zu sehen, die Empfindungen zu spüren, die Geräusche zu hören.

Man kann nicht daran arbeiten, etwas Derartiges irgendwann in der Zukunft zu erleben, denn es ist ja schon da. Es ist das, was bereits jetzt alles andere wahrnimmt, jetzt, jetzt und jetzt. Als Jesus sein Erwachen hatte, erkannte er „Ich und der Vater sind Eins." Als Buddha sein Erwachen hatte, erkannte er „Ich bin nicht nur Prinz Siddharta. Ich bin Buddha. Ich bin Bewusstheit."

Noch bis vor kurzem waren die paar Menschen, die hier und da diese Erkenntnis hatten, häufig Männer, oftmals waren es sogar Mönche oder Einsiedler. In den letzten paar Jahrzehnten hat sich das jedoch geändert. Als ich damals, 1991, anfing, die Aufmerksamkeit der Menschen auf diese Sache zu lenken, gab es nur sehr wenige Menschen, die selbst so einen Zustand des Erwachens erlebt hatten. Die meisten kannten einfach nur irgendjemanden, der es schon einmal erlebt hatte. Wenn ich heute durch die Welt reise und meine Wochenendseminare gebe oder mit Coachingklienten am Telefon arbeite, dann erfährt jeder – und ich meine wirklich JEDER – gleich am ersten Tag oder während der ersten Coachingsitzung einen solchen Moment des Erwachens. Viele meiner Freunde arbeiten ebenfalls daran, Menschen zu solchen Momenten zu führen. Jean Houston, Eckhart Tolle, Adyashanti, Richard Moss. Sie alle berichten von einer wahren Explosion von Augenblicken unmittelbaren Erwachens, zumindest für einige Momente. Das Geheimnis ist gelüftet.

Worin besteht nun das Geheimnis?

Eine solche Bewusstseinsveränderung kann gewaltige Auswirkungen auf deinen Alltag haben. In der Geschichte fand sie oft abgetrennt vom Leben statt und wurde so zum Privileg von Mönchen, Nonnen und Einsiedlern. Wenn wir uns aber von dieser einseitigen Sichtweise befreien, werden wir feststellen, dass das Erwachen in unsere ureigenste Natur ein wunderbarer Bodenbereiter ist, mit dessen Hilfe jeder einzelne Aspekt deines Lebens zum Erblühen und Gedeihen gebracht wird. Hier ein paar unglaubliche und fantastische Beispiele dafür, wie das Erwachen deinen Weihnachtsbaum aufleuchten lassen kann.

Frieden. Alles, was wir mit unseren Sinnen wahrnehmen, ebenso wie jeder flüchtige Gedanke, jedes Gefühl verändert und wandelt sich in einem fort. Alles ist einem endlosen Zyklus von Geburt und Sterben unterworfen. Wenn wir an dieser Welt, der sich verändernden Dinge, festkleben, fühlt sich das an, als säßen wir in einer Achterbahn, die nie anhält. Ein einziger Augenblick des Erwachens jedoch führt dich wieder zurück zu dem, was unveränderlich bleibt. Das Bewusstsein ist eine Konstante. Dort wirst du von Frieden, Stille und einem Gefühl des Heimkehrens überflutet.

Sich grundlos gut fühlen. Solche Augenblicke, in denen wir die Stille berühren, haben starke Auswirkungen auf den Körper. Wir verbrauchen täglich so viel Energie damit, uns zu sorgen und uns vor einer Welt zu schützen, von der wir uns abgetrennt fühlen, dass unsere Körper kaum etwas anderes kennen als Anspannung und Stress. Erwachen ist der ultimative Stressblocker. Sobald du dich in dein ureigenes Wesen hinein entspannst, und sei es auch nur für einen kurzen Augenblick, werden Bauch und Herz von einer Flut des Wohlbefindens umspült, die sich wellenförmig im gesamten Körper ausbreitet.

Genau in einem solchen Augenblick der Euphorie wurde auch der Titel dieses Buches geboren. Eine Schülerin in einem meiner Seminare rang nach Worten, um dieses überwältigende Gefühl des Entzückens, das sich im ganzen Körper ausbreitet und oft mit dem Augenblick des Erwachens einhergeht, zu beschreiben. Schließlich grinste sie und sagte: „Es ist besser als Sex!“ Mir gefiel dieser Ausspruch und ich sagte zu ihr, dass er einen tollen Buchtitel abgäbe.

Das Einssein jenseits des Getrenntseins. Wenn wir es zulassen, kann das Erwachen auch sehr angenehme Auswirkungen auf unsere intimen Beziehungen haben. Wenn du einem anderen Menschen begegnest, sei es dein Ehemann oder deine Ehefrau, dein Freund, deine Freundin, dein Kind, deine Mutter, dein Vater oder ein Freund, und du hältst beharrlich an Gedanken und Gefühlen fest, ist das Gefühl des Getrenntseins unausweichlich. Das Erwachen führt dich zurück zu jener Dimension deines Wesens, die nicht von der Welt getrennt ist. Die Bewusstheit, die hört und sieht und fühlt, ist von Stille, von Schweigen erfüllt, sie ist unendlich und kennt keine Grenzen. Rasch stellen wir fest, dass es sich dabei um dieselbe Bewusstheit handelt, die all diese Dinge in dir und mir und jedem anderen, den wir kennen, wahrnimmt. Wir machen die Entdeckung, dass Liebe eigentlich gar kein Gefühl ist, sondern vielmehr die Erkenntnis, dass dein eigenes wahres Wesen und das wahre Wesen des anderen eins sind.

Die Lösung für jedes Problem. Probleme entstehen durch das Gefühl eines abgetrennten Ichs, das sich bedroht, schwach und verletzlich fühlt und deshalb auch so streitlustig ist. Das Erwachen ermöglicht es uns, das Leben aus einem erweiterten

Bewusstseinszustand heraus zu betrachten, wo Entspannung und Humor herrschen und der kreativ ist und die Lösung aller Probleme kennt. Albert Einstein hat einmal gesagt: „Probleme kann man niemals mit derselben Denkweise lösen, durch die sie entstanden sind." Jetzt weißt du, wie du dich in eine sich ausdehnende Dimension deiner selbst entspannen kannst, in der die Lösungen ganz von selbst auftauchen.

Das einzigartige Geschenk. Ich habe das große Glück gehabt, in meinem Leben auf viele Menschen zu treffen, die vollkommen glücklich und erfüllt sind. Diese Menschen haben nicht nur äußerst kraftvolle Augenblicke des Erwachens erlebt, sie haben sich auch für ein einzigartiges Geschenk geöffnet, das durch sie Ausdruck finden wollte. Lynne Twist hat zum Beispiel über zwei Milliarden Dollar an Spenden aufgetrieben, um den Hunger auf der Welt zu lindern. John Gray schrieb, nachdem er neun Jahre in einem Meditationszentrum in der Schweiz verbracht und sich einzig und allein auf das Erwachen konzentriert hatte, das wohl berühmteste Buch über intime Beziehungen, das je geschrieben wurde. Das Erwachen kann auch dir dabei helfen, das einzigartige Geschenk zu entdecken, das in dir schlummert, und dir zeigen, wie du es in die Welt tragen kannst.

Es ist keine Frage von religiöser Überzeugung oder Philosophie, und es ist auch nicht erforderlich seinen Lebensstil zu verändern. Und so stellt sich die Frage, weshalb so viele Menschen ihr Leben überhaupt in anderer Weise leben. Die Antwort liegt in der Art und Weise, wie die Kunde vom Erwachen im Allgemeinen verbreitet wurde, nämlich vor allen Dingen hierarchisch und patriarchalisch. Erst in den letzten Jahrzehnten hat sich ein neues Modell herausgebildet, das uns ermöglicht, das Erwachen auf eine radikal neue Art und Weise zu erforschen.

KAPITEL 4

Was ist Coaching?

Ich möchte dir einen weiteren guten Freund vorstellen, der, genau wie Mark, einfach zur rechten Zeit am rechten Ort gewesen ist, um Teil eines großen Sprunges in der Evolution der Menschheit zu werden. Das hier ist Dave Buck, der viele Jahre lang an der Seite von Thomas J. Leonard gearbeitet hat, welcher sozusagen als Begründer des modernen Coachings gilt. Dave hat zusammen mit Leonard Coachville ins Leben gerufen, die weltweit größte Coachingorganisation, in der Coaches ausgebildet werden. Er ist bis heute einer der wichtigsten Lehrer und auch der Geschäftsführer dort.

Möglicherweise hat uns in den letzten Jahren eine gewisse Langeweile ereilt, was das Coaching angeht. Es gibt heutzutage so viele Arten von Coaches: Wellness Coaches, Coaches für Führungskräfte, finde-den-richtigen-Partner-Coaches, Beziehungscoaches, Scheidungscoaches, finde-den-richtigen-Coach-Coaches. Manchmal, wenn ich zu einer Konferenz fahre oder auf eine Party gehe, habe ich den Eindruck, dass dort viel mehr Coaches als Klienten rumsitzen! Darum sollten wir uns vielleicht einmal in Erinnerung rufen, was Coaching doch eigentlich für eine köstliche, schöne, respektvolle und inspirierende Beziehung ist. Es kann uns, hinsichtlich der Möglichkeiten menschlichen Potentials, neue Zuversicht schenken.

Alles begann mit dem Sport

Noch vor zwanzig oder dreißig Jahren gab es nur ein Gebiet, in dem man auf Coaches bzw. Trainer traf: im Sport. Damals gab es Tennistrainer, Schwimmtrainer, Basketballtrainer und Fußballtrainer. Der Trainer ging mit dem jeweiligen Athleten oder der Mannschaft eine Beziehung ein, um deren größtes Potential auszuschöpfen und ihnen dabei zu helfen, Ziele zu verwirklichen, die sie im Alleingang niemals erreicht hätten. Coaching ist die Krönung aller Arbeitsbeziehungen. Vor seiner Arbeit als Lebensberater war Dave bereits als Fußballtrainer für seine Lokalmannschaft tätig. Während der Arbeit mit Thomas J. Leonard stellten die beiden fest, dass das Prinzip der Zusammenarbeit für den nächsten

Schritt in der menschlichen Entwicklung von essentieller Bedeutung ist. Lassen wir Dave zu Wort kommen:

> *Ich erzähle immer gern von den Olympischen Spielen: Da kommt die ganze Welt zusammen. 4,7 Milliarden Menschen, das sind mehr als die Hälfte der Weltbevölkerung, haben sich die Olympischen Spiele in China angesehen. Das Streben nach menschlicher Größe hat etwas an sich, das uns so tief berührt, dass wir jede Gelegenheit nutzen, uns das Spektakel im Fernsehen anzuschauen. Und im Fernsehen werden die Trainer fast genauso oft gezeigt wie die Athleten selbst. Dadurch wird deutlich, dass diese herausragenden Leistungen nicht allein vom Athleten erbracht werden, sondern noch eine weitere Person daran beteiligt ist.*
>
> *Wie kann es nun gelingen, dieses Streben nach menschlicher Größe auf alle Lebensbereiche auszuweiten, nicht nur auf den Sport? Du kannst auf verschiedene Weise nach menschlicher Größe streben: als Führungskraft, in Beziehungen, als Bürgermeister deiner kleinen Stadt, als Unternehmer mit einer kleinen Firma. Es ist eben dieses Streben, in dem wir uns alle gleichen: Gemeinsam heben wir die Messlatte dessen, wozu Menschen fähig sind, immer höher. Jeder Mensch, egal in welche Richtung seine Bemühungen gehen, strebt auf seine eigene Weise nach menschlicher Größe. Ich glaube, die Menschheit ist heute an einem Punkt angelangt, an dem sie sich weiterentwickeln möchte und die menschliche Größe auf alle Lebensbereiche ausweiten will. Wir streben nach Meisterschaft, wir wollen das Leben genießen und alles aus ihm herausholen, was herauszuholen geht. Das ist vermutlich auch der Grund für das Coachingphänomen.*

Es lohnt sich wirklich, einmal über diese wundersame und revolutionäre Idee, die sich hinter Daves Worten verbirgt, nachzudenken: Wie lässt sich das Konzept des Coachings vom Sport auf andere Bereiche übertragen? Schauen wir uns doch mal Michael Phelps an, der seit seinem elften Lebensjahr von Bob Bowman trainiert wurde. Phelps hat achtzehn Mal olympisches Gold geholt, das sind die meisten Medaillen, die je ein Sportler gewonnen hat. Er sagt oft, er habe seinen Erfolg als Schwimmer, Bowman zu verdanken: *„Mit Bob zu trainieren, war wirklich das Schlaueste, was ich je getan habe… Ich würde nie für einen anderen schwimmen.“* Bob Bowman hat nie eine Goldmedaille gewonnen. Anfang der 80er ist er zwar einmal für ein Team (die Seminoles) geschwommen, doch ansonsten hat er seine ganze Karriere dem Trainieren gewidmet und anderen geholfen, zu großartigen Schwimmern heranzuwachsen. Die außergewöhnliche Begabung Bowmans liegt also nicht darin, selbst ein herausragender Athlet zu sein, sondern vielmehr darin, das verborgene Potential anderer ans Licht zu bringen. Phelps konnte nur deshalb so viele Medaillen gewinnen, weil er Bowman hatte. Er selbst sagt, ohne seinen Trainer hätte er nicht eine einzige Medaille geholt. Bowman seinerseits brauchte Phelps für das olympische Gold.

Das ist ein gewaltiger Fortschritt, bedenkt man, dass Ausbildung seit Menschengedenken immer einem hierarchischen Ansatz gefolgt ist. Denken wir nur an den großen Maler Michelangelo, der für seine Arbeit an der Sixtinischen Kapelle und seine Skulpturen des David oder der Pietà weltberühmt geworden ist. Mit dreizehn Jahren ging er zu Domenico Ghirlandaio in die Lehre. Zur damaligen Zeit war das durchaus üblich. Der Junge wusch die Pinsel aus, tünchte Wände in Vorbereitung für die Freskenmalerei und räumte am Ende des Tages die Werkstatt auf. Ghirlandaio war der Meister und Michelangelo der Schüler. Diese Beziehung verlangte Respekt gegenüber dem Meister, während die Bedürfnisse oder Talente des Schülers nahezu bedeutungslos waren. Und so entstand natürlich auch ein tiefer Konflikt, als Michelangelo gegen diese Beziehung aufbegehrte, und seine Lehre war binnen weniger Monate beendet.

Coaching ist das genaue Gegenteil einer solchen Ausbildung. Der Coach darf sagen: „Ich stehe lediglich im Dienste deiner Genialität. Hier geht es nicht um meine Genialität, sondern um deine.“ Das ist Coaching. Und es ist fantastisch! Es ist das Gegenmittel gegen Hierarchie und Patriarchat, die diesen Planeten seit fünftausend Jahren in eisernem Griff halten. Der Coach ist ein Freund, er steht dir zur Seite, er erkennt deine Genialität und gibt alles, um sie ans Licht zu holen.

Die Entwicklung des modernen Coachings

1974 schrieb Timothy Gallwey ein bahnbrechendes Buch, das da heißt *„Tennis – das innere Spiel.“* Für viele ist dieses Buch der erste Schritt von einer sportlichen Coachingbeziehung hin zu dem, was wir heute unter Personal Coaching kennen. Das Buch basiert auf humanistischen und transpersonalen psychologischen Prinzipien, sowie auf „dem Konzept, dass der innere Gegner wesentlich stärker ist als der äußere Gegner.“

Viele Jahre später kam Gallwey nach San Francisco, um an einer außergewöhnlichen Diskussionsrunde mit Werner Erhard und Stewart Emery, die gerade das EST-Training[8] entwickelten, und mit Michael Murphy, dem Mitbegründer des Esalen-Instituts, teilzunehmen. Gemeinsam begannen sie herauszuarbeiten, wie man eine Umgebung schaffen kann, in der Menschen erblühen können und in der man sie anleiten kann, ohne sie dabei zu kontrollieren. Wie kann man jemanden anleiten, erfinderisch und kreativ zu sein?

Thomas J. Leonard war der Buchhalter des EST-Trainings. Er war also in das Vorhaben eingeweiht, ohne jedoch unmittelbar daran beteiligt zu sein. Am Ende war es Leonard, der aus dieser neuen Art von Beziehung tatsächlich einen neuen Beruf erschuf, den Menschen erlernen und mit dem sie ihren Lebensunterhalt verdienen konnten. Dave Buck erinnert sich:

> *Thomas würde sagen: „Mir gefällt der Gedanke, Menschen dabei zu helfen, erfolgreich zu sein, sie anzuleiten und mit ihnen zu teilen, was ich gelernt habe, und sie gleichzeitig aufzufordern, eigene Antworten zu finden, kreativ zu sein und ihren eigenen Ausdruck zu finden." Er machte das zu einem, aus auch wirtschaftlicher Sicht, interessanten Beruf. Immer schon haben Menschen das aus Liebe heraus getan, aber es geschah nie in einem geschäftlichen Rahmen. Darum gilt er heute als Vater des Life Coachings.*

Leonard gründete schließlich die International Coach Federation, ein inzwischen weltweit agierendes Gremium, durch das Coaching in aller Welt als Profession verbreitet wird. Außerdem rief er die Coach University, die erste professionelle Coachingschule, ins Leben. Lassen wir noch einmal Dave Buck zu Wort kommen:

> *Thomas war eine Naturgewalt. Er war fest entschlossen, ein neues Berufsbild zu erschaffen und es in aller Welt zu verbreiten, und nichts konnte ihn aufhalten. Nachdem wir uns 1997 alle zum ersten Mal begegnet waren, telefonierte ich bis zu seinem Tod jeden Tag mit ihm. Er brachte den Menschen bei, zusammen zu arbeiten, und war ihnen selbst das beste Vorbild. Wie er es geschafft hat, diese*

[8] Erhard Seminar Training, benannt nach Werner Erhard. (Anm. d. Übers.)

Coaching-Sache ins Rollen zu bringen? Er hat einfach immer wieder Menschen zusammengebracht, jeden, der an seiner Idee interessiert war, hat er zu Meetings oder Telefonkonferenzen eingeladen. Er nannte das sein Forschungs- und Entwicklungsteam. Immer, wenn er ein neues Programm entwickeln wollte, schickte er allen eine E-Mail: „Am Freitag werde ich eine Telefonkonferenz zu diesem Thema abhalten. Wenn ihr mitmachen wollt, wählt euch ein."

Er war ein unglaublicher Teamarbeiter und Initiator. Er nahm die Ideen von Leuten mit den unterschiedlichsten Hintergründen und erschuf daraus das, was wir heute unter Coaching oder Lebensberatung verstehen. Es war wirklich eine bemerkenswerte Erfahrung.

Thomas J. Leonard genießt nicht allein deshalb so großes Ansehen, weil er einen völlig neuen Beruf geschaffen hat, sondern auch weil sich infolgedessen die Art und Weise, wie wir uns selbst und unser Potential betrachten und es schließlich auch verwirklichen, radikal verändert hat. Eine der besten Kurzdarstellung über die Entwicklungsgeschichte des Coachings stammt von Bill Dueease, dem Mitbegründer von The Coach Connection. Kein anderer hat Leonards Beitrag bisher besser auf den Punkt gebracht:

Thomas hat einen neuartigen menschlichen Wachstumsprozess erschaffen, der es Menschen ermöglicht, das Mysterium ihres eigenen Wesens zu entdecken und zu enträtseln. Das größte Mysterium auf Erden ist nicht etwa die globale Erwärmung oder ob die Cubs jemals die Meisterschaften gewinnen, das größte Mysterium sind wir selbst. Dieser neuartige menschliche Wachstumsprozess, den wir als Personal Coaching kennen, funktioniert außergewöhnlich gut und unterstützt dich in aller Klarheit, schnell, vollständig und vertrauensvoll in deinem Selbstfindungsprozess, ohne jede Spur von Verurteilung oder Schuldzuweisung. Mit deinem Personal Coach wirst du zum absoluten Experten auf dem Feld deiner eigenen Persönlichkeit. Die höchste Form menschlicher Weiterentwicklung und menschlichen Wachstums ist die Selbsterkenntnis.

Inzwischen hat sich das Coaching weltweit zu einem respektierten Berufszweig entwickelt. Es beeinflusst so gut wie jeden Aspekt des Lebens, den wir uns nur vorstellen können. Rufen wir uns jetzt noch einmal ein paar der Schlüsselsätze in Erinnerung, die das Coaching zu etwas so Erstaunlichem und Revolutionärem machen.

Sechs Gründe, Coaching zu lieben

Grund Nr. 1: Coaching ist respektvoll. Ein Coach kann zu einem Athleten sagen: „Ich bin kein so guter Spieler wie du. Was du kannst, könnte ich nie im Leben. Ich erkenne dein Potential. Ich glaube an dein Potential. Ich weiß, was du erreichen kannst. Ich bleibe an deiner Seite und werde dir Mut machen, auch wenn du kurz vorm Aufgeben bist, und ich werde dich anspornen, so weit zu gehen, wie du kannst." Ein Coach blickt tief in den Spieler hinein, und zwar mit dem ungetrübten Blick der Hochachtung. Er oder sie erkennt das Potential und bringt es ans Licht.

Ob im Sport oder anderen Lebensbereichen, der Coach sagt immer: „Mach dir um mich keine Gedanken. Schau mich gar nicht erst an. Schau auf dich selbst und auf dein Potential. Hole alles aus dir heraus, was du zu bieten hast."

Dave Buck sagt dazu:

> *Wenn du Schwimmtrainer werden willst, solltest du schwimmen können, du solltest selbst mal Schwimmer gewesen sein. Aber du musst kein Weltklasseschwimmer sein, um einen anderen dazu zu machen. Man muss nicht der Weltbeste sein, um jemanden zu coachen, der Weltbeste zu werden.*

Grund Nr. 2: Coaching ermöglicht Evolution jenseits von Hierarchie. Wir waren es in beinahe allen Bereichen unseres Lebens gewohnt, als Schüler oder Student von einem Meister zu lernen. Genauso haben die meisten von uns die Schule erlebt, das Verhältnis zu unseren Eltern, so haben wir Musik gelernt, Sport, Sprachen, ja sogar Beziehung und Sexualität.

„Aber Mama, wieso muss ich denn mein Zimmer aufräumen/ins Bett gehen/dieses Buch lesen/meinen Spinat essen?"

„Weil ich es dir sage! Darum."

Ende der Diskussion.

Ein Coach ist weder Lehrer noch Meister. Er ist aber auch kein Diener. Ein Coach ist ein Mensch, der dir zutiefst und absolut wohlgesonnen ist, der dir zur Seite steht, deine angeborene Großartigkeit erspürt und sie ans Licht holt. Das ist wohl die ermächtigendste Beziehung, die man sich nur vorstellen kann.

Hier noch einmal Dave:

> *Beim Coaching geht man eine Arbeitsbeziehung ein. Es geht nicht um „Du machst, was ich dir sage oder wir lassen es." Ein Coach muss in der Lage sein, seine Ideen und seine Weisheit, seinen Schlachtplan, seine Gedanken und seine Strategien zu teilen. Nicht, weil der Spieler sich dann daran halten soll, sondern damit der Spieler das, woran der Coach ihn teilhaben lässt, aufgreifen und mit seinen eigenen einzigartigen Ideen verbinden kann. Aus dieser gemeinsamen Kreation entstehen dann die neuen Möglichkeiten. Es trifft also zu, dass das Ganze nicht hierarchisch funktioniert, doch das liegt nicht an mangelndem Fachwissen, sondern daran, dass es in der Zusammenarbeit einfach besser funktioniert. Menschen wachsen nicht über sich hinaus, weil irgendwer ihnen sagt, was sie tun sollen, sondern weil sie jemanden haben, der sie ermutigt, Ideen auszuprobieren, die sie dann mit ihrer eigenen Vision verbinden können.*

Grund Nr. 3: Coaching ist klientenzentriert. Wie wir im Awakening Coaching bald sehen werden – und das gilt für jede Art von Coaching –, liegt Leonards Vermächtnis darin, die richtigen Fragen zu stellen. Jeder Coachingbeziehung liegt die Annahme zugrunde, dass der Klient tief im Inneren äußerst erfinderisch ist und alles, wonach er strebt, bereits in ihm vorhanden ist. Der Klient weiß intuitiv, worin sein wahres Potential liegt. Er spürt auch instinktiv, welche Gewohnheiten und Glaubenssätze ihm dabei im Wege stehen. Und oft kennt der Klient auch den einfachsten und schnellsten Weg, um voranzukommen. Der Coach versteht es, die richtigen Fragen zu stellen, um dieses Potential ans Licht zu holen und zu verwirklichen. Dave Buck erinnert uns noch einmal an den evolutionären Prozess, den wir in dieser Hinsicht alle kollektiv durchlaufen haben.

> *Im Industriezeitalter entstand die Idee, Menschen seien wie Eimer: Sie haben von nichts eine Ahnung und müssen gefüllt werden, man muss ihnen genau sagen, was sie tun sollen und wie sie es zu tun haben, damit sie es gleich beim ersten Mal richtig machen und niemals irgendwelche Fehler machen. Maslow*

und Carl Rogers erfanden ein entsprechendes Gegenmittel, die Humanistische Psychologie: Sie fanden, dass die Menschen irgendwie hohl geworden waren und nur noch darauf warteten, dass jemand kam und ihnen sagte, was sie tun sollten. Sie waren der Ansicht, das sei eine Katastrophe für die Menschheit. Also drehten sie den Spieß um und behaupteten, jeder Mensch hätte seine eigenen Antworten und man müsse ihm nicht sagen, was er tun sollte, denn er würde es schon selbst herausfinden.

Inzwischen wissen wir, dass beide Ansätze ihre Grenzen haben. Manchmal haben wir aus uns selbst heraus großartige Ideen und manchmal haben wir keinen blassen Schimmer, was wir tun sollen und sind dankbar, wenn ein anderer mit entsprechender Erfahrung sein Wissen mit uns teilt.

Menschen sind immer dann in Höchstform, wenn sie zusammenarbeiten, wenn sie gemeinsam etwas erschaffen. Darum stellt ein Coach einfach die richtigen Fragen. Wir lieben es, das, was wir gelernt haben, mit anderen zu teilen. Das Geheimnis besteht darin, es so anzustellen, dass der andere nicht durch uns dominiert wird. Wir entwickeln uns hin zu diesem neuen Coaching-Weg, der immer eine Zusammenarbeit darstellt.

Grund Nr. 4: Coaching ist nicht dogmatisch. Bowman hat nicht versucht, Phelps die Bowman'sche Art des Schwimmens beizubringen und ihn seinen Stil nachahmen zu lassen. Er erkannte, dass Phelps langer, schlanker Oberkörper ohnehin schon aerodynamisch geformt war und seine Arme, die eine Spannweite von 2m erreichten, dienten ihm quasi als Paddel und ließen ihn so noch schneller durch das Wasser gleiten. Bowman erkannte das Potential des jungen Mannes und brachte dann alles, was er bereits wusste, zur Anwendung, um dieses Potential auszuschöpfen. Ein wirklich guter Coach ist äußerst versiert darin, seine Coachingmethode so einzusetzen, dass dadurch das Potential des Klienten zu Tage gefördert wird, doch eine solche Methode steht immer im Dienste der Genialität und des Potentials des Klienten. Awakening Coaching ist zum Beispiel eine äußerst präzise Methode, die sowohl gelehrt als auch erlernt und erfolgreich dupliziert werden kann. Doch dabei ist sie niemals dogmatisch, sondern stets der Erfahrung, der Intuition und der Weisheit des jeweiligen Klienten untergeordnet.

Dave Buck sagt dazu:

> *Ein guter Trainer bedient sich eigentlich immer einer bestimmten Methode und findet dann gemeinsam mit dem Spieler einen Weg, diese Methode auf dessen spezielle Situation anzuwenden. Eine Methode eignet sich wunderbar als Einstieg, man lernt die grundlegenden Fertigkeiten, erlangt einen gewissen Erfolg und entdeckt vor allem die Liebe zum Spiel. Doch um dann noch über sich hinauszuwachsen, muss man die Methode transzendieren. Genau das machen die wirklich guten Trainer.*
>
> *Dadurch unterscheidet sich Coaching erheblich von dem, was wir oft als „Selbsthilfe" bezeichnen. Bei der Selbsthilfe-Geschichte geht es immer nur darum: „So hab ich es gemacht, das hat funktioniert, darum sollte es bei dir auch funktionieren." Ich glaube ja, die Selbsthilfe-Bewegung hat der Menschheit mehr geschadet als geholfen. Denn wenn du ein Selbsthilfebuch liest, die Methode des Autors aber bei dir selbst nicht funktioniert, dann fühlst du dich wie ein Versager. Das ist eine verheerende, unbeabsichtigte Nebenwirkung der ganzen Selbsthilfe-Bewegung. Das Gegenmittel dazu heißt Coaching.*

Grund Nr. 5: Coaching ist lösungsorientiert. Es gibt noch jede Menge anderer Ansätze, mit denen wir an unserem Potential arbeiten können, die sich jedoch vor allem darauf konzentrieren, was bei uns falsch läuft. Wenn wir wollen, finden wir immer irgendwelche neurotischen Kindheitskonditionierungen, dysfunktionale Glaubenssätze und Gewohnheiten, die uns das Gefühl geben, der Weg dahin, unser wahres Geschenk zu geben, sei lang und gefährlich, ja vielleicht sogar hoffnungslos versperrt. Ein guter Coach dagegen konzentriert sich auf das, was bei dir richtig läuft, was für dich funktioniert, und baut darauf auf. Der Coach geht einfach davon aus, dass du eine besondere Gabe besitzt, dass dir eine Genialität innewohnt, die endlich ans Licht will, und hilft dir dabei, diese näher zu bestimmen, mit ihr zu spielen und sie dann so zu akzentuieren, dass alles, was dir scheinbar im Weg steht, sich einfach in Nichts auflöst.

Grund Nr. 6: Beim Coaching geht es um Verspieltheit. Weil das Coaching ursprünglich aus dem Sport stammt, bringt es zu guter Letzt auch noch eine gewisse Verspieltheit in alle Bereiche deines Lebens. Spielen ist etwas Leichtherziges und erinnert uns an unsere kindliche Unschuld. Wenn wir diese Verspieltheit auf die

Geschäftsebene, auf die Führungsebene und auf die äußerst ernsthafte Ebene spirituellen Erwachens bringen, ist das revolutionär.

Dave Buck meint dazu:

> *Jetzt, da wir das Industriezeitalter des 20. Jahrhunderts, in dem es immer nur um Arbeit, Konformität und Kontrolle ging, hinter uns lassen und in diese neue Zeit eintauchen, die ich gern als das kreative Zeitalter des Spielens bezeichne, geht es in erster Linie um Engagement und Inspiration. Das Coaching entwickelt sich zu der Technik für Führungskräfte des 21. Jahrhunderts. Coaching ist Vieles: Es ist transformierend, es ist ermächtigend, doch vor allem geht es beim Coaching darum, einem anderen dabei zu helfen, besser zu spielen, egal in welchem Spiel. Wenn du spielst, versinkst du voll und ganz im gegenwärtigen Augenblick. Es ist schon eine erstaunliche Zeit, die wir gerade miterleben: Wir verlagern unseren Fokus von Arbeit und Zielorientiertheit hin zum Spielen, zum Kreativ-Sein, zum Selbstausdruck, zur Hingabe und zu vollkommener Präsenz. Und genau das ist nötig, um heute erfolgreich zu sein.*

Coaching entwickelt sich ständig weiter

Dave Buck weist darauf hin, dass eine Coachingbeziehung sowohl ein Spiegel für die Umgebung ist, in der sie entsteht, als auch ein formgebender Einfluss auf diese Umgebung.

> *Im 20. Jahrhundert beinhaltete Coaching noch oft, einem Menschen zu sagen, wie er es richtig anstellen musste, damit er an seine Ziele gelangt. Coaching musste sich weiterentwickeln, auch das Coaching im Sport. Inzwischen finden wir Coaches mehr und mehr in kollaborativen Begriffen beschrieben. Sie arbeiten „mit den Spielern" am Spielplan, anstatt ihnen den Spielplan zu diktieren. Sie arbeiten „mit den Spielern", um deren Talente bestmöglich zum Einsatz zu bringen, anstatt ihnen vorzuschreiben, wie sie ihr Talent zum Einsatz bringen sollen. Beim Coaching geht es um die Darbietung des Einzelnen, darum, dass er sein Spiel verbessert und darum ist es auch so faszinierend. Und weil es ein so neues Themenfeld ist, kann sich das Coaching an sich auch so rapide entwickeln. Es entwickelt sich quasi in dem Maße, in dem auch die Menschen bereit sind, sich weiterzuentwickeln.*

Seit den späten 1990er Jahren bis 2003 haben Dave und Thomas gemeinsam daran gearbeitet, das Coaching aus dem sportlichen Bereich herauszuholen und auf andere Gebiete anzuwenden. Bedauerlicherweise starb Thomas J. Leonard viel zu früh im Alter von 47 Jahren. Im Laufe seiner viel zu kurzen Karriere gelang es ihm, seine auf Zusammenarbeit basierenden Coachingprinzipien auf Bereiche wie Geschäftsführung, Bildung, Wellness und Beziehungsarbeit auszuweiten. In vielen dieser Bereiche veränderte sich der bislang pyramidenförmige, hierarchische Ansatz hin zu einem neuen Konzept, das stärker auf dem Prinzip der Zusammenarbeit aufbaut.

Leider starb Leonard, ehe er seine Aufmerksamkeit einem Lebensbereich widmen konnte, der wie kein anderer von Hierarchie und Patriarchat geprägt war: den Möglichkeiten des spirituellen Erwachens. Lass uns nun gemeinsam ergründen, was passiert, wenn wir Coaching und Erwachen zusammenbringen. Du wirst einige erprobte Coaches kennenlernen, die diese Kombination in ihrer Arbeit mit Klienten erkundet haben.

KAPITEL 5

Was ist Awakening Coaching?

Bist du bereit, noch mehr meiner Freunde kennen zu lernen? Mark hast du ja schon kennengelernt, bei ihm haben wir gelernt, worin die Essenz des Erwachens besteht, wenn sie erst einmal von den Fesseln von Tradition und Religion befreit ist. Wir haben uns darüber unterhalten, wie das Erwachen einen Kanal der Kreativität und des Wohlbefindens öffnet, der weit über das hinausgeht, was wir uns je vorstellen oder selbst erschaffen könnten. Dann bist du Dave Buck begegnet und wir haben etwas über die wundersame Coachingbeziehung erfahren, bei der ein Mensch einen anderen unterstützt und ihm hilft, seine verborgene Genialität zu erkennen und ans Licht zu bringen, und zwar frei von jeglicher Hierarchie. Wir haben festgestellt, dass Coaching eine Beziehung der Demut und des Dienens ist.

Jetzt möchte ich dir zwei weitere Freunde vorstellen und wir wollen die schiere Explosion an Möglichkeiten erkunden, die sich eröffnen, wenn wir Erwachen und Coaching zusammenbringen. Durch diese Fusion wird der Kontext des Erwachens grundlegend verändert und gleichzeitig transformiert sie auch die Möglichkeiten des Coachings.

Siehst du die beiden schönen Frauen, die dort auf der Couch sitzen und miteinander plaudern? Sie sind beide Awakening Coaches. Jeannie Campanelli stammt aus Ontario in Kanada und sie hatte bereits eine langjährige Erfahrung mit konventionellem Coaching, bevor sie irgendwann den Aspekt des Erwachens, des Awakening, in ihre Arbeit integrierte. Die Frau neben ihr ist Satyaa Douglas. Sie wurde in Deutschland geboren und lebt heute auf Hawaii. Satyaas Leben hat sich schon immer um die Erforschung des Erwachens gedreht. Als sie sich zum Coach ausbilden ließ, entdeckte sie, wie sie ihr tiefstes Erwachen und ihre tiefste Leidenschaft mit anderen teilen konnte. Beide Frauen haben also aus völlig unterschiedlichen Richtungen zum Awakening Coaching gefunden.

Wie bereichert der Aspekt des Erwachens das Coaching?

Als Jeannie sich zu der Ausbildung zum Awakening Coach entschloss, hatte sie bereits seit zehn Jahren als professioneller Coach gearbeitet. Sie hatte sich darauf spezialisiert, den Menschen dabei zu helfen, Selbstvertrauen aufzubauen. Komm, Jeannie, erzähl doch einfach selbst:

> *Irgendwann stellte ich fest, dass ich in meiner Arbeit am Selbstvertrauen nie so tief ging, wie es eigentlich nötig gewesen wäre. Mir fehlten einfach die Werkzeuge – und zwar nicht nur bei anderen Menschen, sondern auch für mich selbst –, um mich mit dem kritischen Verstand, mit all den alten Botschaften, nicht gut genug zu sein, auseinanderzusetzen. Also begann ich, mich umzuschauen, denn mir war klar, dass ich tiefer eintauchen musste. Das bedeutete, dass ich unter die Oberfläche des Lebens hinabtauchen, dass ich Zugang zum Herzen finden musste, anstatt immer wieder auf das zurückzugreifen, was der Verstand gelernt hat. So tief hinabzusteigen, bedeutet, den Raum unseres innersten Kerns, zu betreten und der Essenz unseres Wesens zu begegnen.*
>
> *Indem ich den Aspekt des Erwachens in meine Coachingarbeit einbrachte, öffnete sich mir eine Tür, hinter der ich mein eigenes Sein auf einer ganz anderen Ebene erfahren konnte. Es öffnete sich eine Tür, die mir erlaubte, den Raum für meine Klienten zu halten, damit sie selbst diese Weite, dieses Sein, diese Gegenwärtigkeit erleben konnten. Ich war auf einmal imstande, die reine Liebe zu erfahren, nicht die konditionierte Liebe, wie ich sie bisher erfahren hatte. Ich konnte auf einer völlig neuen Ebene auch den Raum für diese tiefere Liebe halten. Und genau dadurch war es auch meinen Klienten möglich, diesen Raum in sich selbst zu spüren und auszuweiten. So verankerte sich in ihren Körpern eine neue Erfahrung, nämlich wie es sich anfühlt, sein Leben von einem Ort jenseits des denkenden Verstandes aus zu leben.*

Genau das ist das entscheidende Element, durch das das Erwachen das konventionelle Coaching bereichert. Anstatt nur nach Wunscherfüllung oder Linderung von Ängsten zu streben, ist der Coach jetzt imstande, mit seinem Klienten tiefer einzutauchen, in

Bereiche jenseits des Geistes, jenseits reaktiver Gefühle, und plötzlich sehen die Dinge ganz anders aus, weil wir sie von einem viel weiteren Blickwinkel aus betrachten. Anstatt also dem Klienten dabei zu helfen, zu bekommen, was er zu wollen glaubt, kann der Coach ihm nun vielmehr dabei helfen, sich in diese tiefere und sehr viel authentischere Sehnsucht hinein zu entspannen. Lassen wir noch einmal Jeannie zu Wort kommen:

> *Die meisten meiner Klienten hatten kein Selbstvertrauen, weil ihr Denken von unbewussten Glaubenssätzen wie „Ich bin nicht gut genug" oder „Ich bin nicht liebenswert" gesteuert war. Ich lernte viele neue Werkzeuge kennen, zum Beispiel das Radical Awakening, und mit ihrer Hilfe lernte ich schließlich, wie ich für meine Klienten den Raum halten konnte, damit sie sich auf tieferen Ebenen mit sich selbst auseinandersetzen konnten.*
>
> *Kann ich nun behaupten, meine Klienten hätten jetzt jederzeit Selbstvertrauen? Nein! Aber ich habe gelernt, ihnen den Druck zu nehmen, irgendetwas anderes sein zu wollen als das, was sie in diesem Augenblick nun einmal sind. Je mehr sie lernen, ihre Unsicherheit und ihre Selbstzweifel zu akzeptieren, diese zu beobachten, sie zu erleben, in ihnen zu ruhen und das Muster dahinter zu erkennen, desto weniger werden sie auch von diesen Dingen beherrscht. Wenn sie sich selbst so akzeptieren, wie sie im gegenwärtigen Augenblick gerade sind, dann können sie viel tiefer in ihrer ganz natürlichen Präsenz und Liebe ruhen und diesen Raum auch in ihren Beziehungen halten. Plötzlich tauchen viel weniger Bedürfnisse auf und die Beziehungen, sowohl die privaten als auch die geschäftlichen, werden nicht mehr so stark von Erwartungen oder Vermutungen beherrscht. Sie fühlen sich in ihren Körpern, in der eigenen Haut, in dem, was sie von Natur aus sind, viel mehr zu Hause und haben nicht mehr das Bedürfnis, irgendetwas zu verändern.*

Ich kann dem wirklich nicht mehr viel hinzufügen. Jeannie hat es ziemlich gut auf den Punkt gebracht. Wenn wir den Aspekt des Erwachens in eine Coachingbeziehung einfließen lassen, geht es nicht mehr darum, Probleme zu lösen, vielmehr lösen sie sich einfach in Luft auf. Wenn wir Glaubenssätze und reaktive Gefühle aus dieser Dimension heraus betrachten, kommen sie uns vor wie eine Maus mit einem Megafon: eine Menge Lärm und nichts dahinter. Viele Dinge lösen sich ganz von selbst, ohne dass man sich viel Mühe machen muss, sie geradezubiegen. Jeannie erinnert sich an eine ganz besondere

Coachingklientin, mit der sie bereits gearbeitet hatte, ehe sie diese neuen Werkzeuge zur Anwendung brachte:

Als ich sie kennenlernte, war sie Ende 20 und hatte gerade erst begonnen, als IT Beraterin für einige sehr große Unternehmen zu arbeiten. Sie war schon irgendwie ein Genie, hochbegabt und sehr sachkundig für ihr Alter. Aber sie stand gerade am Anfang einer neuen Karriere, war ziemlich durch den Wind und hatte sehr wenig Selbstvertrauen. Als wir anfingen, konzentrierten wir uns darauf, ihre Probleme zu lösen, die Sachlage neu zu bewerten und ihre Denkweisen zu verändern. Das erwies sich dahingehend als hilfreich, dass sie die Dinge aus einer anderen Perspektive betrachten konnte. Ich konnte ihr helfen, sich von ihren einschränkenden Glaubenssätzen zu verabschieden und sich stattdessen ein paar neue zuzulegen, die eher expansiver Natur waren. Doch ich hatte ständig das Gefühl, immer nur an der Oberfläche zu kratzen, und da bei ihr tiefere Muster am Werke waren, waren unsere Ergebnisse auch nicht von Dauer. An diesem Punkt wurde mir klar, dass ich ihr nicht helfen konnte, tiefer zu gehen, wenn ich nicht selbst tiefer ging.

Als sie bereits seit mehreren Monaten meine Klientin war, machte ich die Ausbildung zum Awakening Coach. Ich entdeckte, dass es diese Weite, diese Stille und diese Ruhe ist, die meine eigentliche Natur ausmacht. Außerdem entdeckte ich, wie leicht es war, meine tiefsten Glaubenssätze zu erkennen und meinen Widerstand gegen sie aufzulösen, so dass sie mein Leben nicht mehr beherrschen konnten. Für mich öffnete sich da eine Tür. Und seither ist genau das meine oberste Priorität.

Als ich von der Ausbildung zurückkehrte, wendete ich gleich in der ersten Woche mit ihr die neu erlernten Werkzeuge an. Ich geleitete sie auf direktem Wege durch das Radical Awakening, und es fiel ihr ganz leicht.

Sie war eine sehr pragmatische Geschäftsfrau und arbeitete mit großen Unternehmen zusammen, darum war ich wirklich überrascht, wie schnell und mit welcher Leichtigkeit sie die Stille, die Ruhe und die Weite selbst erlebte und wie offen sie dafür war, wie natürlich es sich für sie anfühlte. Wäre ich ihr mit Buddhismus oder irgendetwas Fernöstlichem gekommen, hätte sie sich wahrscheinlich verschlossen, aber da diese Übung, sich in ihren natürlichen Seinszustand hinein zu entspannen, innerhalb einer professionellen Coachingsitzung stattfand, konnte sie erst gar keine Widerstände aufbauen. Außerdem vertraute sie mir ja bereits.

Ich coache diese junge Frau noch heute. In jeder Sitzung kommen wir immer wieder auf diese Weite, diese Stille und diese Offenheit zurück. Inzwischen findet jede unserer Coachingsitzungen in dieser Weite statt. Die Stille hat sich ausgedehnt und meine eigene Erfahrung der Weite und der Stille haben einen guten Teil dazu beigetragen. Darin halte ich sie.

Ich verwende in jeder unserer gemeinsamen Sitzungen eine Methode, die sich Radical Releasing nennt. Ich habe ihr beigebracht, immer wenn einschränkende Glaubenssätze auftauchen, in deren Energie einzutauchen, in ihrem Körper und diesen Sätzen gegenüber präsent zu bleiben, anstatt sie wegzustoßen. Sie war eine meisterhafte, eine geborene Problemlöserin. In ihrem Geschäft hatte sie die Kunst des Problemlösens quasi perfektioniert, doch das war eher hinderlich, wenn sie es auf das eigene Innere anwenden wollte. Sie musste lernen, zwischen diesen beiden Dingen zu unterscheiden. Inzwischen wird sie nicht mehr von ihren Mustern beherrscht, vielmehr kann sie sie beobachten. Sie kann sich in ihnen aufhalten und sich wohl dabei fühlen, denn sie weiß, dass sie sehr viel mehr ist als diese Muster, sehr viel mehr als all die Gefühle, die ständig kommen und gehen.

Heute führt sie ein eigenes Unternehmen und verdient mit einer ungeheuren Leichtigkeit Geld. So viele Türen zu großen Unternehmen haben sich für sie geöffnet. Sie ist wohlhabender und erfolgreicher, als sie es sich je hätte träumen lassen.

Vielen Dank, Jeannie. Unzählige andere professionelle Coaches haben die Erfahrung gemacht, dass der ihnen zur Verfügung stehende Werkzeugkasten erblühte und lebendig wurde, sobald sie erst einmal wussten, wie sie mit ihren Klienten Zugang zu jener grenzenlosen Dimension des Bewusstseins erlangen konnten.

Wie bereichert das Coaching das Erwachen?

Satyaa Douglas wurde 1962 in Norddeutschland geboren. Als sie das Gymnasium abgeschlossen hatte, wollte sie studieren und Psychotherapeutin oder Psychoanalytikerin werden.

Ich sehnte mich nach etwas Tieferem, als dem, was ich bisher kennen gelernt hatte. Was ich um mich herum sah, deprimierte mich: Menschen, die in einem auf Angst basierenden Überlebensmodus gefangen waren und Entscheidungen immer nur aus der Angst heraus trafen. Ein solches Leben war für mich schier inakzeptabel, ich fand es unerträglich.

Bevor sie zur Universität ging, nahm sie eine Auszeit von einem Jahr und reiste nach Indien, wo sie schließlich im Ashram des umstrittenen Gurus Bhagwan Rajneesh, der später als „Osho" bekannt wurde, landete.

Mein Leben veränderte sich von Grund auf, ich hatte das Gefühl, als wäre ich aus der Hölle direkt in den Himmel gekommen. Danach hatte ich mich immer gesehnt, es fühlte sich so natürlich an, obwohl ich so etwas bis dato noch nie erlebt hatte. Ich wurde seine Schülerin und er gab mir meinen Namen. Bei ihm wurde mir klar, wie sehr ich mich immer auf mich selbst, meine Gedanken und Gefühle und Emotionen konzentriert hatte. Er dagegen sah die reine Liebe, die im Kern allen Seins wohnt. Das krempelte mein Leben komplett um. Ich bin ewig dankbar für dieses Erlebnis, dass ein Mensch, der erwacht war, dieses Gefühl auch an einen anderen weitergeben konnte.

Nach meinem Jahr mit Osho ging ich nach Deutschland zurück, wo ich einen Studienplatz belegt hatte. Ich ging für einen Tag hin und stellte sofort fest, dass ich das nicht durchziehen würde. Mir wurde klar, dass ich das, wonach ich gesucht hatte, in Indien bereits gefunden hatte. Also wagte ich den Sprung und ging einfach auf Reisen. Ich machte viele Erfahrungen. Ich musste einfach meine kreative Leidenschaft ausleben.

Satyaas Geschichte ist bezeichnend für die Geschichten unzähliger Baby-Boomer, die in den späten 60ern und 70ern erwachsen wurden. Viele von uns begegneten ihren Gurus in Indien, Tibet oder China und nahmen neue Namen, neue Gewohnheiten und neue Werte an. Satyaa fand zu Osho, gewissermaßen zu einem Rebell, doch viele andere fanden zu Lehrern, die eine etwas etabliertere Lehre verbreiteten.

Tausende Jahre lang mussten sich Menschen, die diese tiefe Sehnsucht in sich verspürten oder sich einfach nach Unterstützung oder Ermutigung sehnten, einen Priester oder Guru suchen. In den meisten Fällen, in den meisten Kulturen und Zeitaltern waren das Männer und der dazugehörige Kontext war von hierarchischen Strukturen geprägt. Sehr häufig erforderte dies die Übernahme von Tradition, Regeln, Glaubenssätzen und es gab Auflagen, was man essen durfte, und man musste das eigene Verhältnis zu Geld, Sex und tausend anderen Dingen neu definieren. Wenn man also Unterstützung dabei wollte, dieser natürlichen Sehnsucht nach dem Erwachen zu folgen, ging damit meist auch ein ganzer Haufen von Konzepten und Verhaltensweisen einher, die vielleicht nur sehr wenig mit der eigentlichen Sehnsucht zu tun hatten.

Aber wir wollen das Kind nicht mit dem Bade ausschütten. Es kann sehr vorteilhaft sein, einen Lehrer zu haben, einer Tradition zu folgen oder alte Texte zu studieren. So gehört das Streben nach Erwachen in Tibet zum Beispiel schon seit Jahrtausenden zur Kultur, schon lange Zeit vor der Ankunft des Buddhismus. Du kannst auch Techniken wie *Tonglen* oder *Ngöndro* erlernen, uralte Techniken, wissend, dass sie sich nicht irgendein kalifornischer New Age Lehrer in der Hoffnung auf schnelles Geld ausgedacht hat. Diese Techniken haben sich über unzählige Generationen hinweg bewährt, und die Kinderkrankheiten sind überwunden.

Ein echter Lehrer sieht dich oft sehr viel klarer, als du dich selbst. Wenn dieser Lehrer dich wirklich liebt und ihm etwas an dir liegt, kann er oder sie oft auch erkennen, wo die Stolpersteine liegen, über die du immer wieder fällst.

Der Lehrer ist den Weg bereits gegangen, vielleicht schon seit vielen Jahrzehnten. Er kennt die Gipfel und die Täler sehr gut: was vermieden und was freudig akzeptiert werden sollte.

Doch liegen auch viele bedeutsame Begrenzungen darin, sich einem Lehrer oder einer Tradition anzuschließen.

Wenn du meinst, dass du jemandem folgen musst, der „erleuchtet" ist und dich aus deinem eigenen Tiefschlaf herausführen kann, besteht dein erstes Problem schon einmal darin, jemanden zu finden, der tatsächlich dafür qualifiziert ist. Es gibt keine Praxiszulassung für Gurus, keine Zulassungsprüfung und auch keinen Fachverband, der das Treiben seiner Mitglieder überwacht. Es gibt keine allgemein gültige Ethik.

Einem spirituellen Lehrer zu folgen, birgt vermutlich mehr als jeder andere Lebensbereich die Gefahr, ausgenutzt zu werden: finanziell, sexuell oder einfach dadurch, dass die „Mission" deine Energie und Kraft absaugt. In den letzten Jahrzehnten haben sich unzählige Menschen auf eigene Gefahr hin und getrieben von einer tiefen Sehnsucht danach, nach Hause zu gelangen, einem Lehrer oder einer Gruppe angeschlossen. Ich kenne so viele Leute, die zutiefst enttäuscht wurden und sich betrogen fühlten, und du selbst kennst wahrscheinlich auch ein paar.

Die größte Gefahr besteht jedoch vermutlich darin, dass eine herkömmliche Lehrer-Schüler-Beziehung einen äußerst fruchtbaren Boden für Projektionen bietet. Aus unserem Heimweh oder der Sehnsucht nach unserem natürlichen Seinszustand heraus und durch unsere Unfähigkeit, diese in uns selbst zu suchen, halten wir Ausschau nach einem perfekten Menschen, jemandem, der kein Unrecht tun kann und niemals Fehler macht. Satyaa erinnert sich an einen Besuch bei Rajneesh in Oregon, nachdem dieser aus Indien fortgegangen war.

Ich saß in der Veranstaltung und mir fiel auf, dass die Leute, die doch so entflammt waren, solange Osho auf der Bühne stand, sofort wieder zu dem wurden, was sie glaubten zuvor gewesen zu sein, sobald er die Bühne verließ. Mich überkam das Gefühl, dass wir ihn wie eine Droge benutzten, um in einen Rausch zu verfallen: Wir sahen die Liebe und das Licht aus ihm heraus leuchten, aber wir hatten dieses Licht noch lange nicht in uns selbst entdeckt, es noch nicht einmal dort gesucht. Ich weiß noch, wie er sagte: „Ich bin nur ein Finger, der zum Mond zeigt, verbeißt euch nicht in diesen Finger." Und da wurde mir klar, dass viele von uns genau das taten: sie verbissen sich in den Finger.

Selbst wenn du einen Lehrer findest, der wirklich qualifiziert ist, lässt du dich damit auf eine Beziehung ein, die in ihrer Essenz doch hierarchisch bleibt. Du gehst grundlegend davon aus „Du hast etwas, was mir fehlt." Selbst wenn das nicht der Wahrheit entspräche, würde in dieser Beziehung doch irgendwann ein sich selbst-generierender Prozess einsetzen. Sobald Lehrer und Schüler eine solche Dynamik erzeugen, sind die Rollen verteilt, und es wird sehr schwierig werden, sie wieder aufzulösen. Der Lehrer wird immer isolierter in einem Elfenbeinturm der Heiligkeit und der Schüler endet dann auf einem Weg, der immer nur im Kreis herum führt und vertieft weiter und weiter seinen Glauben, die Erleuchtung warte irgendwo da draußen, zum Beispiel in diesem anderen Menschen oder in einer Zukunft, die doch niemals eintritt. Satyaa reflektiert:

Eine der Gefahren besteht darin, dass der Schüler sich hinter dem Lehrer verstecken kann, so dass er geradezu süchtig danach wird, Schüler zu sein.

Mir ist aufgefallen, dass ich immer dazu geneigt habe, das Licht in den anderen nicht zu erkennen und zu würdigen, so wie ich das bei meinem Lehrer tat. Ich steckte noch voll in dem alten Paradigma fest, in diesem Kreislauf, mich immer weiter verbessern zu wollen. Ich war gefangen in dem Gefühl, dass ich erst würde besser werden müssen, bevor ich wirklich liebenswert oder würdig sein konnte oder bevor das Leben richtig losgehen konnte. Das nennt man Auf-der-Suche-Sein. Solange man auf dieser Suche ist, hat man immer das Gefühl, dass einem etwas fehlt.

Wir sind multidimensionale Wesen

In den letzten Jahrzehnten hat sich die Lage allerdings dramatisch verändert. Inzwischen haben Millionen von Menschen zumindest eine Ahnung, dass ihre wahre Natur unbegrenzt ist. Das kurze Eintauchen in die Weite ist längst nicht mehr das Hauptanliegen: Die meisten von uns wollen vielmehr wissen, wie sie ihren Alltag aus diesem erweiterten Bewusstsein heraus gestalten können. Satyaa meint dazu:

Als ich bei meinen Lehrern in Indien war, konzentrierten wir uns vor allem darauf, herauszufinden, wer wir wirklich sind. Ich glaube, dass wir inzwischen an einem ganz anderen Punkt in der Geschichte angelangt sind. Die Menschen erkennen mit einer gewissen Leichtigkeit, dass es diese unfassbare, weite, gewaltige, bewusste Seinsebene gibt, zu der wir so leicht Zugang bekommen können, wenn wir ihr nur unsere Aufmerksamkeit schenken. Haben wir das erst einmal erkannt, dann lautet die Frage nur noch: „Wie lässt sich das auf unser alltägliches Leben übertragen?"

Ich habe das Gefühl, dass da heute eine gewisse Dringlichkeit besteht. Wir haben keine Zeit mehr zu verschwenden. Die Welt ist darauf angewiesen, dass sich diese Erkenntnis wie ein Lauffeuer verbreitet. Darum hat sich auch meine Fragestellung verändert: „Wie kann ich das am besten, am einfachsten und am unmittelbarsten mit meinen Freunden teilen?" Ich kam zum Awakening Coaching, weil ich nach einer Möglichkeit suchte, die Herrlichkeit dieser Entdeckung, wer wir wirklich sind, in der Welt zu verbreiten. Ich wollte in der Lage sein, mich auf die speziellen Sehnsüchte und Talente eines Menschen und darauf, an welchem Punkt in seinem Leben er sich befindet, einzustellen und ihn zu ermutigen, sein volles Potential zu entfalten.

Viele Menschen entdecken heute einen gänzlich neuen Weg, sich mit dem Erwachen zu beschäftigen. Wir erkennen gerade, dass wir multidimensionale Wesen sind. Wir haben jetzt Zugang zu jener Dimension unserer Selbst, die frei und eins mit der Quelle allen Lebens ist. Und wenn wir ehrlich sind, sind wir uns ebenso jener Dimension bewusst, die sich trotzdem noch in den kleinen Dramen des Lebens verfängt. Das Problem besteht nicht in diesem durch und durch menschlichen Verhalten, sondern darin, dass wir dagegen ankämpfen, es leugnen und nicht die Wahrheit darüber sagen.

Awakening Coaches sind weder fortgeschrittener oder „erleuchteter“ als andere, sie verfügen nur einfach über die gewisse Demut, beiseite zu treten und für die Entwicklung und Entfaltung eines anderen menschlichen Wesens präsent zu sein. Das bedeutet, dass er oder sie willens ist, zumindest so lange in dieser bestimmten Dimension seines Seins zu ruhen, die gänzlich frei ist, um einem anderen Menschen damit zu dienen. Satyaa sagt:

> *Ein Awakening Coach ist sich der Tatsache, dass er oder sie genau dasselbe ist, wie der andere, vollständig bewusst, ausgenommen natürlich die persönlichen Besonderheiten. Dadurch entsteht eine Intimität in der Beziehung zum Klienten und ich glaube, genau das ist es, wonach sich alle so sehnen. Es ist eine echte Freundschaft, eine echte Unterstützung. Man entdeckt gemeinsam etwas Neues, anstatt davon auszugehen, dass der andere irgendwo gewesen und nun zu uns gekommen ist, um uns zu erklären, wie wir den Berg bezwingen können.*
>
> *Wir erwachen alle gemeinschaftlich aus dieser alten Trance, in der die Menschheit schon so lange festhängt. Das war ein einziges großes Missverständnis und jetzt ermächtigt uns die Entdeckung dieser tiefen, wunderbaren Wahrheit auf unglaublich schöne Weise. Finden wir also heraus, wie sehr wir einander wirklich helfen und unterstützen können. Darum geht es im Coaching. Wir kommen mit der Absicht zusammen, wahre Unterstützung zu schenken, das heißt, wir halten einen Raum der Liebe, der Akzeptanz und der reinen liebevollen Aufmerksamkeit.*

Der Fokus liegt auf dem, was an dir heil ist, nicht auf dem, was kaputt ist. Wenn ein Coach mit seinem Klienten zusammen kommt, ist er bereit, sich dessen Geschichte anzuhören, doch er erfühlt auch, was sich in den Tiefen dieser Geschichte verbirgt. „Ich sehe, dass sich da gerade ein vorübergehendes Drama bei dir abspielt, das deine Aufmerksamkeit fesselt, und ich verstehe, dass dich das durcheinander bringt. Mir passieren solche Dinge auch. Aber ich weiß, wer du wirklich bist. Ich weiß um dein wahres Potential. Du bist ohne Grenzen, rein und unendlich schöpferisch. Bitte erlaube mir, diesen Sturm mit dir gemeinsam durchzustehen und dich an dein wahres Zuhause zu erinnern."

Die Sieben Kernkompetenzen

Haben wir erst einmal verstanden, dass jeder den anderen in dessen Erwachensprozess unterstützen kann, wird uns auch klar, dass es weniger darum geht, wer sich da zu dieser Sitzung eingefunden hat, sondern vielmehr darum, wie er das tut.

Im Lauf der letzten zwanzig Jahre haben meine Freunde und Kollegen und ich Sieben Kernkompetenzen herausgearbeitet, die immer präsent sind, wenn ein Mensch als Unterstützung oder Führer in das Erwachen aktiv ist. Jeder Mensch kann leicht lernen, diese Sieben Kernkompetenzen zu aktivieren, und mit ein wenig Übung wird er auch das nötige Selbstvertrauen und die nötige Kompetenz entwickeln, sie anzuwenden. Die nächsten kurzen sieben Kapitel dienen dazu, dir diese Qualitäten zu erläutern und zu erklären, wie du sie auf einfache Weise üben kannst.

TEIL ZWEI:

Die Kernkompetenzen

KAPITEL 6

Inspirierte Gewissheit

Ach, da bist du ja. Wie ich sehe, betrachtest du den digitalen Bilderrahmen da. Darin sind tausende Bilder aus den vergangenen Jahren gespeichert. Schau mal, das da. Das bin ich mit meinem jüngeren Sohn wie wir zusammen Skifahren, das war ganz in der Nähe. Ich hab Skifahren erst mit über vierzig gelernt, als wir an die Ausläufer der Sierra Nevada gezogen sind.

In England aufgewachsen, stand ich mit 40 Jahren zum ersten Mal in meinem Leben auf einer Skipiste. Beim zweiten oder dritten Mal habe ich dann eine Einzelstunde gebucht und landete bei einem jungen Mann, der vielleicht 19 oder 20 Jahre alt war.

„Griaß di. I hoaß Franz.[9] Schiean, dass do bist. Kimm mit mir mit, wir geh'n zum Lift."

Noch ehe ich ihm sagen konnte, dass die einzige Piste, die ich je gefahren war, der „Bunny Hill" war, eine Piste für Kinder, saßen wir schon im Skilift und fuhren immer höher und höher und höher. Nach einer halben Ewigkeit pendelte sich der Lift langsam ein, aber wir hatten erst die halbe Strecke hinter uns gebracht. Danach ging es noch einmal nach oben und noch höher und höher und noch ein bisschen höher.

Als wir schließlich ganz oben auf dem Berg ankamen, standen wir in einem Schneesturm. Wohin ich auch blickte, auf allen Seiten ging es nur abwärts, abwärts, abwärts – und zwar sehr viel steiler, als mir lieb war.

„Das ist viel zu schwierig für mich!" brüllte ich ihm durch den Schneesturm zu.

„Woas soagst?!" grinste er. „Kau di net hearn!"

„ZU SCHWIERIG!" schrie ich.

---

[9] Im englischen Original ist es Neal, er spricht mit neuseeländischem Akzent. Mit Erlaubnis des Autors wurde dies ins Österreichische übertragen, ins Südsteirische, um genau zu sein. (Anm. d. Übers.)

„Ah, des geht schoan“, brüllte er zurück. „Deank draun, is goanz uafoach. Du lanst di auf dei’n link‘n Haxn und schuan faohrst noch links umi. Deine Schi hoaltst parallöl. Wenn’st doaun ganz drübn bist moachst a Kurvn, lanst di auf di rechte Seit’n und so waida.“ Er machte es mir vor und es sah aus wie eine Übung fürs Ballett.

Ich probierte es selbst aus und nach ein paar Minuten hatte ich den Dreh raus. Naja, so halbwegs. Es schneite wie verrückt an diesem Tag, aber irgendwie kriegte ich es hin, halbwegs parallel zur Piste abwärts zu fahren, anstatt in halsbrecherischem Tempo einfach geradeaus und meinem Tod direkt in die Arme zu rasen.

Ich schaffte es in einem – vor Angst schlotternden – Stück bis nach unten. Es dauerte eine Ewigkeit und Franz verbrachte inzwischen viel Zeit mit Warten, aber immerhin kam ich lebendig unten an.

„Des woar goar net schlecht, fia an level-drei Schifohra“, meinte er, als wir zurück zum Lift gingen.

„Level Drei?“ platzte es aus mir heraus. „Ich bin kaum Level Eins!“

Wie sich herausstellte, hatte ich den falschen Lehrer erwischt und hätte eigentlich gar nicht auf diesen Berg hinauf fahren sollen. Doch obwohl ich etwas leisten musste, was weit über meine Fähigkeiten hinausging, und auf dem völlig falschen Leistungslevel angefangen hatte, hat mir Franz an jenem Tag ein unschätzbar wertvolles Geschenk gemacht. Klar hat er mir ein paar neue Tipps gegeben, was das Skilaufen betrifft. Aber was für mein Überleben noch viel wichtiger war, war, dass er sein eigenes Empfinden, dass das Ganze doch sehr leicht ist und jeder das kann, an mich weitergegeben hat. Er wusste ja, dass es leicht ist, und er hat sich einfach geweigert, sich mit mir auf ein Gespräch einzulassen, dass es doch eigentlich schwierig für mich ist. Seine Zuversicht war so ansteckend, dass ich diese Abfahrt überlebte, schlicht und einfach weil ich ihm, naiv wie ich war, Glauben schenkte, sodass ich nicht mehr daran zweifelte, dass ich es schaffen konnte.

Ich wette, du hast selbst schon einmal solche Momente erlebt. Ob es nun ein Skilehrer war oder ein Lehrer in der Schule oder deine Lieblingsoma – irgendwann hat schon einmal irgendwer so fest an dein Potential geglaubt, dass du über dich selbst und über deine Zweifel und einschränkenden Gedanken hinauswachsen konntest. Ich zum Beispiel habe inzwischen sieben Bücher geschrieben. Das hier ist Nummer acht. Aber ich habe keine

Ahnung, ob ich auch nur ein einziges Buch geschrieben, ob ich die nötige Zuversicht und die Bereitschaft gefunden hätte, einfach jeden Zweifel und jedes Hindernis beiseite zu schieben, hätte es da nicht Mr. Coleman, meinen Englischlehrer, gegeben, als ich dreizehn Jahre alt war.

Christopher Coleman war ein Bär von einem Mann, er hatte einen üppigen schwarzen Bart und funkelnde Augen. Er gab uns immer Schreibübungen als Hausaufgabe auf, meistens ging es um Kurzgeschichten über unsere Familien und unser Leben. Ich weiß noch genau, dass er immer, wenn ich ihm meine Hausaufgaben überreichte, zu mir sagte: „Ah, Ardagh, auf deine Arbeiten freue ich mich immer sehr." Wenn ich meine handbeschriebenen, linierten Blätter dann zurückbekam, standen stets lobende und aufmunternde Worte darunter, mit roter Tinte geschrieben, gefolgt von seiner ausladenden, vollkommen unleserlichen Unterschrift. Du kannst dir vielleicht vorstellen, welche Auswirkungen das auf einen jungen, sich entwickelnden Geist gehabt hat. Sein Lob und sein Zutrauen spornten mich stets an, meine Vorstellungskraft nach der Schule noch stärker auszubauen, mich noch mehr zu konzentrieren und es noch besser zu machen.

Christopher Coleman hat etwas in mir gesehen, etwas Verborgenes, und er hat es ans Licht geholt. Er wusste etwas über mein Potential und meine Begabung, dessen ich mir selbst noch lange nicht bewusst war.

Der Himmel hinter den Wolken

Ein Awakening Coach bringt genau diese Ausstrahlung Inspirierter Gewissheit mit. Diese bezieht sich nicht unbedingt auf deine Fähigkeiten als Skifahrer oder als Schreiber von Kurzgeschichten oder dein Geschick darin, Geld zu machen, Abgabetermine einzuhalten oder abzunehmen, sondern vor allem auf das, was du bist, auf den Teil von dir, der viel mehr ist als deine persönliche Geschichte. Der Coach weiß genau, dass sich hinter der Geschichte über *„Mich"* und *„Mein Leben"* ein unendliches Bewusstsein reinster schöpferischer Kraft und Potentials verbirgt.

England ist ja berühmt für seine meist wolkenverhangene Himmel. Es gibt vielleicht sechzig Sonnentage im ganzen Jahr und die restlichen Tage sind bedeckt, wolkig, trübe, düster, sonnenlos, dunstig, neblig, trostlos, verregnet: einfach alles, was zum Ausdruck bringt, dass man weder blauen Himmel noch einen Sonnenstrahl zu Gesicht bekommt.

Winter in England kann Wochen und Monate ohne einen einzigen Sonnentag bedeuten. Da kann man schon mal Depressionen bekommen. Sonnenschein und blauer Himmel kommen einem vor wie ein Traum von fernen Welten, an die du dich noch dunkel erinnern kannst, von denen du aber langsam nicht mehr weißt, ob sie wirklich real waren. In solchen Zeiten braucht man jemanden, der einen daran erinnert, dass die Sonne nach wie vor scheint und der blaue Himmel immer noch existiert, nur verdeckt von Wolken.

So gut wie jeder Mensch vermag es diese Art von Rückversicherung zu schenken, dazu muss man kein Wetterfrosch sein. Jeder gute Freund weiß, dass Wolken sich auch wieder auflösen und keinen bleibenden Schaden am Himmel anrichten. Natürlich sind da Wolken, aber wir wissen schließlich, dass die Wolken verschwinden werden und der blaue Himmel wieder sichtbar wird, wenn wir nur lange genug warten.

Komischerweise sind die meisten Menschen aber so eingenommen von ihren eigenen Gedanken, flüchtigen Gefühlen und ungelösten Problemen, die scheinbar nach sofortiger Lösung verlangen, dass ihnen der Zugang zu ihrer wahren Natur, nämlich dem grenzenlosen Bewusstsein, verwehrt ist. Wenn Wolken am Himmel sind, sehen sie nichts als die Wolken, und an so einem Ort leben zu müssen, kann schon beängstigend und verwirrend sein, wenn keine Lösung in Sicht ist.

Inspirierte Gewissheit bedeutet einfach, dass du jene Dimension in dir selbst erkannt hast, die gänzlich frei ist: die Unendlichkeit, in der endliche Dinge Gestalt annehmen, die Stille, in der die Töne und Geräusche erklingen, die Formlosigkeit, in der der Körper und alle anderen Formen erschaffen werden. Diese Erkenntnis muss so stark sein, dass du sie nicht wieder vergisst. Sie mag vielleicht nicht jederzeit im Zentrum deiner Aufmerksamkeit stehen, doch du hast dann nicht mehr den geringsten Zweifel daran, dass dies deine wahre Natur ist, und die Gedanken und Gefühle ziehen in einem Bewusstsein vorüber, das unendlich ist. Die Wolken ziehen über einen unendlichen, blauen Himmel hinweg. Wenn sich diese Erkenntnis über deine eigenen Gedanken und Gefühle erst einmal in dir eingenistet hat, dann wirst du auch bald schon die Gedanken und Geschichten anderer Menschen auf diese Weise betrachten können.

An dieser Stelle gilt es allerdings eine sehr wichtige Unterscheidung zu treffen, denn Inspirierte Gewissheit bedeutet ganz sicher nicht, dass du von nun an auf ewig in einem vakuumartigen Zustand wärst und fortan keinerlei Gedanken und Gefühle mehr hättest.

Es bedeutet einfach, dass du den Kontext kennst, in dem diese Gedanken und Gefühle in dir wie auch in jedem anderen Menschen entstehen. Und du weißt sie jetzt einzuschätzen: sie sind kleine Elemente, die in der gigantischen Weite tanzen und nicht umgekehrt.

Inspirierte Gewissheit heißt, dass ein Coach, der mit einer anderen Person eine Beziehung eingeht, dieser Person dabei helfen kann, diesen Kontext wieder klarzustellen. Er weiß ganz intuitiv, dass die Freiheit zum Greifen nah ist. Er weiß intuitiv, wer der Klient wirklich ist und dieses Wissen vermag diesen Klienten nach Hause zu führen.

Ich kann gar nicht genug betonen, wie wichtig es ist, mindestens einen Menschen stets in seinem Umfeld zu haben, der über diese Inspirierte Gewissheit verfügt.

Jenseits des Gehirns

Es wird Zeit, dass ich dir eine weitere Freundin vorstelle, die dir von all dem aus ihrer ganz persönlichen Erfahrung heraus berichten kann. Karen Fritz besitzt zwei Hochschulabschlüsse: einen in Neurowissenschaft und den anderen in Computerwissenschaft. Sie stammt aus einem sehr wissenschaftlichen, logischen Umfeld. Während ihrer akademischen Laufbahn hat man ihr beigebracht, dass die physische, messbare Welt das einzig Existente ist und dass Gedanken und das Bewusstsein von unserem Gehirn erschaffen werden.

Zu den wichtigsten Werkzeugen im Awakening Coaching gehört das Radical Awakening. Darauf werden wir in Kürze noch zu sprechen kommen, ich werde dich selbst hineinführen. Als Karen zu mir kam und die Ausbildung zum Awakening Coach begann, hatte sie Probleme damit, Zugang zu jener Weite jenseits der Gedankenwelt zu finden. Wenn sie die Frage „Wer erlebt gerade diesen Moment?“ hörte, war ihre Antwort immer „meine Augen, meine Ohren, mein Gehirn“. Wir übten dann in Zweiergruppen mehrere Stunden lang Radical Awakening und als sich schließlich alle wieder im Seminarraum einfanden, hatten sie große Augen und waren wie berauscht. Karen erinnert sich:

> *Ich weiß noch, Arjuna, wie du dich umgeschaut und uns gefragt hast: „Gibt es jemanden, der es nicht erlebt hat?“ Ich hob die Hand und du hast deinen Stuhl umgedreht und dich mir zugewandt. Du hast mich gefragt: „Hörst du den Klang meiner Stimme?“ Ich bestätigte. Dann hast du gefragt: „Wer oder was hört den Klang meiner Stimme?“ Das konnte ich regelrecht in meinen Ohren spüren. „Was*

erlebt denn den Hörvorgang?" Mein akademischer Verstand produzierte sogleich eine wunderschöne Darstellung des menschlichen Gehirns, wo jede Falte, jeder Winkel, jede Spalte fein säuberlich gekennzeichnet war. Ich habe schon mal ein Gehirn in Händen gehalten. Während meines Neurowissenschaftsstudiums mussten wir uns menschliche Gehirne anschauen. Der Lehrer deutete dann auf eine bestimmte Falte und erklärte „Das ist das Wernicke-Zentrum. Dort liegt das Sprachzentrum." Jede einzelne Falte dieses ordentlichen Modells in meiner Hand hatte eine Funktion.

Und so machten wir immer weiter und weiter und weiter. Du hast mich gefragt, wer die Klänge und die Bilder wahrnimmt und ich sagte dir, das seien meine Ohren und meine Augen, du hast mich gefragt, wer die Gedanken und Bilder wahrnimmt, die die Augen und Ohren erzeugen, ich sagte dir, das sei mein Gehirn. Immer wenn du mir eine Frage gestellt hast, glaubte ich, jede Antwort zu kennen. Du hast einfach weiter gefragt und ich habe immer wieder geantwortet und so ging es hin und her.

Irgendwann hast du einfach aufgehört. Ich glaube, du sagtest: „Wir werden verschiedene Portale zum Erwachen kennen lernen, das hier ist vielleicht nicht das richtige für dich." Und an dem Punkt hast du mich angesehen und bist unter die Oberfläche abgetaucht. Das fühlte sich an, als hättest du einen wesentlich größeren Raum betreten und weil ich dir folgte, dir das ganze Gespräch über gefolgt war, folgte ich dir auch jetzt, als du abtauchtest, und sprang mit dir über die Klippe.

Was Karen hier beschreibt, ist ihre Begegnung mit Inspirierter Gewissheit. Das ist ein bisschen wie Ostereier suchen. Als meine Jungs noch klein waren, wollten sie immer unbedingt alle Eier finden, die wir versteckt hatten. Ich wusste ja, wo sie waren, ich hatte sie schließlich in meiner Funktion als „Osterhase" selbst versteckt. Ich wusste genau, dass da noch ein weiteres Osterei war und ich wusste, dass es unter dem Pflanzenkübel hinter dem Maulbeerbaum lag, weil ich es dorthin gelegt hatte. Wenn sie sich der Stelle näherten, sagte ich „wärmer", und wenn sie sich entfernten, sagte ich „kälter". Manchmal wurden sie ärgerlich und begannen zu glauben, da wäre gar kein Osterei mehr versteckt, aber ich war absolut sicher, dass da noch eins war. Ich konnte das Treiben ganz entspannt beobachten, denn ich wusste ja, wo das letzte Osterei lag. Es machte also gar nichts, ob sie ärgerlich oder aufgeregt waren, denn ich wusste, dass sie dieses Ei finden würden, weil ich wusste, wo es versteckt war.

Dieselbe Gewissheit hatte ich auch, als ich damals Karen gegenüber saß. Ich konnte mich auf meinem Stuhl entspannen und mir sagen: „Ok, diese Frau hat eine intensive Ausbildung in Neurowissenschaft genossen. Man hat ihr beigebracht, das Gehirn eben genau so zu betrachten. Sie kann jede einzelne Hirnfalte benennen. Aber ich weiß ohne die Spur eines Zweifels, wer sie wirklich ist: Sie ist grenzenloses Bewusstsein. Ob sie das nun heute einsieht oder nicht, ob sie diese Erfahrung nun heute macht oder nicht, spielt keine Rolle, denn wir haben es nicht eilig und ich weiß ja, wer sie wirklich ist. Früher oder später wird diese Erkenntnis sie einholen, daran besteht kein Zweifel."

Karen erzählt weiter:

> *An diesem Tag konnte ich einen winzigen Blick auf die Freiheit, die Unendlichkeit erhaschen. Es war vermutlich nicht mal eine Sekunde lang. Ich konnte nicht lange in diesem Gefühl verharren, nicht solange mein Verstand sich nicht bereit erklärte, beiseite zu treten, aber da war ein erster Riss in meinem Panzer. In den folgenden sechs Monaten machte ich die Übungen, die ich in der Ausbildung gelernt hatte, mehrmals täglich und konnte dieses erste Erlebnis weiter ausbauen. Auch wenn es nur winzig kleine Augenblicke waren, wusste ich doch, dass sie real waren. Ich wusste, dass ich die Unendlichkeit berührt hatte, aber es gelang mir nicht, allein dorthin zurück zu finden. Ich musste erst den Muskel dafür trainieren.*

Einer der Gründe, weshalb Karen überhaupt die Ausbildung machte, war, dass sie seit vielen Jahren unter Depressionen litt. Sie erinnert sich:

> *Das erste Mal überkam es mich nach der Geburt meines zweiten Kindes. Es war eine Wochenbettdepression. Und dann dauerte es vier oder fünf Jahre, bis ich es allmählich in den Griff bekam, und zwar durch diese Ahnung von Erwachen. Als es mich das letzte Mal erwischt hat, wusste ich nicht, ob es daran lag, dass ich kein Serotonin produzierte oder dass die Menopause eingesetzt hatte oder an irgendetwas anderem. Wer weiß schon, was der Auslöser für so etwas ist? Manchmal ist es einfach nur Chemie. Es geht nicht unbedingt um irgendwelche Glaubenssätze oder darum, dass man in den eigenen Gedanken gefangen ist, manchmal ist es*

einfach nur Chemie, die einem den Himmel verdüstert. Das äußert sich bei mir oft körperlich. Meine Schultern fallen dann nach vorn, etwa einen Zentimeter. Und dann kommt eine Emotion hoch, ich empfinde Traurigkeit oder Kummer. Diese Emotionen sind ganz eindeutig die Folge von chemischen Reaktionen. Und dann tauchen Gedanken auf und wollen diese Emotion erklären. Heute weiß ich aber, sobald meine Schultern einfallen, darf ich nichts von dem Kram glauben, der mir da durch den Kopf geht.

Depressionen können eine grauenhafte und äußerst schwächende Erfahrung sein. Die Inspirierte Gewissheit, die in Karen gewachsen ist, erlaubt es ihr nun, diese Gedanken und Gefühle als etwas zu betrachten, das in einem sehr viel größeren Ozean der Wahrnehmung dahintreibt. Wenn sie zu Besuch kommen, können sie sie wirklich ergreifen: das liegt in ihren Genen. Doch ihre Erkenntnis, dass sie in ihrer Essenz ein freies Wesen ist, kann ihr nichts und niemand mehr nehmen. Sie hätte entscheiden können, diesen Augenblick des Erwachens zur Flucht zu benutzen, doch sie hat erkannt, dass sie damit etwas meiden würde, was sie menschlich macht. Darum hat sie sich entschieden, in ihren depressiven Phasen offen zu bleiben.

Heute arbeitet Karen als Awakening Coach für Kleinunternehmer, die sie sowohl im Einzelgespräch als auch in Gruppen betreut. Obwohl sie früher selbst sehr stark von Zweifeln und Glaubenssätzen beherrscht wurde, hat sie die Fähigkeit entwickelt, ihre Inspirierte Gewissheit an andere weiterzugeben. Ihre Geschichte ist einfach fantastisch:

Ich erinnere mich noch an einen jungen Mann, dem ich bei einem Seminar über Businessplanung begegnete. Ich wendete in diesem Seminar, in dem es um Marketing und Business Development ging, alle Werkzeuge des Awakening Coachings an. Dieser junge Mann also war schwul, er war pleite, er war ein begabter Künstler, und doch arbeitete er als Barkeeper in einem Café, obwohl es ihm zuwider war. Er fühlte sich von seinem Boss schlecht behandelt. Wir begannen das Seminar und ich stellte ein paar Fragen zum Thema Geld. Da stieg Wut in ihm auf.

„Großartig!", sagte ich. „Bist du bereit, dich hier in diesem Businessplanungsseminar mit diesem Gefühl auseinanderzusetzen?"

„Klar“, erwiderte er. Ich bat ihn auf die Bühne und setzte ihn auf einen Stuhl mir gegenüber. Ich stellte ihm einige der Fragen, die wir im Awakening Coaching stellen. Ich hielt den Raum der Inspirierten Gewissheit. Ich wusste mit Sicherheit, dass er nicht sein Ärger war. Der Ärger musste nur in ihm aufsteigen, um Ausdruck zu finden. Ich saß einfach bei ihm und akzeptierte alles, was in diesem Augenblick in ihm vorging. Dann sah ich ihn an und sagte: „Ich sehe dich.“

Er brach in Tränen aus.

Sein ganzer Panzer fiel in sich zusammen. Mehr hatte er nicht gebraucht: Er wollte einfach nur in seiner Ganzheit gesehen werden. Er wünschte sich, dass er, so wie er war, vollkommen akzeptiert wurde. In der Vergangenheit war er von seinem Vater abgelehnt worden, weil er schwul war, er war nie gut genug, alles, was er tat, war falsch. Er war gar nicht imstande, finanziell erfolgreich zu sein, denn er hatte das Gefühl, von unzähligen Menschen für unzählige Dinge beurteilt zu werden. Dieser eine vollkommene Augenblick, in dem er vollständig gesehen und nicht beurteilt wurde: Meine Aussage „Ich sehe dich.“ löste alles auf, was er an sich selbst verurteilte. Plötzlich war es ok für ihn, einfach er selbst zu sein. Genauso war es mir ja selbst während der Ausbildung gegangen: Ich sah ihn als das, was er wirklich war, ich blickte über die Geschichte, die er mir erzählte, hinaus. Das ist die Kraft Inspirierter Gewissheit.

Kraftvolle Fragen stellen

In einer Coachingsitzung bringen wir den Geist Inspirierter Gewissheit nicht etwa durch Vorträge und Selbstgerechtigkeit ins Spiel, sondern indem wir einen Raum entspannter Zuversicht halten und kraftvolle Fragen stellen.

Die wohl direkteste Frage lautet: „Wer erlebt diesen Augenblick?“ Damit zeigen wir Neugier, es geht nicht um Philosophie. Hier ein Beispiel, wie es in der Praxis aussehen könnte.

> *„Ich weiß überhaupt nicht, was ich will, ich bin durcheinander, fühle mich wie verirrt. Ich weiß ja noch nicht einmal, ob es überhaupt funktionieren wird. Ich hab das Gefühl, das bringt alles überhaupt nichts.“*

„Gut. Dieses Gefühl der Verwirrung und der Verlorenheit, dieser Zweifel an dem, was wir hier tun, fühlst du das irgendwo in deinem Körper?“

„Wie meinst du das, in meinem Körper?“

„Lenke mal deine Aufmerksamkeit auf deinen Körper. Wenn du dich in das Gefühl von Verlorenheit und Verwirrung hinein begibst, was passiert dann?“

„Meine Brust fühlt sich wie zusammengezogen an. Sie ist ganz schwer und leer.“

„Gut. Bist du dir dieses Gefühls der Schwere und Leere bewusst?“

„Wie meinst du das? Ja, das Gefühl ist deutlich vorhanden.“

„Gut. Jetzt sage die Worte: ‚Ich spüre, wie zusammengezogen meine Brust ist.“

„Ich spüre, wie zusammengezogen meine Brust ist.“

„Gut. Jetzt erlaube deiner Aufmerksamkeit, von diesem Gefühl des Zusammenziehens zu dem zu wandern, was dieses Gefühl wahrnimmt. Was nimmt diese zusammengezogene Brust wahr?“

(Pause)

„So etwas wie ein verlorenes Kind.“

„Okay, wie erscheint dir dieses verlorene Kind jetzt in diesem Augenblick … ist es eher ein Gedanke, ein Gefühl oder eine Körperempfindung?“

„Ja, ich sehe ein trauriges Kind, es ist ganz zusammengekauert und hat Angst.“

„Nimmst du dieses Bild von dem verlorenen Kind deutlich wahr?“

„Ja.“

„Jetzt lenke deine Aufmerksamkeit von dem Bild des verlorenen Kindes auf das, was dieses Bild wahrnimmt. Wer nimmt dieses Bild wahr?“

„Ich.“

„Sehr gut. „Ich.“ Lenke jetzt deine Aufmerksamkeit auf dieses „Ich.“ Was ist das? Wie groß ist es? Was hat es für eine Farbe? Wie ist seine Oberfläche?“

„Ich weiß nicht. Es fühlt sich jetzt ganz ruhig an. Irgendwie ausgedehnt.“

Es gibt buchstäblich hunderte von Fragen, mit denen ein Coach einen Klienten sanft aus seiner Verlorenheit in der ewigen Trance der Gedanken und Glaubenssätze heraus und zu den weiten Himmeln ausgedehnten Bewusstseins führen kann. Es spielt wirklich keine Rolle, mit welcher wir anfangen. Was auch immer es ist, es wird wahrgenommen. Wenn wir aus einem Zustand Inspirierter Gewissheit heraus eindringliche Fragen stellen, dann verlagert sich die Aufmerksamkeit von den Dingen, die sich ständig verändern, hin zum Bewusstsein, das still ist.

Genau das ist Inspirierte Gewissheit. Du weißt, was möglich ist. Du erkennst so deutlich die verborgene Brillanz in einem anderen Menschen, dass sie allein durch dein Erkennen schon ans Licht kommt. Das ist die erste und bedeutendste Eigenschaft des Awakening Coaching. Du blickst hinter die Geschichte von „Mir" und „Mein Leben" hinein in das unendliche Bewusstsein und Potential. Du weißt ohne jeden Zweifel, dass dein Klient der Himmel ist, der als Wolke verkleidet in deine Praxis gekommen ist. Du lässt dich auf das Wolkengespräch ein, doch du hegst keinen Zweifel daran, dass sich dahinter der Himmel verbirgt. Diese absolute Gewissheit, zu wissen, wer du bist und wer dein Klient ist, wird ansteckend und zum Fundament des erwachten Bewusstseins.

KAPITEL 7

Absolute Präsenz

Die zweite Kernkompetenz, die jeder leicht erlernen kann, um für andere ein Begleiter in das Erwachen zu werden, bezeichnen wir als Absolute Präsenz. Das heißt, wir halten einen Raum der Präsenz gegenüber einer anderen Person, der so stark ist, so unerschütterlich, dass er ansteckend wirkt. Die Präsenz ist dann stärker als die Geschichte.

Am besten kann ich dir verdeutlichen, wie machtvoll dieses Werkzeug für dich selbst oder andere Personen sein kann, wenn ich dir einen weiteren erstaunlichen Menschen vorstelle. Siehst du die Frau, die da drüben sitzt und dem Mann zuhört, der zu ihr spricht? Siehst du, wie sie sich ihm ganz leicht zuneigt, wie weich ihr Blick auf ihm ruht und sich niemals abwendet? Sie heißt Connie Kishbaugh. Sie hat die Kunst entdeckt, mit ihrem ganzen Sein zuzuhören.

Über jede Ablenkung hinauswachsen

Bestimmt hast du dich schon einmal mit jemandem unterhalten, der von äußeren Dingen abgelenkt ist. Hast du schon mal versucht, dich mit jemandem zu unterhalten, der nebenbei eine SMS schreibt oder auf Facebook rumschwirrt? Ab und zu gibt dieser Jemand mal ein Brummen oder ein „Aha“ von sich, aber es ist und bleibt einfach frustrierend. Man hat das Gefühl, nur ein ganz kleines Stückchen der Aufmerksamkeit dieser Person zu bekommen. Nennen wir dieses Phänomen „äußere Ablenkung.“

Aber selbst, wenn das Handy zur Seite gelegt und der Laptop geschlossen wurde, gibt es noch eine andere Art von Ablenkung und die kann genauso frustrierend sein. Vielleicht hast du sie schon bei dir selbst beobachtet oder bei jemand anderem. Derjenige könnte dich zum Beispiel angesehen und dir scheinbar seine Aufmerksamkeit geschenkt haben, trotzdem hattest du das Gefühl, dass er nicht ganz da war. Es gibt alle möglichen inneren Ablenkungen, die uns daran hindern, einem anderen Menschen gegenüber vollkommen präsent zu sein: Zum Beispiel, wenn du dir überlegst, was du als nächstes sagen willst oder beurteilst, was der andere gerade erzählt, wenn du dir ein passendes Argument überlegst oder einfach über etwas anderes nachdenkst.

Absolute Präsenz bedeutet, zu wissen, wie man sich sowohl von externen als auch von internen Ablenkungen befreien kann, zumindest für eine begrenzte Zeit. Du schaffst das vielleicht nicht immer, aber wenn du es willst, wenn es notwendig ist, dann weißt du, wie du einem anderen gegenüber zu 100% präsent bleiben kannst. Das ist eine der wichtigsten Eigenschaften eines Awakening Coach.

Der stressigste Job der Welt

Ich begegnete Connie zum ersten Mal Ende der 90er Jahre, damals war sie noch leitende Forschungskrankenschwester am UC Davis Medical Center. Diese Position bekleidete sie bereits seit zwölf Jahren. Ich schätze, ihr damaliger Job gehört wohl zu den schwierigsten und stressigsten, die man sich nur vorstellen kann. Sie arbeitete als Verbindungsschwester für Krebspatienten, wenn alle Standardbehandlungen nicht angeschlagen hatten. Sie begleitete diese Patienten, während sie neue und experimentelle Medikamente einnahmen, obwohl die Überlebenschancen bei den meisten der Patienten bei weniger als 3% lagen. Wenn auch die experimentellen Medikamente nicht anschlugen, leitete sie in die Wege, dass die Patienten in ein Hospiz überführt wurden, wo sie dann in Ruhe sterben konnten.

Patienten, die an solchen klinischen Studien teilnehmen, haben meist gerade einmal die Lebensmitte erreicht. Oft haben sie noch kleine Kinder, sind verheiratet und haben Karrieren, die sie noch nicht ganz ausschöpfen konnten. Also eigentlich überhaupt kein guter Zeitpunkt, um schon aus dem Leben zu treten. Es ist ziemlich hart für die Ärzte, diesen Menschen zu sagen „Wir können leider nichts mehr für Sie tun", wo sie doch eigentlich noch ihr halbes Leben vor sich haben sollten. Also gibt man diesen Patienten experimentelle Medikamente und dennoch sterben 97% von ihnen. Connies Job bestand nun darin, innerhalb des Krankenhaussystems für diese Patienten zu sprechen. Connie erzählt uns jetzt, wie sie das erlebt hat, bevor sie Coach wurde:

> *Da blieb eine ganze Menge Kommunikation auf der Strecke. Die Patienten wollten nicht hören, was ihnen gesagt wurde. Oft beschwerten sie sich dann bei*

mir über ihre Symptome, anstatt bei ihrem Arzt. Wenn der Arzt dann zu ihnen ging und sie fragte „Wie geht's denn heute?", antworteten sie „Ach, prima, Doc, ich fühle mich blendend." Und wenn ich dann später mit dem Arzt zusammen saß, hatten wir beide ein völlig unterschiedliches Bild davon, wie es dem Patienten ging. Ich sagte etwas wie: „Ich denke, wir sollten ihm etwas geben, das seinen Appetit anregt." Und der Arzt sagte darauf: „Wieso? Mir hat er gesagt, dass ihm das Essen schmeckt."

Es war unheimlich anstrengend, denn alle glaubten, ich würde meinen Job nicht anständig machen. Die Ärzte meinten, ich würde meine Kompetenzen überschreiten und mir irgendetwas ausdenken. Die Patienten dagegen hatten das Gefühl, ich würde mich nicht genug für sie einsetzen. Ich fühlte mich damals sehr allein. Ich nahm es persönlich und wusste nicht, wie ich mir helfen sollte. Wenn ich am Ende des Tages nach Hause ging, hatte ich das Gefühl, alle enttäuscht zu haben. Ich war 24 Stunden am Tag erreichbar. Ich hatte einen Beeper, den ich ständig bei mir trug.

In dieser Phase von Stress und Burnout kam Connie 1999 zur Ausbildung zum Awakening Coach. Damals hatten wir noch kein Onlineangebot, die Ausbildung dauerte eine Woche und fand in Kalifornien statt. Während dieser Woche erlernte Connie die einfache Kunst der Absoluten Präsenz. Wir greifen dabei auf eine sehr simple Methode zurück, die ihre Wurzeln in Tibet hat. Es ist eine Methode aus dem *Bön*, einer Religion, die noch älter ist als der tibetische Buddhismus. Die ursprüngliche Methode nennt sich *Tonglen* und man findet sie in einem klassischen Text von Atisha aus dem 11. Jahrhundert. Wir haben sie so angepasst, dass sie gut in einen modernen Coachingkontext passt und gaben ihr die Bezeichnung „Die Herzmeditation". Anstatt das Zuhören oder Sehen als passive Erfahrung wahrzunehmen, bringen wir unseren Coaches bei, wie sie alle ihre Wahrnehmungen auf dem Atem reiten lassen können. Beim Einatmen wird alles durch das Fenster des Herzens in das innere Zuhause, in unsere natürliche Präsenz, das grenzenlose Bewusstsein gesogen. Beim Ausatmen gleitet eine Welle des Segens aus dieser natürlichen Präsenz hinaus in die Welt der Klänge und Formen, der Bewegungen und des Gefühls.

Wir fangen bei dieser Übung immer bei uns selbst an. Du beginnst damit, deine eigenen Gedanken, Gefühle und Körperempfindungen in dein inneres Zuhause der weiten

Präsenz zu absorbieren. Stelle dir die Mitte deiner Brust (das „Herzzentrum") als eine Art Fenster vor, wobei sich vor dem Fenster alle Gedanken und Gefühle befinden, sowie alles, was eine äußere Form und Begrenzung besitzt. Hinter dem Fenster liegt die natürliche weite Präsenz. Alles wird beim Einatmen durch das Fenster eingesogen und der Formlosigkeit anheim gegeben, dann wird es mit dem Ausatmen gesegnet und wiedergeboren. Sobald es dir gelungen ist, diesen Prozess mit deinen eigenen Gedanken und Gefühlen in einen natürlichen Fluss zu verwandeln, ist der nächste Schritt - nämlich das Absorbieren und Segnen der Gedanken, Gefühle, der Worte und Taten anderer Personen - vergleichsweise einfach.

Diese Methode ist ungeheuer simpel und jeder kann sie im Handumdrehen erlernen. Die Folge ist, dass sowohl externe wie auch interne Ablenkungen sich völlig mühelos auflösen und nichts als Absolute Präsenz übrig bleibt. Wenn du diese Übung ausprobieren möchtest, empfehle ich dir, dir die Instruktionen lieber anzuhören als sie zu lesen. Hier ein Link zu einer Aufnahme, die ich 1995 gemacht habe,[10] als ich einfach nur ein junger Mann mit einem Traum war.

Die Kraft der Präsenz

Als Connie eine Woche nach ihrer Ausbildung zum Awakening Coach ihre Arbeit als Krankenschwester wieder aufnahm, war alles anders:

> *Wenn ich mich, bevor ich zu den Patienten ins Krankenzimmer ging, ganz bewusst der Herzmeditation hingab, konnte ich das, was sie zu mir sagten, auf einer ganz anderen Ebene wahrnehmen. Sie mochten ja vielleicht über ihre Symptome sprechen, aber was sie eigentlich fragten, war: „Schwester, geht's mit mir bergab? Werde ich sterben?" Plötzlich war ich imstande, auch das Unausgesprochene zu hören, ich nahm es einfach auf, und zwar nicht in mich selbst, sondern in die weite Präsenz. Dadurch brachen sie auf und wir kamen sehr schnell dahinter, worauf sich ihre Wut eigentlich richtete. Ich nahm es nicht mehr persönlich. Und das machte einen gewaltigen Unterschied. Ich kam nicht mehr als Connie zu ihnen, sondern*

[10] http://better-than-sex.kajabi.com/posts/the-heart-meditation--5

als Gefäß für den weiten Raum. Die Präsenz erledigte jetzt meine Arbeit. Mir wurde eine Riesenlast von den Schultern genommen, mein Job bestand lediglich darin, einfach nur die Präsenz zu halten.

Aber das war noch nicht alles. Das Verhältnis zwischen Patienten und Ärzten veränderte sich. Wenn ich mich im Zimmer befand und diesen Raum hielt, wurde auch die Kommunikation zwischen Arzt und Patienten sehr viel realer. Im Außen änderte sich nichts, ich verhielt mich nicht anders, ich versuchte weder, die Konversation zu führen noch für den Patienten zu sprechen. Patient und Arzt sprachen für sich selbst, mit dem Unterschied, dass der Patient imstande war, seine Bedürfnisse zu äußern und der Arzt sie sich anhören konnte. Diese Präsenz hatte zur Folge, dass beide Seiten sich plötzlich anders verhielten und vermutlich noch nicht einmal wussten, warum das so war.

Wir denken oft, eine solche dynamische Präsenz hätte etwas mit Glück zu tun oder sei einfach eine Art Gottesgeschenk. Aber ich habe eine gute Nachricht: man kann sie erlernen, du kannst lernen, sie abzurufen, wenn du sie brauchst. Ich habe diese Methode, in die Absolute Präsenz einzutauchen, buchstäblich Tausenden von Menschen beigebracht. Viele davon haben sie sich zunutze gemacht, um hervorragende Coaches zu werden, und viele haben sie erfolgreich in gänzlich anderen Kontexten angewendet.

Im Allgemeinen schenken wir dem, was wir sagen oder tun, oder was unser Gegenüber sagt oder tut, so viel Beachtung, dass wir dabei übersehen, wonach wir uns alle so sehr sehnen: nach Präsenz.

Eltern, die die Herzmeditation mit ihren Kindern ausprobieren, stellen fest, dass sich das Kind, wenn es nach einem Eis oder einem Spielzeug quengelt, eigentlich nur nach der vollen Aufmerksamkeit seiner Eltern, nach Augenkontakt, nach Herzkontakt sehnt und nichts weniger sein Schreien beenden kann.

Ärzte, Psychiater und Krankenschwestern berichten mir davon, dass sie, wenn sie ihren Patienten gegenüber die Herzmeditation anwenden, plötzlich zum wahren Kern aller Krankheiten vorstoßen: die Krankheit rührt daher, dass Menschen nicht wirklich in diesem Moment und an dem Ort, an dem sie sich physisch befinden, präsent sind. Wenn der Arzt dem Patienten jedoch mit voller Präsenz begegnet, ist das für den Patienten wiederum eine Einladung, sich selbst dieselbe Art von Präsenz entgegenzubringen.

Ich erinnere mich noch gut an einen Geschäftsmann, der regelmäßig Treffen mit den Handelsvertretern aus dem Ausland für seine Produkte abhielt. Als er die Kraft der Präsenz anzuwenden gelernt hatte, fanden sich seine Vertreter immer öfter zu diesen Meetings ein. Sie reisten im Team aus dem Ausland an und nahmen sich mehrere Tage Zeit für diese Treffen. Seine Verkäufe erreichten plötzlich Rekordhöhe, dabei wusste er genau, dass sich an der Herstellung eigentlich nichts geändert hatte. Die Vertreter fühlten sich von diesem Raum der Präsenz so angezogen, dass sie immer wieder Vorwände fanden, wieder und wieder zu diesen Meetings zu kommen. Und jedes Mal fühlten sie sich verpflichtet, auch eine Bestellung aufzugeben.

In Würde sterben

Die schönste Geschichte über die Kraft der Absoluten Präsenz weiß erneut Connie zu erzählen. Zu der Zeit, als sie die Ausbildung zum Awakening Coach machte, hatte sie einen Lungenkrebspatienten namens Jeff. Der Mann war 42, hatte eine Frau und zwei Kinder. Er war ein äußerst aggressiver Anwalt und Partner in seiner Kanzlei. Und er gehörte zu diesen „wir-machen-es-auf-meine-Art"-Typen. Lassen wir Connie die Geschichte selbst erzählen:

> *Als ich Jeff kennen lernte, sollte immer alles nach seinem Kopf gehen. Jedes Mal, wenn ich ihn bei sich zu Hause in seinem bewachten Wohnkomplex besuchte, diskutierten wir darüber, dass er immer noch rauchte. Er hatte Lungenkrebs, rauchte und wollte gesund werden. Er war fest entschlossen, gesund zu werden. Seine Frau glaubte, wenn er sofort das Rauchen aufgäbe, könnte sein Krebs geheilt werden. In Wahrheit hätte das gar nichts gebracht, denn der Krebs war ja bereits da. Wahrscheinlich hätten sich nur ein paar seiner Symptome verbessert. Alle anderen Behandlungen waren erfolglos geblieben. Immer wenn ich also vom Rauchen anfing, wurde er defensiv. Alles, was ich ihm danach noch vorschlug, wie zum Beispiel, dass er seine Proteinzufuhr steigern sollte, damit er mehr Energie hätte und die Chemo besser verkraften würde, stieß dann ebenfalls auf Ablehnung.*

Er sagte einfach zu allem, was ich ihm vorschlug, „nein", weil er bereits beim Thema Rauchen in die Defensive gegangen war.

Es fiel uns allen sehr, sehr schwer, mit ihm zu arbeiten. Dann begann ich die Ausbildung. Als ich nun dieses Werkzeug hatte, die Herzmeditation, blieb ich immer, ehe ich ihn besuchte, zuvor einige Minuten im Auto sitzen und vertiefte mich ganz bewusst in diese Präsenz. Binnen weniger Tage stellte ich fest, dass ich dieselben Dinge, die ich ihm schon in der Vergangenheit vorgeschlagen hatte, sagen und ihm förmlich dabei zusehen konnte, wie er sich entspannte und sich wirklich dafür öffnete, dass ihm diese Dinge vielleicht helfen konnten.

Dann bekam er eine Lungenembolie: einen Blutpfropf in der Lunge. Eines Tages, als ich ihn mal wieder besuchte, erkannte ich die Symptome und rief den Arzt. Wir wiesen ihn sofort ins Krankenhaus ein. Ich fuhr hinter dem Krankenwagen her und kam kurz nach ihm im Krankenhaus an. Als ich über den Flur ging, konnte ich ihn schon hören, wie er die Schwester anschrie. Also vertiefte ich mich in die Herzmeditation und betrat das Zimmer. Er sah mich an und streckte seine Arme nach mir aus.

Connie unterbricht sich und schluckt die Tränen herunter.

Ich hielt ihn einfach fest und er ließ Ärzte und Schwestern ihre Arbeit machen. Wir saßen beisammen und unterhielten uns. Was bedeutete das für seine Genesung? Hieß es, dass man die Behandlung einstellen musste? Ich erklärte ihm, dass er das gemeinsam mit seinem Arzt entscheiden müsse, dass ich diese Entscheidung nicht für ihn treffen könnte und wir später noch darüber sprechen würden.

Er erholte sich ganz gut. Als ich ihn das nächste Mal bei sich zu Hause besuchte, konnten wir auf einmal über Dinge sprechen, über die wir bisher noch nie hatten sprechen können. Was würde aus seinen Kindern werden? Was musste er tun, um mit seinem Sohn und seiner Tochter ins Reine zu kommen? Was musste er tun, um mit seiner Frau ins Reine zu kommen?

Sein Sohn und er hatten diese typische Vater-Sohn-Beziehung, in der der Sohn es seinem Vater immer recht zu machen versuchte, aber der Vater war nie zufrieden, weil sein Sohn nun einmal nicht er selbst war. Der Sohn war ein wirklich süßer, sanftmütiger Junge, der wahnsinnig gern in einer Band spielen wollte. Als wir so zusammen saßen, konnte Jeff das schließlich erkennen und ihm wurde bewusst, dass er gewisse Erwartungen einfach loslassen musste, damit sein Sohn sich von ihm geliebt und akzeptiert fühlen konnte.

Seine Frau machte sich große Sorgen um die Finanzen. Würde sie das Haus im Wohnkomplex, das sie noch nicht ganz abbezahlt hatten, aufgeben müssen? Solche Sachen eben. Er sagte zu mir, er fühle sich wie ein Versager, weil er seine Familie in dieser Unsicherheit zurückließ. Bisher hatte er noch nie mit seiner Frau darüber reden können, dass er sich in seiner Rolle als Versorger gescheitert fühlte. Bis zu diesem Zeitpunkt war er immer noch davon überzeugt, dass er nicht sterben würde. Er würde das alles schon noch in den Griff bekommen. So wie er das sah, meckerte seine Frau einfach zu viel an ihm herum, er würde schließlich nicht sterben und schon für sie sorgen. Jetzt aber konnte er endlich zu ihr sagen: „Ich fühle mich wie ein totaler Versager, weil ich nicht so gut für dich gesorgt habe, wie ich es gern getan hätte.“ Er redete mit ihr und dann machte er einen Deal mit einem seiner Partner in der Kanzlei. Er verkaufte seine Anteile an der Firma, damit seine Frau abgesichert war. Sie fanden eine gute Lösung.

In jenen letzten Tagen waren unsere Begegnungen immer sehr sanftmütig. Ich vertiefte mich in meine Herzmeditation und setzte mich dann einfach zu ihm. Manchmal war es noch nicht einmal nötig, zu sprechen.

Er bedankte sich bei mir für jeden einzelnen Besuch. Bei jedem Treffen sagte er: „Danke, dass Sie hier sind.“ Er entschuldigte sich für sein früheres Benehmen: „Tut mir leid, dass ich am Anfang so hart mit Ihnen war.“ Ich habe ihm nie erzählt, dass ich diese Ausbildung gemacht hatte, auch von der Herzmeditation hat er nie erfahren. Irgendwie schien es nie der rechte Augenblick zu sein.

Und genauso habe ich in den letzten zwölf Jahren die Absolute Präsenz bei jedem Patienten angewandt. Im Stillen versenke ich mich jedes Mal, wenn ich mit jemandem arbeite, in die Herzmeditation. Das gibt den Patienten den Raum, sie selbst zu sein, sich selbst zu vergeben und ihre Angelegenheiten und ihre Beziehungen ins Reine zu bringen.

Inzwischen arbeitet Connie nicht mehr im Krankenhaus. Heute arbeitet sie freiberuflich mit Krebspatienten, unterstützt sie auf ihrem Weg zum Erwachen und begleitet sie entweder durch ihre Genesung oder durch ihren bewussten Sterbeprozess. Sie lebt auf dem Land in Pennsylvania und arbeitet mit ihren Klienten entweder über Telefon oder über Skype. Connie hilft Menschen dabei, voller Anmut und Würde zu sterben: loszulassen und wie ein Tautropfen im Ozean zu versinken.

KAPITEL 8

Radical Awakening

Die dritte Qualität, die jedem erlaubt, ein kraftvoller Wegbereiter in das Erwachen zu werden, nennen wir Radical Awakening. Das ist die Fähigkeit, auf eine Weise mit anderen Menschen zu interagieren, dass diese binnen kurzer Zeit nicht mehr mit ihren Gedanken und Gefühlen beschäftigt sind, sondern in ein erweitertes Bewusstsein – welches ihr natürlicher Seinszustand ist – hinübergleiten.

Es gibt viele Wege, dies zu erreichen. Man kann jeden anderen Menschen seinem Erwachen näher bringen, indem man einfach nur präsent ist und selbst im Zustand des Erwachens ruht. Dieses Thema haben wir bereits im Kapitel über die Absolute Präsenz erörtert. Manchmal geschieht es einfach durch einen weichen, sanften Blick oder eine energiegeladene Berührung. Manchmal auch, wenn wir in vollem Bewusstsein Liebe machen und auf unzählige andere Arten.

Ich möchte dir nun eine Methode vorstellen, die wir im Awakening Coaching anwenden. Wenn ich Coaches ausbilde, führe ich sie durch eine ganze Reihe von Schritten, auf die man immer wieder zurückgreifen und die man immer wieder wiederholen kann. Wir haben festgestellt, dass jeder Mensch mit einem unschuldigen Herzen und einem offenen Geist diese Schritte erlernen und sie an jeden anderen weitergeben kann.

Ich würde dir gern ermöglichen, dies am eigenen Leib zu spüren. Auf der Leser-Website findest du ein Video, in dem ich dich durch diesen Prozess führe.[11] Es gibt auch eine Audiodatei, die du herunterladen und auf deinem MP3 Player abspielen kannst.[12]

Das Radical Awakening ist eine simple Methode, sich dessen, was in diesem Augenblick bereits vorhanden ist, stärker bewusst zu werden. Es geht beim Erwachen nicht darum,

[11] http://better-than-sex.kajabi.com/posts/radical-awakening-video

[12] http://better-than-sex.kajabi.com/posts/radical-awakening-audio

sich zu verändern oder zu verbessern, sondern darum, sich dessen bewusst zu werden, wessen man sich bislang einfach nicht bewusst gewesen ist. Und so geht die Übung.

Tauchen wir zusammen ein

Jetzt in diesem Augenblick hältst du ein Buch oder einen E-Book Reader in deiner Hand. Du siehst verschnörkelte Hieroglyphen auf einer weißen Seite. Stimmt das? Wenn du kurz aufschaust, siehst du auch noch andere Dinge. Wahrscheinlich siehst du Formen, Farben, Oberflächen und Bewegung. Wenn ich von dem Schreibtisch bei mir zu Hause aufblicke, sehe ich Bäume und das Sonnenlicht, das sich in ihrem Geäst bricht. Was siehst du?

Ich werde dir jetzt eine Reihe von Fragen stellen. Jedes Mal, wenn du eine Frage hörst oder liest, halte bitte einen Augenblick inne und überlege, wie die für dich ehrliche und richtige Antwort lautet.

Die erste Frage: **Musst du denken**, um einen Gegenstand zu sehen, der vor dir liegt? Halte dir einfach mal deine Hand vor Augen. Wenn also diese Hand in deinem Sichtfeld ist, musst du, um sie einfach nur zu sehen – nicht, um sie zu verstehen, sie mit irgendwas zu vergleichen oder ihr eine Bedeutung beizumessen – nachdenken?

Jetzt richte deinen Blick auf etwas anderes. Schau dir zum Beispiel dieses Sternchen an.

*

Im Gegensatz zu Worten hat das Sternchen an sich keine Bedeutung. Es ist lediglich eine Form. Um sie zu sehen, sie einfach nur zu sehen, brauchst du da das Denken? Oder ist es möglich, die Form vor dir vollständig zu sehen, ohne dass ein Gedanke nötig wäre?

Ist es möglich, dass sich das Sehen ohne Denken ereignet?

Erfordert es eine Anstrengung oder braucht es eine Entscheidung, um einen Gegenstand oder eine Form zu sehen, die sich bereits in deinem Sichtfeld befindet? Betrachte noch einmal das Sternchen.

*

Wenn du deine Aufmerksamkeit darauf gelenkt hast, ist dann noch irgendeine Anstrengung oder eine Entscheidung nötig, um zu sehen, was bereits da ist? Nimm dir einen Augenblick Zeit, dich dort, wo du gerade bist, umzusehen. Betrachte die Farben. Betrachte die Formen. Erfordert es Anstrengung oder eine Entscheidung, die Dinge zu sehen, die bereits vor dir liegen?

Ist es möglich, dass sich das Sehen auch gänzlich frei von Entscheidung oder Mühe ereignet?

Und zu guter Letzt: In deiner ganz subjektiven Erfahrung, **gibt es eine Zeitverzögerung** zwischen dem Erscheinen des Gegenstands und deiner Wahrnehmung dieses Gegenstandes? Du musst dich an dieser Stelle auf deine subjektive Wahrnehmung verlassen und nicht auf das, was du denkst oder was man dir beigebracht hat. Wenn du das Sternchen betrachtest:

*

… bemerkst du da eine Zeitverzögerung zwischen dem Sternchen in deinem Sichtfeld und deiner Wahrnehmung von dem Sternchen?

Sollte es also möglich sein, dass das Sehen außerhalb der Zeit stattfindet?

Jetzt, da du das Sehen so betrachtet hast, da du erfahren hast, dass es immer jetzt und jetzt und jetzt geschieht, prüfe nach, ob es im Bereich des Möglichen liegt, dass das Sehen frei von Denken, frei von jeglicher Mühe, von bewusster Entscheidung, von Zeit stattfindet.

Könntest du dich jetzt, in diesem Moment, in das hinein entspannen, was die Formen, Farben und Bewegung sieht?

Könntest du dich jetzt entspannen und dir erlauben, das zu sein, was sieht?

Was ist das, was wir so vage als „ich“ bezeichnen und das in diesem Augenblick das Sehen erfährt?

Wer oder was erlebt den gegenwärtigen Augenblick?

Was hörst du?

Untersuchen wir nun gleichermaßen das Wesen des Hörens.

Wenn du ein Geräusch hörst, ein vorbeifahrendes Auto zum Beispiel oder das Zwitschern eines Vogels vor dem Fenster, **musst du dann denken, um dieses Geräusch zu hören?** Oder könnte man sagen, dass das Hören frei von Denken ist?

Wenn du ein Geräusch hörst, irgendein Geräusch, **musst du dich dann anstrengen**, dieses Geräusch zu hören, das ja bereits vorhanden ist? Sagst du deinem Körper: „OK, wir hören jetzt Geräusche“ oder kann es sein, dass auch das Hören völlig mühelos und ohne bewusste Entscheidung vonstattengeht?

Bemerkst du, deiner subjektiven Wahrnehmung nach, irgendeine Zeitverzögerung zwischen dem Geräusch und deiner Wahrnehmung des Geräuschs?

Nimm dir einen Augenblick Zeit, diese Fragen wirklich für dich zu untersuchen. Höre jetzt die Geräusche. Und betrachte den Prozess des Hörens an sich. Erfordert das Hören selbst Denken, Entscheidungen, Anstrengungen oder Zeit?

Könntest du dich jetzt da hinein entspannen, und dir erlauben, das zu sein, was hört?

Wer oder was ist es, das diesen Augenblick erlebt?

Spüre die Empfindungen in deinem Körper

Stellen wir nun dieselben Fragen zu den Empfindungen, die du in deinem Körper spüren kannst. Nimm dir kurz Zeit, mit deiner Aufmerksamkeit durch den Körper zu gehen. Vielleicht nimmst du die Feuchtigkeit in deinem Mund wahr. Vielleicht spürst du irgendwo Anspannung und Entspannung.

Und auch hier wieder: Wenn eine Empfindung vorhanden ist, **braucht es dann einen Gedanken, um diese Empfindung wahrzunehmen? Musst du dich anstrengen oder dich entscheiden**, dir dieser Empfindung in deinem Körper bewusst zu werden, die doch bereits vorhanden ist? **Gibt es, deiner subjektiven Wahrnehmung nach, eine Zeitverzögerung** zwischen der Empfindung und deiner Wahrnehmung dieser

Empfindung?

Braucht es Denken, Anstrengung, Entscheidungen oder Zeit, um etwas zu empfinden?

Oder geschieht auch das Fühlen ganz von selbst?

Könntest du dich jetzt, in diesem Augenblick, da hinein entspannen, das zu sein was sieht, hört und fühlt?

Wer oder was nimmt die Formen, die Geräusche und die Körperempfindungen im gegenwärtigen Augenblick wahr?

Wer oder was erlebt diesen Augenblick?

Lass dir ruhig Zeit, das in aller Ruhe zu erforschen, ehe wir fortfahren.

Vielleicht legst du das Buch kurz zur Seite und schaust dir das Video an,[13] das ich für dich bereitgestellt habe oder hörst dir die Aufnahme an.[14] Das kann dir helfen, diese Erfahrung noch zu vertiefen.

Vergleichen wir unsere Notizen

Seit 1991 habe ich dieselben Fragen Zehntausenden von Menschen gestellt. Das war keine intellektuelle Übung, sondern diente dazu, herauszufinden, was wir aus der direkten Erfahrung heraus als wahr und zutreffend empfinden. Ich hoffe, auch du konntest herausfinden, was für dich wahr und zutreffend ist. Vergleichen wir nun unsere Notizen darüber, was du für dich entdeckt hast, und sei es auch nur der Hauch einer Ahnung, mit dem, was Zehntausende andere entdeckt haben.

Die Leute beschreiben das, was sie entdecken, wenn sie sich die Frage stellen, wer oder was eigentlich den gegenwärtigen Augenblick erlebt, auf unterschiedlichste Weise. *Bewusstsein … Weite … Präsenz … Bewusstheit …*

[13] http://better-than-sex.kajabi.com/posts/radical-awakening-video

[14] http://better-than-sex.kajabi.com/posts/radical-awakening-audio

Wie ein Wegweiser, auf dem das Wort „Rom“ geschrieben steht, deuten alle diese Begriffe auf etwas hin, das sehr viel größer als Worte oder Ideen ist. Es handelt sich um Worte, die auf eine geheimnisvolle Weite hinweisen, die frei von Inhalt, aber voller Liebe und Präsenz ist. Genau diese weite Präsenz ist es, die den gegenwärtigen Augenblick erlebt.

Natürlich ist da auch noch eine Geschichte vorhanden, eine Geschichte von einer Person, die zu einem bestimmten Zeitpunkt geboren wurde und zu einem bestimmten Zeitpunkt sterben wird. Diese beiden Dinge existieren gleichzeitig. Der große Unterschied besteht jedoch darin, dass die Geschichte das Denken braucht, wohingegen die Erkenntnis der Präsenz frei von Gedanken stattfindet.

Manchmal sagen die Leute zu mir: „Ich erlebe diesen Augenblick. Ich bin es. Ich.“ Darum müssen wir uns dieses „Ich“ einmal genauer ansehen. Was ist es überhaupt? Hat es eine bestimmte Größe? Hat es eine bestimmte Farbe? Macht es Geräusche? Können wir es unmittelbar wahrnehmen? Wenn wir es auf diese Weise betrachten, kommen wir im Allgemeinen zu dem Schluss, dass wir die Worte „Ich“ und „Mein“ schon unser ganzes Leben lang benutzen, ohne zu wissen, worauf sie sich eigentlich beziehen. Wenn wir dieses „Ich“ nun untersuchen, wenn wir nach ihm suchen, stellen wir fest, dass wir es nicht finden können. Doch unsere Suche führt uns direkt zu jener unfassbaren Weite des Bewusstseins selbst.

Wenn die Menschen durch diese Frage einen Blick auf ihre „wahre Natur“ erhaschen – die weit, still und vollkommen präsent ist – taucht oft die Frage auf: „Wie kann ich das in meinen Alltag integrieren?“ Ein guter Coach wird dir dabei helfen, herauszufinden, dass diese Fragestellung nicht besonders sinnvoll und nützlich ist. Besser wäre: „Ist es überhaupt möglich, diese Weite aus meinem Alltag auszuschließen?“ Probiere es aus. Bewege deine Hand von links nach rechts. Das ist eine Bewegung, genau wie all die anderen Bewegungen, die du Tag für Tag machst. Hat diese Bewegung irgendwelche Auswirkungen auf die Wahrnehmung der Bewegung, auf die Weite?

Jetzt denke doch mal einen beliebigen Gedanken. Es kann ein „positiver“ oder auch ein „negativer“ Gedanke sein. Das spielt keine Rolle. Denke einfach irgendeinen Gedanken deiner Wahl. Lässt das Denken das, was sich des Denkens bewusst ist, verschwinden? Hat es überhaupt irgendwelche Auswirkungen auf die Präsenz an sich? Egal, welche Gedanken in dir aufsteigen, da ist immer auch eine Wahrnehmung dieser Gedanken und diese Wahrnehmung verändert sich nicht. Und das bist du.

Du kannst jede beliebige Emotion heraufbeschwören. Fühle diese Emotion und dann mache dir bewusst, dass du dir dieser Emotion bewusst bist. Die Emotion an sich hat keine Auswirkung auf die Präsenz.

Es ist eine tolle Übung, dir den Rest deines Lebens die Frage zu stellen, ob es irgendetwas gibt, das du erleben, denken oder fühlen kannst, das auch nur die geringste Auswirkung auf diese weite, stille Präsenz hat. Du kannst Bungeespringen, Fallschirmspringen oder mit wilden Stieren durch enge Gassen rennen. Egal, was du tust, du bist dir dessen, was um dich herum geschieht, stets bewusst. Diese Bewusstheit ist unveränderlich.

Das Erwachen greift um sich

Vor zweitausendfünfhundert Jahren gab es in Indien einen Prinzen namens Siddharta. Er war bestimmt dazu, der nächste König zu werden. Er aber verspürte eine Sehnsucht, die so stark war, dass er alles aufgab. Er ließ seine Frau, sein Baby und auch sein Königreich hinter sich zurück. Dann ging er auf Reisen. Er versuchte wirklich alles, um die Freiheit zu finden, sich selbst zu finden.

Schließlich setzte er sich eines Tages unter einen Bodhi-Baum und sagte: „Schluss. Schluss damit. Ich werde jetzt unter diesem Baum sitzen bleiben und ich werde nicht eher aufstehen, bis mir die Sache klar geworden ist. Ich habe die Nase gestrichen voll vom ewigen Suchen.“

Und so setzte er sich hin. In seinem Kopf schwirrten Gedanken über Gedanken. Da kam der Gedanke, er könne doch ebenso gut König werden. Er sagte sich: „Oh, das ist nur mein Geist.“ Dann kam ihm der Gedanke an richtig guten Sex. „Das ist nur mein Geist“, sagte er sich wieder. Dann kam ein weiterer Gedanke und dann noch einer. Am nächsten Morgen schließlich, als die Sonne aufging, ging auch in ihm eine Sonne auf und ihm wurde eine einzige simple Tatsache bewusst: „Ich bin nicht der, für den ich mich gehalten habe. Hier sitzt ein Prinz, das ist wahr, aber das ist es nicht, was ich bin. In diesem Augenblick ist das nichts weiter als eine Geschichte, bestehend aus Gedanken. Ich bin die Bewusstheit, die all dies wahrnimmt.“

Nun sprach er aber kein Englisch, sondern Pali. Und in Pali lautet das Wort für Bewusstheit *budh*. Darum beschloss er: „Von diesem Augenblick an bin ich nicht mehr Siddharta, sondern *Budh*. Ich bin Buddha."

Das Bedeutsame an dieser Geschichte (höchst verdichtet in vier Absätze gefasst) ist Folgendes: die Essenz von Buddhas Erwachen bestand darin, dass er schlichtweg erkannte, dass die Bewusstheit seine wahre Natur ausmacht – nicht mehr und nicht weniger. Es macht jedoch einen enormen Unterschied, welche Bedeutung und welchen Wert wir dem beimessen, was wir in einem solchen Augenblick des Erwachens erleben. Reiht er sich ein in die lange Reihe temporärer Ereignisse, ist er nur ein weiterer Höhepunkt, ein weiteres Gefühl des High-Seins? Oder wird er zum Fundament, von dem aus wir fortan alles andere wahrnehmen?

Heutzutage haben jeden Tag Millionen von Menschen Augenblicke des Erwachens, die sich in ihrer Essenz nicht wesentlich von dem unterscheiden, was Buddha unter dem Bodhibaum klar geworden ist. Ich habe mit hunderten Menschen gesprochen, deren Leben durch solch einen Augenblick des Erwachens unwiderruflich verändert wurde, und ich habe zehntausende weitere dazu befragt. Vielleicht kennst du einige der Schlussfolgerungen, die ich aus diesen Forschungen gezogen habe, bereits aus einigen meiner anderen Bücher, insbesondere aus *Die lautlose Revolution*.

Hören wir uns an, was einige Leute über ihre Erfahrung mit der Frage „Wer erlebt das alles?" zu berichten haben.

Gay Hendricks, ein Beziehungsexperte, sagt: „Ich bin mir der großen Leere bewusst. Es fühlt sich an wie ein gewaltiger Raum, dem nichts anhaftet. Eigentlich nehme ich keine einzelne Person wahr, die sich dieser Erfahrung bewusst ist."

Sonia Choquette, eine Expertin auf dem Gebiet der Intuition, sagt: „Ich erlebe reinste Energie, eine dynamische, atmende, sich ausdehnende, unendliche Lebensenergie, die unendlich viele Möglichkeiten in sich trägt. Alles andere löst sich auf und jegliches Bewusstsein meiner persönlichen Lebensgeschichte verschwindet."

Jack Canfield, ein echter Experte für weltlichen Erfolg, sagt: „Ich bin einfach nur das reine Zentrum der Bewusstheit und des Bewusstseins. Wenn ich meine Aufmerksamkeit auf das lenke, was sich der Dinge bewusst ist, erlebe ich ein Gefühl tiefen Friedens und absoluter Präsenz. Ich nehme mich selbst so ausgedehnt wahr wie Licht, ganz ohne Dichte."

John Gray, der Autor von *Männer sind anders. Frauen auch.*, sagt: „Wenn ich versuche, das Ich zu finden, dann ist da gar kein Ich. Dort ist nur Raum. Ein gewaltiger Raum. Dort ist es sehr friedlich, sehr entspannt. Es ist ein unendlicher, grenzenloser Ozean."

Marci Shimoff, eine Expertin im Glücklichsein, sagt: „Es gibt keine Definition dafür, wer den gegenwärtigen Augenblick erfährt. Da sind Energie, Wissen und Präsenz und für diese Dinge gibt es keine Definition. Es ist ein sich ausdehnender und stiller Ort. Es ist ganz und vollständig."

Die Leute, die hier zu Wort kamen, sind nicht unbedingt als spirituelle Lehrer oder Mystiker bekannt. Vielleicht kennst du ihre Namen, weil sie auf ihrem jeweiligen Gebiet eine Autorität sind. Hier findest du ein Video, in dem noch viele weitere Leute darüber sprechen, wie sie die Erkenntnis ihrer wahren Natur erlebt haben.[15] Überall auf der Welt öffnen sich Menschen in den unterschiedlichsten Lebensumständen für diese Erkenntnis ihrer wahren Natur als etwas Unendliches. Bei fast allen ereignete sich dieses Erwachen innerhalb der letzten beiden Jahrzehnte, also seit Anfang der 90er Jahre. Die große Aufgabe, vor der die meisten von uns nun stehen, ist nicht etwa, immer weitere Blitzmomente des Erwachens zu erleben, sondern dieses Erwachen zu unserer obersten Priorität und zum höchsten Gut zu machen, zur Grundlage sämtlicher Lebensbereiche.

Darf ich vorstellen: Lloyd

Gehen wir doch zurück zur Party. Ich möchte dir noch einen weiteren Awakening Coach vorstellen, der ein bisschen aus dem Nähkästchen plaudert, was sein persönliches Radical Awakening angeht. Das ist Lloyd Minthorne:

> *Schon als ich noch klein war, bewegten mich eine Menge tiefgründiger Fragen: „Warum sind wir hier?" „Was tun wir hier?" „Wo kommt das alles her?" und „Wer bin ich eigentlich?" Ich suchte nach Antworten, aber keine konnte mich so richtig zufriedenstellen. Ich las eine Menge Bücher, experimentierte mit psychedelischen Drogen, begegnete vielen Lehrern.*

[15] http://better-than-sex.kajabi.com/posts/who-am-i-video

Vor etwa 15 Jahren arbeitete ich als therapeutischer Masseur in einer Praxis für Chiropraktik. Nach ein paar Monaten merkte ich, dass der Chiropraktiker mich übers Ohr haute. Das hat mich echt wütend gemacht.

Eines Tages wachte ich um vier Uhr morgens auf. Ich zog mich gar nicht erst an. Ich ging, noch im Pyjama, den Hügel in der Nähe meines Hauses hinauf. Dort gab es ein paar wilde Truthähne und bisher waren sie immer abgehauen, sobald ich mich näherte, aber dieses Mal blieben sie da und ich stand mitten unter ihnen. Wir gingen gemeinsam zum höchsten Punkt des Hügels. Dort setzte ich mich hin und hatte ein unglaubliches Erlebnis, das mit Worten wirklich schwer zu beschreiben ist. Ich hatte das Gefühl, als wäre ich von einer unfassbaren Liebe erfüllt. Als ich an den Chiropraktiker dachte, der mich hintergangen hatte, stieg vollkommene Vergebung in mir auf. Mir ging auf, dass ich alles bin und gleichzeitig nichts. Ich erkannte, dass dieser andere Mann ein Teil von mir war und mit dieser Erkenntnis lösten sich alle Anschuldigungen einfach in Luft auf. Ich war von Liebe und Energie erfüllt und seit diesem Tag bin ich ein anderer geworden. Seit diesem Tag brauche ich nicht mehr so viel Schlaf, ich habe meine Ernährung umgestellt und noch viele andere Dinge in meinem Leben verändert. Aber irgendwann begann dieses Gefühl wieder zu verblassen.

Ich lernte Lloyd kennen, als ich für ein Programm, das ich entwickelte und das ich Living Awakening nannte, Menschen interviewte. Ich befragte einige der Leute, die ich eben schon erwähnte, zu ihren Erfahrungen mit dem Erwachen, und wie diese Erfahrungen zur Grundlage ihres Geschenks an die Welt wurden. Lloyd betrieb zwar nach wie vor eine Massagepraxis, arbeitete inzwischen aber auch als Videograf und reiste mit mir zusammen herum, um besagte Interviews aufzuzeichnen. Er sagte mir, als er diese Menschen über ihre Erlebnisse sprechen hörte, erinnerte ihn das stark an das, was er selbst damals erlebt hatte. Es inspirierte ihn zu dem Gedanken, dass es möglich sein musste, an diesen Ort, den er auf dem Hügel mit den Truthähnen gefunden hatte, zurückzukehren.

Ich beschloss, die Ausbildung zum Awakening Coach zu machen, denn ich hoffte, dass dadurch der Zugang zu diesem Ort für mich abrufbar werden und sich nicht mehr immer nur zufällig öffnen würde. Und ich bekam ziemlich schnell die Bestätigung, dass ich damit richtig lag. Wir machten eine Übung, bei der wir einer anderen Person in die Augen sehen und uns die Frage stellen sollten „Wer erfährt den gegenwärtigen Moment?" Diese Frage katapultierte mich sofort zurück in meinen natürlichen Seinszustand, und zwar völlig mühelos und leicht. Jetzt war es ein Leichtes, Zugang zu diesem Raum zu finden. Das hat mich unheimlich inspiriert. Mein Sichtfeld wurde weiter und klarer und ich konnte mich viel leichter auf andere Personen einschwingen. Die Farben hatten auf einmal mehr Leuchtkraft und ich hatte mehr Energie. Als ich während der Ausbildung meinem Gegenüber in die Augen sah, erkannte ich, dass die Augen, die mir da entgegen blickten, meine eigene Bewusstheit war, die sich selbst betrachtete.

Jeder fand während der Ausbildung einen solchen Zugang. Die Mehrheit der Leute hatte tiefgreifende Erlebnisse des Erwachens, für manche waren die Erlebnisse weniger beeindruckend. Da war zum Beispiel dieser Polizist. Am ersten Tag fragte ich mich noch „Was sucht denn der Kerl hier?" Ich hegte gewisse Vorurteile gegen die Polizei. Aber der Polizist erlebte diesen Zustand des Erwachens genau wie jeder andere auch. Wie es schien, spielte es keine Rolle, woran man glaubte oder aus welchem Umfeld man kam.

Ich habe diesen einfachen Prozess inzwischen mit sehr vielen Menschen geteilt. Ich hatte einmal eine Coachingklientin, die sich nach dem Tod sehnte. Sie hatte eine Menge gesundheitlicher Probleme und war an dem Punkt aufzugeben. Sobald ich ihr geholfen hatte, zu erkennen, dass ihre wahre Natur grenzenlos ist, fand sie ihre Leidenschaft wieder. Sie träumte vom Singen, also gründete sie eine Band, in der sie inzwischen Leadsängerin ist. Sie ist immer noch nicht ganz gesund, aber seit wir zusammen diese Sitzung mit dem Radical Awakening gemacht haben, hat sich ihre Lebenseinstellung verändert. Sie erkannte, dass es eine Dimension ihrer selbst gibt, die immer da ist, egal, was mit ihrem Körper geschieht. Sie erkannte, dass ihr Körper mehr so etwas wie ein Kleidungsstück war, das sie trug, und nicht das, was sie wirklich ist. Es ist schon paradox: Sie wollte nun nicht mehr sterben, aber gleichzeitig fühlte sie sich mit dem Gedanken an den Tod wohler als je zuvor.

Inzwischen erzähle ich allen meinen Massageklienten vom Radical Awakening. Wenn ich sie massiere, frage ich sie: „Du liegst auf der Massagebank und spürst meine Berührung, wer genau spürt diese Berührung?" Manchmal führt das zu einer tiefgreifenden Heilerfahrung für die Leute.

Die Wurzeln nähren

Es gibt viele Leute, die das Radical Awakening auf diese Weise anwenden. Sie integrieren die Methoden aus dem Awakening Coaching einfach in ihre Arbeit. Es ist ein bisschen wie mit einer Zimmerpflanze. Du siehst, dass sie ein bisschen traurig aussieht und denkst dir: „Vor ein paar Tagen haben die Blätter noch viel glänzender und frischer ausgesehen." Du probierst es damit, die Blätter abzuwischen. Aber das hat keine anhaltende Wirkung. Du siehst, dass die Blütenblätter ein bisschen blass aussehen, also versuchst du, sie mit ein wenig Farbe aufzufrischen. Aber das funktioniert nicht. Du bemerkst, dass deine Pflanze, die doch mal so einen gesunden, starken Stiel hatte, jetzt ein bisschen zur Seite kippt, also versuchst du, sie irgendwie zu stützen.

Wir beide wissen, dass man eine Pflanze nicht über die Blätter, die Blüten oder den Stiel bei Laune hält. Am besten gibt man den Wurzeln etwas Wasser und stellt die Pflanze in die Sonne. Wenn du die Wurzeln wässerst, bekommt die Pflanze glänzende, gesunde Blätter, herrliche Blüten und gedeiht insgesamt einfach prächtig.

Bei Pflanzen ist uns das völlig klar, aber bei Menschen ist uns das nicht immer so klar. Wenn unsere Beziehungen kompliziert und konfliktreich werden, lernen wir, einfach andere Dinge zu sagen oder zu tun oder mit den Menschen, mit denen wir zusammenleben, neue Abmachungen auszuhandeln. Wir sind gestresst, also gehen wir joggen oder ins Fitnessstudio. Wir probieren die verschiedensten Dinge im Außen aus. Aber letztendlich ist es einfach so: Wenn ein Mensch von der Quelle seiner Energie abgeschnitten ist, dann beginnt jeder Aspekt seines Lebens zu verwelken. Die Blätter hängen traurig herab, die Blüten verblassen und brauchen einen Anstrich mit Make-up, um einigermaßen präsentabel zu bleiben.

Einige der körperlich attraktivsten Menschen, denen ich je begegnet bin, waren nicht unbedingt jung oder sexy und ich glaube, sie trugen auch kein Make-up. Sie strahlten innere Schönheit aus. Dieses innere Strahlen entsprang direkt ihrem eigenen Wohlbefinden.

Wenn du mit Menschen arbeitest oder auf irgendeine Art Einfluss auf deren Leben hast, kannst du natürlich versuchen, ihre Probleme durch Verständnis zu lösen und ihnen gute Ratschläge geben, was sie an ihrem Verhalten verändern sollten. Aber wenn du die Kunst beherrschst, einem Menschen binnen weniger Minuten dabei zu helfen, auf eine tiefere

Ebene als die der Gedanken und der Gefühle zu gelangen und in diese unerschöpfliche Quelle des Wohlbefindens einzutauchen, zeigst du ihnen damit, womit sie ihre Wurzeln nähren können und sie können dann den Rest ihres Lebens davon zehren.

Die größten Vorbilder gelebten Erwachens, die uns bekannt sind, stammen aus sehr unterschiedlichen Zeiten und Kulturen. Wenn du in einer Höhle lebst, kaum etwas besitzt und weder intime Beziehungen noch eine Familie hast, kann ein einziger Augenblick radikalen Erwachens genügen. Du entdeckst, dass deine wahre Natur grenzenlos ist und verlierst diesen Zustand der Erkenntnis nie wieder. Aber die Leute, mit denen wir beim Awakening Coaching arbeiten, haben Jobs, intime Beziehungen, Kinder, Eltern, Geldthemen und Stress. Und sie wollen auch am Weltgeschehen teilhaben und etwas bewegen. Darum stellt sich immer wieder die Frage: Wie kann ich jeden Aspekt meines Lebens voller Enthusiasmus aus diesem erweiterten Bewusstsein heraus leben?

Nach vielen Jahren des Experimentierens haben wir herausgefunden, dass es eigentlich nur eine Sache gibt, die dem im Wege steht. Ich werde dir jetzt erzählen, worum es sich dabei handelt und wie man am effektivsten damit umgeht. Und ich werde dir eine weitere gute Freundin vorstellen, die darüber sprechen wird, wie sie all dies in ihr Leben integriert hat.

KAPITEL 9

Radical Releasing

Immer wenn ein Mensch einen Moment echten Erwachens erlebt, in dem das Bewusstsein sich wahrhaftig selbst berührt und sich selbst als unendlich und als Ort ewigen Friedens erkennt, fühlt sich das an wie das Ende aller Dinge. Man hört auf zu suchen und sich verbessern zu wollen. Wenn du begreifst „Ich bin nicht die Person, für die ich mich immer gehalten habe, eigentlich bin ich nämlich dieser gewaltige weite Raum", dann spüren das Herz und der Verstand, dass es einfach nichts mehr zu erledigen gibt.

Diese Erkenntnis wäre mehr als ausreichend, wenn du nun den Rest deines Lebens mit geschlossenen Augen in einer Höhle sitzen würdest. Einfach nur dasitzen. Das sind die Vorbilder, die uns aus anderen Kulturen überliefert wurden. Ein Mensch erlebt ein tiefgreifendes Erwachen und verharrt dann in diesem Zustand und erstarrt zu einer Statue. Beziehungen, Sexualität, Geld, soziale und politische Belange – sie alle fallen einfach weg. Betrachtest du eine solche Person, beispielsweise jemanden aus Indien, Tibet oder China, dann siehst du da einen Erleuchteten vor dir, der einfach nur nichts tut, er ist völlig losgelöst. Dann beschleicht dich das Gefühl, dass mit dir doch was nicht stimmen kann, dass deine eigene Erkenntnis wohl unvollständig sein muss, wo du doch ganz anders aussiehst als diese Person.

Aber die meisten von uns leben nun mal nicht in Höhlen. Wir haben Partner, Kinder, Eltern und Familie, wir haben eine Arbeit, wir sind inspiriert und wollen etwas erschaffen – und genau da wird es ein wenig kompliziert. Du kannst dir mit geschlossenen Augen die Frage stellen „Wer erlebt all das hier?" Da ist nichts. Dann öffnest du versuchshalber mal ein Auge und da sind sie alle wieder: dein Ehepartner, deine halbwüchsigen Kinder, dein Boss und deine Klienten und sie alle warten darauf, dass du deinen Job machst.

Die meisten von uns haben ein ganz natürliches Bedürfnis danach, etwas zu erschaffen, sich einzubringen, an etwas teilzuhaben, etwas zu bewegen. Klar, einfach nur still dazusitzen und gar nichts zu tun, mag hin und wieder ganz nett sein, ein oder zwei Stunden, vielleicht sogar ein ganzes Wochenende lang. Aber ein Leben lang? Nee, wirklich nicht.

Immer dann, wenn du dich in Beziehungen erlebst, in der Sexualität, beim Geld verdienen, stößt du wieder auf die Angewohnheiten, die zu diesem Gefühl des Getrenntseins geführt haben. Diese Angewohnheiten lösen, wenn wir ihnen keine Beachtung schenken, nicht nur Leiden, ein Gefühl des Getrenntseins und des Konflikts aus, sie eignen sich auch hervorragend, um sich in ihnen zu verfangen, und dann verlieren wir den Kontakt zu unserem Gefühl der Weite und des Friedens. Bezeichnen wir diese Angewohnheiten also ruhig als „innere Hindernisse."

Wenn wir an einem Retreat teilnehmen, meditieren oder manchmal auch im Urlaub ruhen diese inneren Hindernisse. Zum Beispiel werden die Hindernisse der Elternschaft sich erst dann zeigen, wenn du eigene Kinder hast. Hindernisse in Verbindung mit Geld offenbaren sich erst, wenn du finanzielle Entscheidungen treffen musst. Beziehungsthemen lösen sich wie von Zauberhand in Luft auf, wenn du allein lebst. Darum hat man in vielen fernöstlichen Kulturen eine sehr einfache Lösung gefunden: Wenn man keine Kinder hat, sich nicht mit Geld beschäftigt und sich bemüht, nicht an Sex zu denken, muss man sich im Idealfall auch nicht mit Hindernissen beschäftigen. In den letzten paar Jahrzehnten sind allerdings die meisten von uns zu dem Schluss gekommen, dass es nicht besonders erstrebenswert ist, den Lehrplan zu erfüllen, indem man einfach nicht zum Unterricht geht.

Wenn du dich also dafür entscheidest, weiterhin am Spiel teilzunehmen, oder wenn es das Schicksal für dich entscheidet, dann interessiert es dich vielleicht, was uns wirklich daran hindert, auch im Alltag in diesem weiten Bewusstsein zu verharren. Ich habe dieses Thema mit tausenden Menschen aus aller Welt erforscht.

Manche sagen, es sind die „Gedanken", die uns im Weg stehen. Aber das haben wir ja eigentlich schon abgehakt. Du kannst im Grunde jeden beliebigen Gedanken denken, dich fragen, wer eigentlich diesen Gedanken hat und wirst ziemlich schnell herausfinden, dass das Bewusstsein durch Gedanken nicht einfach verschwindet. Dasselbe gilt für Emotionen. Du kannst starke Wut heraufbeschwören und immer noch erkennen, dass es das Bewusstsein ist, das sie erlebt. Also was ist es? Es sind auch nicht das Ego und der Geist, denn wenn du wirklich danach suchst, wirst du nichts dergleichen finden. Ich denke, wir können aufhören, danach zu suchen. Nachdem ich dieses Phänomen mit so vielen Menschen untersucht habe, bin ich immer wieder auf dieselbe Erkenntnis gestoßen. Es ist immer dasselbe Element, das das Gefühl auslöst, du hättest die Verbindung zu dem, was du wirklich bist, verloren.

Widerstand.

Das ist es! Immer, wenn du einem Gedanken oder einem Gefühl, einer Situation oder deiner Schwiegermutter mit dem Gedanken „Das sollte so nicht sein," begegnest, bilden diese beiden gegensätzlichen Kräfte, nämlich das, was ist, und das, was sein sollte, eine Mauer, eine starre Masse, wo zuvor noch alles im Fluss war und wie von Zauberhand entsteht der Eindruck, abgetrennt zu sein.

Wir wollen uns aber nicht allzu lange mit dieser Theorie aufhalten. In meinen anderen Büchern findest du ausgiebige Erklärungen dazu, wie dieses Phänomen wirkt. Wenden wir uns an dieser Stelle lieber den Methoden zu, die uns dabei helfen können, Widerstände aufzulösen und den Zustand des Erwachens leichter aufrechterhalten zu können.

Ist das wahr?

Beim Auflösen von Widerständen geht es im Prinzip darum, sich aus dem festen Griff unserer Glaubenssätze, die wir oft zu einem Klumpen zusammenbacken und als „den Verstand" bezeichnen, zu befreien oder ihn wenigstens zu lockern. Wir empfinden Widerstand gegen das, was ist, wenn es nicht mit dem übereinstimmt, wie wir es gern hätten oder nicht hätten. Ein guter Anfang ist es, für uns allein als auch für unsere Interaktionen mit anderen, einen eleganten Weg zu finden, den Verstand in Frage zu stellen. Eine Möglichkeit bieten die drei simplen Worte „Ist das wahr?"

Wenn du auf eine deiner einschränkenden Überzeugungen triffst, dann frage als allererstes: „Ist das ein Fakt oder nur eine Meinung?" Würde mir da jeder andere zustimmen? Ein Beispiel für einen Fakt wäre „Paris ist die Hauptstadt von Frankreich." Solange wir verstehen, was diese Worte aussagen, würde wohl jeder zustimmen, dass dies eine erwiesene Tatsache ist.

„Franzosen sind arrogant" dagegen ist keine erwiesene Tatsache, sondern eine Meinung. Dem würde sicherlich nicht jeder zustimmen, schon gar nicht die Franzosen.

Das ist der erste Schritt: Ist das, was dir gerade begegnet, eine erwiesene Tatsache oder eine Meinung? Jede Meinung ist nur eine optionale Vorstellung von der Realität. Sobald du beginnst, sie auch als Meinung zu betrachten, kannst du dir ein paar weitere Fragen stellen.

„Wenn ich diesen Glaubenssatz auf einer Speisekarte sehen würde, würde ich ihn mir bestellen?“

„Würde ich diesen Glaubenssatz einem Freund empfehlen oder ihn an meine Kinder weitergeben?“

„Habe ich jemals einen Eid geleistet, diesen Glaubenssatz aufrecht zu erhalten?“

„Habe ich mit irgendjemandem eine Vereinbarung getroffen, diesem Glaubenssatz treu bleiben zu müssen?“

Trage immer ein kleines Notizbuch und einen Stift bei dir. Oder benutz dein iPhone dafür. Wenn dir im Laufe des Tages ein Glaubenssatz durch den Kopf geht, dem nicht jeder Mensch zustimmen würde, schreib ihn in dein Notizbuch. Du könntest schreiben „Ich hab nicht genug Zeit“, „So macht man das aber nicht“, „Es ist nie gut genug“, „Die Welt geht vor die Hunde…“ All das sind Beispiele für subjektive Glaubenssätze, denen gewiss nicht alle Menschen auf diesem Planeten zustimmen würden. Die simple Erkenntnis, dass es sich dabei um Meinungen und nicht um Fakten handelt, wird dabei helfen, das viele dieser Sätze (allerdings nicht alle) sich einfach auflösen und du wirst feststellen, dass du bei sehr viel weniger Dingen Recht hast und dich stattdessen sehr viel freier fühlst.

Kannst du es loslassen?

Ein guter Coach hilft seinen Klienten dabei, den festen Griff der Glaubenssätze immer mehr in Frage zu stellen und dabei zu lockern. Viele Ansichten werden allein durch oben beschriebene Frage „Ist das wahr?“ ganz von selbst verschwinden. Aber manchmal haften diesen Glaubenssätzen auch Gefühle an. Du fährst auf der Autobahn und bist spät dran. Jetzt kommst du an eine Mautstelle und der Fahrer im Wagen vor dir findet seine Geldbörse nicht. Du steckst fest und wirst immer ungeduldiger. Vielleicht schimpfst du dann vor dich hin „So ein Idiot!“ Die Frage, ob das wirklich stimmt, ist an dieser Stelle vielleicht nicht besonders hilfreich, aber eine andere Frage schon.

„Kann ich es loslassen? Wenn ich müsste, wenn mein und meiner Familie Wohlergehen davon abhinge, könnte ich diese Meinung dann loslassen?“ Damit setzt du dich nicht unter Druck, dass du es loslassen musst, du stellst dir einfach nur die theoretische Frage, ob du es könntest, wenn es denn nötig wäre. In vielen Fällen genügt allein das Nachdenken über diese Frage. Ehe du es noch recht bedenkst, hast du schon tief durchgeatmet und bist wieder in deiner inneren Weite angekommen.

Es gibt auch viele Körperübungen: Yoga, sich massieren lassen, tanzen, laufen oder schwimmen – alles Methoden, die dem Körper dieselbe Freiheit schenken, sich aus einer festgefahrenen Situation zu befreien und sie loszulassen.

Radical Releasing

Bei unserer Arbeit mit dem Awakening Coaching haben wir festgestellt, dass wir mit einer Kombination dieser beiden einfachen Fragen „Stimmt das wirklich?“ und „Könntest du es loslassen?“ etwa achtzig Prozent der Hindernisse, die uns scheinbar von unserer Freiheit trennen, loslassen können. Es gibt jedoch noch andere Widerstände in uns, die einfach sehr tief sitzen. Egal, wie viele Fragen wir uns stellen, die Widerstände bleiben. Darum haben wir eine sehr einfache Methode entwickelt, die wir Radical Releasing nennen. Mit dieser Methode lassen sich festgefahrene Überzeugungen höchst effektiv auflösen und wir finden zurück zu unserer inneren Weite und unserer freien Entscheidung.

Am besten wirkt diese Methode, wenn jemand dich durch den Prozess führen und den Raum für dich halten kann.

Komm mal hier rüber, ich stelle dir noch eine liebe Freundin vor. Siehst du die Frau da drüben, die dort am Fenster steht? Ja, es ist die, die grad lacht, die mit den leuchtenden Augen. Sie war viele Jahre lang in Deutschland als professionelle Schauspielerin tätig. Als sie zum ersten Mal von unserer Arbeit hörte, machte sie gerade ihr Diplom in Erziehungswissenschaften an der Universität Mainz. Bevor sie zum Awakening Coaching fand, zog sie ihr Studium jahrelang in die Länge, weil sie Angst vor den Abschlussprüfungen hatte. Sie hatte schon vieles ausprobiert, um dieses Problem zu lösen, aber nichts hatte funktioniert. Gehen wir zu ihr rüber und lassen uns ihre Geschichte von ihr selbst erzählen.

Ich schob diese Abschlussprüfungen schon seit über 15 Jahren vor mir her. Ich brach 2004 sogar mein Studium ab, weil ich solche Angst vor den Prüfungen hatte und mir einfach nicht vorstellen konnte, sie zu schaffen. 2008 nahm ich das Studium wieder auf, ich hatte inzwischen gelernt, mich führen zu lassen von einer größeren Kraft als der meines Verstandes und hatte genug Vertrauen, dass sich alles finden würde, wenn die Prüfungen schließlich auf mich zukämen. Als ich von der Ausbildung zum Awakening Coach hörte, hatte ich die Diplomarbeit gerade abgegeben, und die Prüfungen standen an, aber ich flog trotzdem nach Kalifornien. Ich musste das einfach tun, es war wie ein Ruf. Die Ausbildung fand in einer sehr abgeschiedenen Gegend statt, mitten in einem Redwood-Wald, in dem die größten Bäume standen, die ich je im Leben gesehen hatte.

Ich weiß noch, wie Arjuna am dritten Tag das Radical Releasing an einigen Seminarteilnehmern demonstrierte. Nach der Vorführung wurden wir in kleine Gruppen aufgeteilt, in denen wir üben sollten. Ich erzählte meiner Partnerin von meiner Situation, von meinen Ängsten und den bevorstehenden Prüfungen. Wir fassten all diese Dinge auf einen einzigen, emotional geladenen Satz zusammen: „Ich bin nicht gut genug." Ich ließ mich voll und ganz auf diese Schwingung ein und erspürte sie. Sie manifestierte sich in meinem Bauch. Es war ein wirklich heftiges, schmerzliches Gefühl. Die Mitstudentin, mit der ich daran arbeitete, bat mich, nicht nur die Schwingung zu erspüren, sondern sie ganz bewusst zu verstärken. Auch wenn mir dabei die Tränen kamen, war es doch eine ungeheure Erleichterung, dieses Gefühl anzunehmen. Nach wenigen Minuten erreichte diese Schwingung ihren Höhepunkt. Ich konnte sie nicht weiter steigern. Dann bat sie mich, mich zu entspannen, den Gedanken, das Gefühl und alles andere einfach loszulassen und zu der Frage „Wer erlebt diesen Augenblick" zurückzukehren. Ich entspannte mich in den Raum. Nach ein oder zwei Minuten bat sie mich, zu schauen, was mit meinem Bauch passiert war. Er war locker und entspannt. Das hat mich ziemlich überrascht. Als sie mich dann bat, den Satz „Ich bin nicht gut genug" noch einmal zu überprüfen, fühlte er sich völlig neutral an, nichts als leere Worte. Wir versuchten es mit der gegenteiligen Aussage „Ich bin die Beste" und auch diese war neutral. Die ganze Sache schien plötzlich bedeutungslos geworden. Als ich dann wieder an meine Prüfungen dachte, hatte ich keine Angst mehr.

Wie sich herausstellte, war es für mich genau richtig gewesen, direkt vor den Prüfungen an diesem Seminar teilzunehmen. Ich kehrte nach Hause zurück, die Prüfungen begannen und ich praktizierte jeden Tag am Telefon mit anderen Schülern aus der Ausbildung Radical Releasing. Der Gedanke tauchte zwar immer noch manchmal auf, aber er war nicht mehr emotional geladen und hatte keine Macht mehr über mich. Ich machte meine Prüfungen und bestand sie.

In diesen wenigen Minuten hatte ich das genaue Gegenteil von dem getan, was ich vorher immer getan hatte. Anstatt vor dem Gefühl zu fliehen oder zu versuchen, es zu kontrollieren oder wegzuschieben, hatte ich es noch vertieft und seine Schwingung immer mehr erhöht. Ich habe dieser Schwingung so viel Raum gegeben, wie sie brauchte. Das ist eine unglaubliche Erleichterung. Du lenkst deine ganze Aufmerksamkeit auf diese Schwingung und verstärkst sie immer weiter und dann löst sie sich plötzlich auf.

Inzwischen habe ich schon oft Radical Releasing praktiziert, bestimmt zweihundertfünfzig Mal. Das hat mein Leben komplett verändert, in jeder Hinsicht. Es fällt mir jetzt viel leichter, mich mit anderen zu verbinden. Es ist einfach nicht mehr notwendig, bestimmte Schwingungen zu meiden, denn ohne Widerstand ist jede Schwingung nur noch Leben, Lebendigkeit. Ohne Widerstand gibt es kein Leiden, denn die Gefühle gehen vorbei. Ich bin plötzlich imstande, Dinge zu tun, die ich mir vorher nie habe vorstellen können: Alles, wonach ich mich gesehnt, das ich mich aber nie getraut hatte. Ich wollte immer gern mit Menschen über Dinge reden, die mich begeistern, aber ich konnte mir nie vorstellen, vor vielen Menschen zu sprechen. Dann hab ich es doch getan und jetzt mache ich es andauernd!

Außer als Awakening Coach arbeite ich auch als Sozialarbeiterin. Ich arbeite in Mainz mit Familien, die in schwierigen Situationen stecken. Ich kann die Methoden zwar nicht immer genauso anwenden, wie wir sie während der Ausbildung gelernt haben, aber in manchen Fällen haben sie sich als unschätzbar wertvoll erwiesen.

Ich habe einmal mit einem jungen Mädchen gearbeitet, das Schwierigkeiten in der Schule hatte. Eigentlich war sie eine gute Schülerin, aber sie hatte Probleme in Physik. Sie war fünfzehn Jahre alt und lebte mit ihren Eltern, zwei Brüdern und einer Schwester zusammen. Ich war eigentlich in der Familie, weil es Konflikte gab. Einmal bat sie mich wegen einer Schulangelegenheit um Hilfe. Sie machte sich Sorgen wegen ihrer Noten in Physik. Ich hatte das Gefühl, dass sie offen war, also machte ich mit ihr Radical Releasing. Wir nahmen den Satz „Ich hasse Physik“

und lösten ihn auf. Dasselbe machten wir mit dem Gegenteil „Ich liebe Physik." Das Ganze wiederholten wir mit den Sätzen „Ich will nicht lernen" und „Ich lerne gern", bis auch diese neutral geworden waren. Zwei Tage später hatte sie eine Physikprüfung und bekam eine Zwei, wo sie vorher immer nur Sechser geschrieben hatte. Das Mädchen hatte nie mehr Probleme mit Physik.

Ich weiß noch, wie ich dieses junge Mädchen fragte „Wer erlebt diesen Augenblick?" Sie antwortete „Ich". Ich bat sie, ihre Aufmerksamkeit auf dieses „Ich" zu lenken und herauszufinden, was das eigentlich ist. Sie entspannte sich sofort in ihre natürliche Weite und Stille. Das hat mir gezeigt, dass man keine spirituellen Überzeugungen braucht, damit diese Methode funktioniert. Man braucht lediglich einen unschuldigen Geist und ein offenes Herz.

Techniken und Prinzipien

Das Radical Releasing ist eine Technik, um tief sitzende Widerstände aufzulösen und uns tiefer in unseren natürlichen Seinszustand hinein entspannen zu können. Bei den meisten funktioniert sie sehr gut. Sie eignet sich auch wunderbar, um alle möglichen Blockaden aufzulösen, die uns daran hindern, in bestimmten Lebensbereichen voranzukommen. Diese Technik ist so effektiv, weil sie auf einigen Grundlagen darüber, wie du und ich und jeder andere Mensch funktioniert, aufbaut.

Es ist immer sinnvoll, wenn man die Technik und die zugrundeliegenden Prinzipien, auseinanderhalten kann, denn dann haben wir auch die Freiheit, erfinderisch zu sein und uns nicht allzu eifrig an eine bestimmte Methode zu binden. Nur so war es Thomas Edison damals möglich, die Glühbirne zu erfinden, weil er ein wichtiges Prinzip der Elektrizität verstanden hatte. Wenn wir uns ausschließlich auf die Produkte verlassen, die die von ihm gegründete Firma (inzwischen heißt sie General Electric) herstellt, werden wir zu abhängigen Konsumenten. Wenn wir uns aber an den Prinzipen, die er verstanden und nutzbar gemacht hat, erfreuen und sie integrieren, dann können wir selbst Erfinder werden.

Ich werde jetzt einige der Prinzipien nennen, die Radical Releasing so effektiv machen. Du kannst natürlich auch von der Technik selbst profitieren, wenn du das möchtest, indem du einen unserer Coaches kontaktierst.[16] Man könnte ein ganzes Buch darüber

[16] http://awakeningcoachingtraining.com/find-coach

schreiben, wie das Ganze funktioniert, und wie es der Zufall so will, habe ich bereits mehrere zu diesem Thema geschrieben! Darum werde ich mich kurz fassen und jedes Prinzip nur kurz vorstellen und dann auf eine Audiodatei verweisen, durch die du mehr darüber erfahren kannst.

Nr. 1 Wir halten an gewohnheitsmäßigen Widerständen fest, als würden sie uns definieren.

Wenn wir uns selbst oder auch die Realität auf eine bestimmte Weise definiert haben, dann wird diese Definition oft wichtiger als die Wahrheit. Zum Beispiel könnten wir auf einen Satz wie diesen konditioniert sein: „Ich bin ein guter, aufrichtiger Mensch." Und dann wird die Verteidigung dieser Definition zu einer lebenslangen Gewohnheit. Diese Überzeugung loszulassen und die Wahrheit über Gedanken und Gefühle, ja sogar über Verhaltensweisen zu sagen, die nicht mit dem Satz „Ich bin ein guter, aufrichtiger Mensch" übereinstimmen, fühlt sich dann an wie ein Todesurteil. Hier erfährst du mehr.[17]

Nr. 2 Alle Überzeugungen existieren als Gegenteilpaare.

Wenn wir uns mit Sätzen wie „Ich bin reich, ich bin wohlhabend" identifizieren, müssen wir unausweichlich und im selben Moment auch Armut erzeugen. Es ist einfach unmöglich, sich für eine bestimmte Qualität zu entscheiden, ohne dabei auch ihr Gegenteil zu erschaffen. Es ist ein gewaltiger Unterschied, ob wir versuchen, scheinbar negative Dinge in positive Dinge zu verwandeln oder ob wir erkennen, dass sie koexistieren. Wenn wir uns von dem einen befreien wollen, müssen wir uns auch von seinem Gegenteil befreien. Hier erfährst du mehr.[18]

Nr. 3 Wir denken, wir schöpfen unsere Überzeugungen aus der Erfahrung heraus, umgekehrt erschaffen sie aber auch unsere Erfahrungen.

Wir gehen davon aus, dass uns Dinge widerfahren und wir - gute, objektive Wissenschaftler, die wir sind - nach akribischer Untersuchung daraus Rückschlüsse auf die Realität vornehmen, die jeder Überprüfung standhalten. Wenn wir uns aber von jeglicher Einschränkung befreien und den Weg zurück zur Unschuld finden wollen,

---

[17] http://better-than-sex.kajabi.com/posts/life-and-death--2

[18] http://better-than-sex.kajabi.com/posts/everything-has-an-opposite--5

ist es unerlässlich, dass wir unser Vertrauen auf den Verstand einmal aufgeben und den Gedanken zulassen, dass es eigentlich auch ganz anders sein könnte: dass die Rückschlüsse zuerst da waren und sich unsere Erfahrungen an ihnen orientieren. Die Wirklichkeit passt sich auf geheimnisvolle Weise genau unseren Blickwinkeln an, um uns den Beweis zu liefern, dass wir richtig lagen. Wenn wir also einen Schritt zurücktreten und davon ausgehen, dass wir uns auf nichts, was unser Verstand uns weismachen will, verlassen können, können wir verstehen, dass Gedanken nicht etwa Rückschlüsse sind, die wir aus der Realität gewinnen, sondern vielmehr die Realität eine Manifestation unserer Gedanken ist. Hier erfährst du mehr.[19]

Nr. 4 Jede unserer Ansichten kann gleichzeitig auf vier Ebenen wahrgenommen werden.

Jede unserer Ansichten zu einem beliebigen Thema können wir gleichzeitig auf vier verschiedenen Ebenen wahrnehmen. Mental erleben wir Ansichten als Überzeugungen bzw. Glaubenssätze. Wenn wir an dieser Stelle stecken bleiben, wird es sehr schwer, sie noch einmal zu verändern: sie werden wie Anwälte mit einem ganzen Stapel an Beweisen, die ihre brüchige Position stärken sollen. Auf der Gefühlsebene erleben wir Ansichten als Gefühlsreaktionen und emotionale Dramen. *Du machst mich traurig. Du bist schuld, dass ich jetzt eifersüchtig bin.* Da Gefühle aber veränderlich sind, ist es leichter, aus festsitzenden Gefühlen herauszukommen als aus festsitzenden Überzeugungen. Allerdings bleibt dann immer noch die Geschichte, die sich dahinter verbirgt. Physisch erleben wir Ansichten als Anspannung und blockierte Energien im Körper. Wut nehmen wir als Verspannung zwischen den Schulterblättern wahr, Traurigkeit empfinden wir als ein Zusammenziehen der Brust und sexuelle Anspannung spüren wir im unteren Rücken.

Die vierte Ebene, auf der wir unsere Ansichten wahrnehmen können, ist die Ebene reiner energetischer Frequenz: ein Flimmern, eine Atmosphäre, eine Schwingung. Musik besitzt eine solche Frequenz und auch einige Orte haben sie. Es gibt dazu keine Geschichte, es ist nur so eine Art „Stimmung“. Wenn wir es schaffen, unsere Ansichten als Frequenzen wahrzunehmen, können wir sie viel leichter loslassen, quasi binnen Sekunden. Hier erfährst du mehr.[20]

---

[19] http://better-than-sex.kajabi.com/posts/we-create-our-experience--6

[20] http://better-than-sex.kajabi.com/posts/points-of-view-have-levels--9

Nr. 5 Eine Frequenz kannst du auch ohne Geschichte fühlen.

Wir alle wissen, wie sich Wut oder Traurigkeit oder andere Emotionen anfühlen. Allerdings sind diese Gefühle so gut wie immer an eine Geschichte gebunden, sie haben eine Ursache. Es passiert eher selten, dass wir Wut empfinden, ohne dass es einen Grund für diese Wut gibt. Aber es ist dennoch möglich und wenn wir das tun, betreten wir die Quantenebene, wo Dinge ganz ohne Grund auftauchen und wieder verschwinden.

Im 19. Jahrhundert schrieb ein großer tibetischer Lama, Patrul Rinpoche, folgende Worte:

> *Folge nicht dem Gegenstand des Hasses, betrachte lieber den zornigen Geist.*
> *Wut, die im Augenblick ihrer Entstehung von sich selbst befreit wird, ist nur Leere.*
> *Und Leere ist nichts anderes als glasklare Weisheit.*

Wir können heute ganz pragmatisch von der Bedeutung dieser Worte profitieren und sie verkörpern. Hier erfährst du mehr.[21]

Nr. 6 Was immer du vollständig erfährst, wird Präsenz und Liebe.

Wir glauben zu wissen, was Wut und Eifersucht und Kummer sind. Aber wir kennen in Wirklichkeit nur eine Version dieser Gefühle, die aus dem Widerstand geboren ist. Das ist, als wollten wir mit einem Fuß auf dem Gaspedal und dem anderen auf der Bremse Auto fahren. Ein übler Geruch lauert da immer. Doch an dieser Stelle wartet ein großes und wundersames Geheimnis nur darauf, von uns entdeckt zu werden: alles, was wir ohne jeden Widerstand wahrnehmen, wird zu Liebe selbst. Hier erfährst du mehr.[22]

Nr. 7 Es gibt keine negative Energie.

Bei unseren Experimenten mit unserer Bereitschaft, Frequenzen ganz ohne Widerstand wahrzunehmen, stellen wir immer wieder fest, dass die Vorstellung von positiven und negativen Energien im Grunde nur ein Konzept ist, das sich moralistische Religionen und

---

[21] http://better-than-sex.kajabi.com/posts/points-of-view-have-levels--9

[22] http://better-than-sex.kajabi.com/posts/whatever-you-feel-becomes-love--9

New Age-Philosophen ausgedacht haben. Wenn wir nur willens sind, sie anzunehmen, sind alle Dinge in ihrer Essenz ein Geschenk und ein Tor zu unserer eigenen Tiefe. Hier erfährst du mehr.[23]

Nr. 8 Die reine Wahrnehmung ist immer jetzt, es gibt nichts, was ihr vorangeht.

Warst du schon mal ein paar Tage lang krank und dann hat dich jemand angerufen und dich gefragt „Wie geht's dir heute?" und du hast ihm geantwortet „Danke, besser." So reden wir die ganze Zeit, aber ich hab da eine interessante Neuigkeit für dich … eigentlich kann man sich gar nicht „besser" fühlen. Man fühlt sich, wie man sich eben fühlt, und es ist lediglich der Gedanke, der diesem Gefühl folgt, der dieses Gefühl mit dem vergleicht, was gestern war und dann entscheidet, welches von beidem nun besser war. Wenn du das erkennst, hältst du einen wichtigen Schlüssel in Händen, um dich von feststeckenden Ansichten zu befreien. Hier erfährst du mehr.[24]

Nr. 9 Unsere tiefsten Überzeugungen sind uns verborgen.

Du und ich glauben, wir hätten eine ziemlich genaue Vorstellung davon, von welchen Glaubenssätzen unser Leben gesteuert wird, doch die mächtigsten und einschränkendsten unserer Ansichten sind für uns vollkommen transparent - wir nehmen durch sie hindurch wahr, sehen sie selbst jedoch nicht. Wie einer mit einer rosaroten Brille, der die Färbung seiner Wahrnehmung noch nicht einmal mehr wahrnimmt, sehen wir eine rosarote Welt vor uns und bezeichnen das als Realität. Um den Kern unserer Ansichten und Überzeugungen zu entdecken und zu erlösen, brauchen wir Hilfe von außen. Hier erfährst du mehr.[25]

Probiere es selbst

Am besten verstehst du das Radical Releasing, wenn du es selbst ausprobierst. Auf der Leser-Webseite kannst du dir mehrere Beispiele für Radical Releasings anhören[26] und dich auch selbst durch den Prozess führen lassen. Dort findest du auch Informationen, wenn du einen unserer Coaches kontaktieren möchtest.

---

[23] http://better-than-sex.kajabi.com/posts/there-is-no-such-thing-as-negative-energy

[24] http://better-than-sex.kajabi.com/posts/experience-is-always-now--4

[25] http://better-than-sex.kajabi.com/posts/the-deepest-is-always-hidden--4

[26] http://better-than-sex.kajabi.com/posts/radical-releasing-demonstrations

Hier eine Zusammenfassung der Schritte, denen wir folgen und die du auch bei den Demonstrationen hören wirst:

Schritt Eins: Benenne deine Haltung oder Überzeugung in aller Klarheit.

> *„Ich bin schwach.“*
> *„Ich bin nicht gut genug.“*

Wiederhole diese Überzeugung solange, bis du eine Ladung wahrnimmst.

Schritt Zwei: Wo spürst du die Ladung in deinem Körper?

Lege deine Hand auf die Körperstelle.

Schritt Drei: Wiederhole den Satz immer wieder und steigere so die Ladung.

Schritt Vier: Spüre die Frequenz, die Energie, die Schwingung, die Atmosphäre.

Schritt Fünf: Gib ihr eine Nummer auf einer Skala von 1 bis 10.

Schritt Sechs: Wiederhole deinen Satz weiterhin und verstärke die Ladung.

Schritt Sieben: Mache weiter, bis keine Steigerung mehr möglich ist.

Schritt Acht: Entspanne dich vollkommen, lass es los und dann stelle dir die Frage „Wer erlebt diesen Augenblick?“

Schritt Neun: Durchschneide das Band, das einen Augenblick mit dem nächsten verbindet.

Wenn das, was wir hier machen, wie ein Film wäre, der durch einen Projektor läuft, könntest du das Band, das einen Moment mit dem nächsten verbindet, zerschneiden? Kannst du in diesem Augenblick eine Empfindung wahrnehmen, ohne sie mit einer anderen Empfindung zu vergleichen?

Schritt Zehn: Lege die Hand noch einmal auf die Körperstelle. Spürst du eine Ladung?

Schritt Elf: Wiederhole den Satz aus Schritt Eins.

Hat er noch irgendeine Bedeutung, irgendeine Ladung?

Schritt Zwölf: Überprüfe das gegenteilige Statement.

> *„Ich bin stark."*
>
> *„Ich bin gut genug."*

Hat es für dich noch irgendeine Bedeutung oder eine Ladung?

Schritt Dreizehn: Wechsle hin und her.

Wechsle zwischen dem Satz und seinem Gegenteil hin und her und stelle fest, ob da ein Unterschied ist oder eine Bewegung in der Energie.

Schritt Vierzehn: Teste den Auslöser für deinen Widerstand.

Nun stelle dir die Situation, die mit der Ladung verknüpft war, wieder vor, erinnere dich an sie und schau, ob sie noch eine Reaktion hervorruft.

KAPITEL 10

Ermächtigungsübungen

Wir haben heute ja schon eine Menge Leute getroffen. Das war vielleicht ein bisschen viel. Setzen wir uns doch ein paar Minuten hin, dann kann ich dir von einem weiteren Schritt des Coachingprozesses erzählen.

Weißt du noch, wie wir darüber gesprochen haben, wie nur ein einziger Augenblick des Radical Awakenings einem das Gefühl geben kann, jetzt wäre alles klar? Dass man von nun an als Alles und Nichts im Bewusstsein ruhen kann und nichts als Frieden empfindet? Nur leider wirst du bald feststellen, dass es da einige unbewusste Glaubenssätze gibt, die dein Leben bestimmen; Geschichten, die wir alle auszusperren versuchen, die uns widerstreben. Du wirst feststellen, dass Sätze wie „Ich bin nicht gut genug" oder „Ich habe nicht genug Zeit" oder „Keiner liebt mich" und alle möglichen anderen Dinge, die du nicht wahrhaben und denen du dich nicht stellen willst, über dich bestimmen. Du lernst nun, dir einzugestehen, dass du gegen einige Aspekte deines Erlebens einen Widerstand aufrechterhältst, und wie du diesen Widerstand auflösen kannst.

Es gibt buchstäblich Tausende dieser flüchtigen Glaubenssätze oder „Frequenzen", denen du zwar Widerstand leisten kannst, die dich aber irgendwann doch in die Falle locken. Es ist ziemlich unwahrscheinlich, dass du all diese Widerstände ein für alle Mal auflösen könntest und fortan vollkommen und auf immer von ihnen befreit wärst. Punkt eins: Während du durchs Leben gehst, dein Lied singst und dein Geschenk weitergibst, wirst du dich unweigerlich auch hin und wieder frustriert, verletzt, abgelehnt oder schockiert fühlen und neue Frequenzen werden klebrig und stoßen auf Widerstand. Punkt zwei: Je mehr dieser Frequenzen du in dir erlösen kannst, desto weicher werden auch deine Grenzen und deine Verteidigungsmechanismen und desto stärker wird auch dein Mitgefühl und dein Gefühl des Einsseins mit der gesamten Menschheit und mit allem Lebendigen. Und so machst du die Entdeckung, dass diese Frequenzen eigentlich gar nicht „zu dir gehören" – sie sind vielmehr universell. Jeder, wirklich jeder Mensch erlebt Momente, in denen er denkt „Ich bin nicht gut genug", „Keiner liebt mich" oder „Mir ist alles zu viel." Du hast dir diese Frequenzen nicht ausgesucht, und du kannst sie auch nicht verschwinden lassen. Sie sind Teil des „universellen Geistes“, zu dem wir alle Zugang haben, von dem wir uns aber nicht unbedingt definieren lassen müssen. Um in allen Bereichen deines Lebens wahrhaftig frei zu sein, um zu lieben und zu lachen und aus vollem Herzen deine Geschenke zu verströmen, ist noch ein weiterer Schritt notwendig.

Nehmen wir doch mal das Beispiel „Verlass mich nicht“, gegen das sehr viele Menschen sich wehren und in dem sie am Ende doch gefangen sind. Einem gut ausgebildeten Awakening Coach sollte es leicht fallen, dir dabei zu helfen diese Frequenz binnen weniger Minuten auf ein Maximum zu bringen und dich dann so tief zu entspannen, dass sie sich einfach auflöst und nichts als Leere zurücklässt. Danach kann dein Coach auch ihr Gegenteil, nämlich „Lass mich in Ruhe“ testen, das in den meisten Fällen damit einhergeht, und auch diese Frequenz auflösen. Du bist frei! Keiner der beiden Sätze hat jetzt noch eine Ladung.

Wenn du dann aber wieder zu deinem Ehepartner oder deinen Kindern oder Kollegen zurückkehrst, bist du es einfach gewohnt, auf eine ganz bestimmte Weise mit ihnen umzugehen. Dabei kannst du sehr leicht aus alter Gewohnheit in einschränkenden Verhaltensmustern steckenbleiben. Die Menschen in deinem Umfeld sind genau wie du daran gewöhnt, darum kann das gesamte soziale Gefüge aus dem Gleichgewicht geraten, wenn du nur ein bisschen daran rüttelst.

Einige dieser Gewohnheiten stammen noch aus deiner Kindheit. Der jahrzehntelange Widerstand gegen das Gefühl „Verlass mich nicht“ führt dazu, dass du anderen Menschen mit Mustern von Kontrolle oder Bedürftigkeit begegnest, oder ihnen alles recht zu machen versuchst. Viele von uns haben den Fehler gemacht zu glauben, dass ein innerer Prozess, der uns nur einen kleinen Vorgeschmack auf die Freiheit gibt, auf einen Schlag und wie von Zauberhand alles in Ordnung bringen kann: Jetzt sind wir endlich frei, unser Leben zu leben, fantastische Beziehungen zu führen, einen Haufen Geld zu verdienen, himmlischen Sex zu haben und die Welt zu verändern. Nur in den seltensten Fällen erweist sich das jedoch als zutreffend.

Ein guter Coach wird dich zu dieser einen grundlegenden Frage führen: Wenn du diesem Gefühl jahrzehntelang Widerstand geleistet hast und dieser Widerstand sich jetzt aufgelöst hat, welche neue Freiheit entsteht damit für dich? Wenn du diese Frequenz, ebenso wie ihr Gegenteil jetzt voll und ganz annehmen kannst, was wird dadurch für dich möglich, was dir zuvor nicht möglich war? Der Grund dafür, dass dein Coach dir Ermächtigungsübungen als Hausaufgabe gibt, ist der, dass er dich damit in die Lage versetzen möchte, jeden einzelnen Aspekt deines Lebens aus dieser neuen Freiheit heraus zu leben.

Beispiele aus dem wahren Leben

Am anschaulichsten wird diese neue Freiheit durch ein paar Beispiele aus dem wahren Leben, wie ich und andere Coaches sie während unserer Coachingsitzungen erlebt haben. Hier wird deutlich, wie das Radical Releasing ganz von selbst, ganz bestimmte und maßgeschneiderte Lösungen hervorbringt. Du findest Dutzende Beispiele für Übungen dieser Art in meinem Buch *Leap before You Look.*[27]

„Ich habe nicht genug Zeit." Larry war zwar längst pensioniert von seinem Beruf als Hypothekenmakler, dennoch fühlte er sich permanent unter Zeitdruck, überlegte sich ständig Sachen für seine To-Do-Liste und erzeugte so künstliche Fristen für sich. Nachdem er gemeinsam mit seinem Coach den Widerstand gegen diese Frequenz aufgelöst hatte, gab ihm der Coach eine Übung namens „Stopp." In zufällig gewählten Intervallen ging der Alarm seines Handys los: nach einer Stunde, dann wieder nach drei Stunden und zwölf Minuten und noch einmal nach fünfundfünfzig Minuten. Immer wenn dieser Alarm losging, sollte er innehalten, gar nichts tun und fünf Minuten lang einfach nur atmen und fühlen und seinen Körperempfindungen nachspüren. Nach ein paar Wochen war er in der Lage, wahrzunehmen, wie die Räder in seinem Inneren sich drehten, und der Druck löste sich auf.

„Sind doch alles nur Idioten." Als Michele das Coaching mit mir begann, hatte sie in weniger als zwei Jahren fünf Assistentinnen verschlissen. Sie hatte die unbewusste Angewohnheit, jeden in ihrer Umgebung für inkompetent zu halten. Weil sie ihrer Angst davor, Menschen nicht vertrauen zu können, Widerstand leistete und sie missbilligte, bildete sich um diese Angst herum eine emotionale Ladung. Je mehr sie sich bemühte, nicht kritisch und ungeduldig zu sein, desto destruktiver wurden ihre Ausbrüche, desto

[27] http://better-than-sex.kajabi.com/posts/leap-before-you-look

stärker hasste sie sich selbst dafür und desto heftiger traumatisierte sie ihre Angestellten. Es kostete uns nicht viel Mühe, die Frequenz „Sind doch alles nur Idioten" auf ein Maximum zu bringen und den beiden Extremen des Spektrums ihre emotionale Ladung zu nehmen. Die Ermächtigungsübung, auf die wir uns einigten, bestand darin, dass sie ganz bewusst Wertschätzung üben sollte. Ich schlug ihr vor, ihre Assistentin ruhig einzuweihen, dass sie eine Zeitlang eine Übung mache und sich im Zuge dessen für fünf Dinge bedanken sollte, in denen sie unterstützt wurde.

„Lach mich nicht aus." Pablo stammte aus einer großen Familie: Er war der jüngste von acht Jungs. Seine Brüder erkoren ihn zur Witzfigur der Familie und er hasste es. Er war ein kluger Junge und wurde eines Tages Professor an einer Universität. Doch der Widerstand dagegen, sich zum Narren zu machen, bestimmte nach wie vor sein Leben. Er erschuf sich eine Identität als äußerst ernsthafter und respektabler Mann. In seinem Job funktionierte das gut, doch wenn es um seine Freundin und sein Privatleben ging, schränkte ihn das sehr ein. Wir arbeiteten an den Frequenzen „Lach mich nicht aus" und „Lach mich bitte aus", bis die Spannung zwischen diesen Extremen verschwunden war und er sie beinahe so wahrnehmen konnte, als seien sie die Gedanken eines anderen. Die Übung, die ich Pablo nahelegte, musste er nur einmal durchführen. Sie wirkte wie eine hohe Potenz eines homöopathischen Mittels.

Pablo hielt regelmäßig vor hunderten Studenten Vorlesungen. Ich bat ihn, vor der nächsten Vorlesung in einen Kostümverleih zu gehen und sich dort einen Tierschwanz auszusuchen. Den sollte er sich hinten an der Hose befestigen, so dass er unter seinem Jackett hervor lugte. Zu Beginn der Vorlesung stand er seinen Studenten gegenüber. Alles war ganz normal. Doch als er sich umdrehte, um etwas an die Tafel hinter ihm zu schreiben, wurde der Schwanz für alle sichtbar. Es gab Geflüster und unterdrücktes Gelächter. Manche holten verstohlen ihre Handys hervor. Videos wurden gedreht. Ich hatte ihn gebeten, ganz normal weiter zu unterrichten und sich nicht zu dem Schwanz zu äußern.

Diese eine Übung, die nur eine Stunde dauerte, sollte Pablos Leben auf immer verändern. In Windeseile verlor er den Ruf des steifen, seriösen Professors auf dem Campus. Jetzt war er der Professor mit dem Schwanz. Nachdem man das auf Facebook gesehen hatte, begannen die Studenten und seine Kollegen öfter mit ihm zu scherzen.

Wenn mich neue Klienten um ein Coaching bitten, versuche ich ihnen klar zu machen, dass diese Arbeit für ihre Identität eine außerordentliche Bedrohung ist: dass alles sich unwiderruflich verändern könnte. Manchmal erzähle ich ihnen die Geschichte vom seriösen Pablo und frage sie, ob sie genauso bereit wären, ihre alte Identität sterben zu lassen und als jemand Neues wiedergeboren zu werden.

„Ich bin zu viel." Miriam ist eine Frau mit heftigen Gefühlen. Wenn sie wütend ist, ist diese Wut wie ein Tsunami, einfach aus dem Nichts heraus. Wenn sie traurig ist, hat sie das Gefühl, in einem Meer aus Tränen zu ertrinken. Als Kind hatte man ihr oft gesagt, dass ihre Gefühle einfach zu viel wären. Ihr Vater brachte ihr bei, dass man für jedes Gefühl einen guten Grund haben müsse. Als sie älter wurde, fühlte sie sich schuldig für ihre Gefühle und schämte sich ihrer. Sie entwickelte Strategien, sie unter Kontrolle zu halten, bis sie sich irgendwann ihrer Zensur entzogen und trotz allem hervorbrachen.

Wir lösten die Spannung um die Frequenzen „Ich bin zu viel" und „Ich bin nicht genug" auf, bis beide sich neutral anfühlten. Jetzt war sie bereit Ermächtigungsübungen zu machen, die ihr die Freiheit, frei zu atmen und sich ausdrücken zu können, schenken sollten.

Während der folgenden paar Wochen, nachdem wir die Spannungen aufgelöst hatten, arbeitete Miriam mit zwei Übungen. Als erstes bat ich sie, zwölf Gefühle aufzuschreiben, die möglichst unterschiedlich sein sollten. Was sie aufschrieb, war *„wütend, traurig, aufgeregt, frustriert, hoffnungslos…"* Als nächstes sollte sie sich aus ihrer Musikbibliothek für jedes dieser Gefühle je ein Stück aussuchen und diese Stücke zu einer Playlist zusammenstellen. Zweimal in der Woche zog sie den Telefon- und den Internetstecker heraus, schloss sich in ihrer Wohnung ein und ließ diese Playlist laufen. Sie ließ sich auf alle diese Gefühle ein, jeweils einige Minuten lang und völlig grundlos. Sie lernte, zu fühlen – eigentlich lernte sie, Gefühle aus sich selbst heraus zu erzeugen –, ohne dafür einen Grund oder eine Rahmenhandlung zu benötigen. Ich ermutigte sie, sich von ihrem Bedürfnis, sich stets angemessen zu verhalten, zu befreien.

Miriams Ermächtigungsübungen umfassten jedoch noch einen zweiten Teil. Ich schlug ihr vor, sich ein paar Minuten Zeit zu nehmen, um genau auf die Gefühle zu achten, die zu jeder Zeit in ihr aufsteigen. Jeden Tag nur ein paar Minuten. Wenn sie mit anderen zusammen war, so schlug ich ihr vor, sollte sie diese Menschen wissen lassen, wenn sie ein bestimmtes Gefühl bemerkte. Wenn sie eine Welle des Zorns wahrnahm, dann sagte sie es den anderen. Wenn sie dann jemand fragte, warum sie so fühlte, sagte sie nur: „Es gibt keinen Grund, ich bin einfach gerade zornig. Ich genieße es und es geht wieder vorbei.“ Auf diese Weise lernte Miriam, sich in relativ kurzer Zeit wieder mit ihren Gefühlen anzufreunden. Die Folge war, dass ihr Herz sich öffnete und sie ihre wahren Gaben viel besser weitergeben konnte.

À la carte

Es gibt buchstäblich genauso viele Ermächtigungsübungen wie Coaching Klienten. Da gibt es kein festgelegtes Menü: jede Übung kommt à la carte. Dies ist vermutlich die wichtigste Fähigkeit, die ein Awakening Coach mitbringt: Mit einer kunstvollen Mischung aus Intuition, Mitgefühl und Humor findet der Coach genau die richtigen Übungen, die seinen Klienten biegsamer machen und leicht herausfordern, ohne ihn dabei in Stress zu versetzen oder Widerstände zu wecken.

Wie du bereits bemerkt haben dürftest, gibt es eine Vielzahl von Kategorien, denen sich unsere Ermächtigungsübungen zuordnen lassen. Einige Übungen muss man nur einmal durchführen, um eine Angst vor etwas, das man bislang immer gemieden hat, zu durchbrechen und neue Möglichkeiten der Freiheit zu erfahren. Pablo und sein Schwanz sind das Paradebeispiel. Andere Übungen sind ebenfalls einmalig, befassen sich aber mit etwas, das du schon immer einmal machen wolltest, das sich immer ganz natürlich angefühlt hat, das du aber doch nie getan hast, entweder weil du dich nicht für würdig befunden hast oder weil du es dir aus irgendwelchen Gründen nicht erlauben konntest. Sarah zum Beispiel hat sich nie zugestanden, einmal auszuschlafen oder gar einen Tag frei zu nehmen. Sie hätte es gern getan, war aber überzeugt von dem Gedanken „Müßiggang ist Teufelswerk.“ Nach dem Radical Releasing bestand ihre Übung darin, einen ganzen Sonntag lang im Bett zu bleiben, sich im Fernsehen Seifenopern anzuschauen und Illustrierte zu lesen. Das musste sie nur ein einziges Mal tun, um sich von ihrem selbst auferlegten Ausruhverbot zu befreien.

Dann gibt es Übungen, die anders funktionieren: Sie entsprechen eher einem steten Tropfen und wirken am besten, wenn sie täglich einige Minuten lang gemacht werden. Vor Jahren, als meine Frau und ich noch ganz frisch zusammen waren, bemerkten wir beide, dass ich auf eine subtile und klammheimliche Art dazu neigte, besitzergreifend zu sein. Eifersucht auf die feine englische Art: nicht offensichtlich, sondern nur aus dem Augenwinkel heraus wahrnehmbar. *„Warst du am Telefon, Schatz? Gut, gut. Mit wem hast du denn geredet … ach, mit einem Freund. Ja. Jemand, den ich kenne? … Ach, jemand von früher. Alles klar. Alles klar. Tja, also, war's denn ein Mann oder eine Frau …?"* Ich brauchte eine Übung, der ich jeden Tag ein paar Minuten widmen konnte, um etwas offen und laut auszuleben, was ansonsten unter der Oberfläche brodelte. Also erfanden wir Luigi aus Neapel. Jeden Tag durfte ich mich fünf Minuten lang in meiner Eifersucht austoben. In breiten neapolitanischem Akzent, plapperte ich drauf los: *„Höre mir su, Miiiiststuck. Duuuu biste meine Frau. Klaaaro? Du guckste keine andere Manne an, klaaar? Nur miiiisch, nur Luigi. Ey, wenne du misch betrugste, werde isch disch toten, genaue wie die andere, klaaar?"* Wir hatten eine Menge Spaß mit Luigi und schon nach kurzer Zeit war Eifersucht kein Thema mehr. Es war etwas, worüber man lachen konnte, anstatt sich dessen zu schämen.

Manche Übungen dienen auch dazu, sich jeden Tag für ein paar Minuten in neue und kreative Gewohnheiten einzuleben. Als ich Michele auftrug, sich in Wertschätzung zu üben, trainierte sie damit einen unentwickelten Muskel.

Grundprinzipien

Jeder Coachingklient erhält eine einzigartige und maßgeschneiderte Kombination verschiedener Ermächtigungsübungen, doch es gibt ein paar wesentliche Grundprinzipien, die der Kunst, solcherlei Übungen zu ersinnen, zugrunde liegen. Einige davon möchte ich dir an dieser Stelle kurz vorstellen.

- **Eine erworbene Kunst.** Einige der anderen Fähigkeiten, die ich dir in diesem Buch bereits vorgestellt habe, lassen sich recht einfach in wenigen Wochen erlernen. Ermächtigungsübungen zu ersinnen, ist dagegen eine Kunstform, die ein wenig mehr Zeit und Übung bedarf, bevor man sie wirklich beherrscht. Vielleicht kennst du diese Geschichte über ein Appartementhaus in New York. Es handelte sich um ein dreißigstöckiges Sandsteinhaus aus dem neunzehnten Jahrhundert mit einer alten Heizungsanlage im Keller. Eines Tages ging die Heizungsanlage kaputt und der Gebäudeverwalter rief einen Handwerker an. Der Handwerker kam und sah sich ein paar Minuten lang in dem Gewirr aus

Rohren und Entlüftungsöffnungen im Keller um. Schließlich zog er einen Hammer aus der Tasche und schlug damit einmal ordentlich auf ein bestimmtes Rohr in der Ecke. Daraufhin nahm die gesamte Anlage ihren Betrieb wieder auf. Der Handwerker machte seine Tasche wieder zu und schrieb eine Rechnung über 1.000 Dollar. Da regte sich der Gebäudeverwalter lauthals auf: „Sie waren doch nur fünf Minuten hier!“ Der Handwerker nickte, zerriss die Rechnung und stellte eine neue aus: „Gebühr für vor-Ort-Besichtigung mit Hammerschlag: 10 Dollar. Gebühr für das Wissen, welches Rohr zu schlagen war: 990 Dollar.“ Ein richtig guter Coach weiß, auf welches deiner Rohre er mal ordentlich drauf hauen muss, damit der dir eigene Mechanismus aus Kreativität, Liebe und Lebendigkeit wieder seine Arbeit aufnimmt. Zu wissen, auf welches Rohr man dafür schlagen muss, ist eine erworbene Kunst.

- **Die Freiheit testen.** Die Frage, die sich hinter diesen Übungen verbirgt, lautet immer: Was könnte die Person jetzt tun, wenn sie wahrhaftig von den Widerständen und Einschränkungen in ihrem Inneren befreit wäre? Daher sind die Übungen sehr gut geeignet, um zwischen vorübergehenden veränderten Bewusstseinshöhepunkten und dauerhaften, fortgeschrittenen Bewusstseinszuständen, die von wahrer Fortentwicklung und Reife zeugen, zu unterscheiden. Beispielsweise könnte sich ein Mensch ein Leben lang gegen das Gefühl „Mit mir stimmt etwas nicht“ wehren und dann vollkommen von seinem Widerstand gegen diese Frequenz beherrscht werden. Einige dieser Leute erschaffen sich ein komplexes und undurchdringliches Leben, um sich selbst und anderen zu beweisen, dass sie wirklich okay sind. Trinken, Sex, Ruhm, Geld, Betäubungsmittel – es gibt unzählige Möglichkeiten, die Fassade aufrecht zu erhalten und dabei die Auseinandersetzung mit dem instabilen Fundament zu meiden. Doch dann tauchen die Gefühle plötzlich wieder auf und verlangen nun nach einer weitaus stärkeren Dosis. Wenn eine solche Person sich vom Widerstand gegen diese Gefühle wahrhaftig und vollkommen befreien würde, was wäre sie dann in der Lage, zu tun? Wahrscheinlich könnte sie sich ohne Probleme, ohne sich schlecht dabei zu fühlen, in völlig verdreckten Klamotten vor den Supermarkt setzen und um etwas Kleingeld betteln. Sie wäre imstande, Menschen, die sie in der Vergangenheit verletzt hatte, um ehrliches Feedback zu bitten; jeden Tag eine Person, mehrere Wochen lang, und das Ganze als positive

Erfahrung werten. Übungen sind demnach auch eine Möglichkeit, auszutesten, wie tief die neu erworbene Freiheit reicht.

- **Neue Nervenbahnen anlegen.** Durch Übungen lässt sich nicht nur die Reichweite der neu erworbenen Freiheit austesten, sie dienen auch dazu, schwache Muskeln zu stärken und neue Seiten an dir zu entdecken, die vielleicht jahrzehntelang verkümmert waren oder im Verborgenen schlummern mussten. Ironischerweise könnte sich dabei herausstellen, dass einige dieser Schwachstellen eigentlich zu deinen größten Stärken gehören, die nur leider frühzeitig in deinem Leben unterdrückt wurden. Françoise war zum Beispiel ein unheimlich kreatives Kind. In der Schule hat sie gemalt, Musik gemacht, getöpfert, Collagen erstellt und Skulpturen erschaffen. Doch wie jeder andere von uns wurde auch sie von ihrer Familie, ihrer Kultur und der kalten, strengen Umgebung des Minnesotas der 1960er Jahre darauf konditioniert, dass man für eine solche knospende kreative Energie wie die ihre nur belächelt wurde. Ihr Leben lang hat sie darum gekämpft, ihre wahre Begabung zu finden, und dabei immer ihre frühkindliche Liebe zur Kunst verleugnet. Nachdem wir durch die Techniken des Radical Awakenings und des Radical Releasings etwas in ihr geöffnet hatten, bestand ihre Übungsaufgabe schlicht darin, einmal die Woche einen Kunstkurs zu besuchen und jeden Tag mindestens dreißig Minuten lang zu malen. Dieses Versprechen genügte schon, neue Nervenbahnen anzulegen und nach sechs Monaten hatte sie ihre erste Ausstellung. Als diese Nervenbahnen erst einmal angelegt waren, bestand eigentlich kaum noch Gefahr, dass sie wieder zerstört werden würden. Inzwischen hat sie regelmäßige Ausstellungen und arbeitet Vollzeit als Künstlerin.

- **Einzigartigkeit.** Wie wir ja bereits erörtert haben, ist das wichtigste an diesen Übungen, dass sie genau auf die betreffende Person zugeschnitten sind. Genau darin unterscheidet sich der Ansatz, mit Hilfe von Coaching ein Leben aus dem Erwachen heraus zu etablieren, grundlegend vom alten Modell „eine Größe für alle", wo alle dasselbe Mantra singen, dieselben Yogahaltungen einnehmen oder dieselben Bücher lesen. Doch was für den einen Nahrung ist, kann für den anderen Gift sein, und dieselbe Übung, die in dieser Woche absolut perfekt für dich ist, wäre in der vergangenen Woche vielleicht noch viel zu schwierig und stressig gewesen und könnte dich in der nächsten Woche bereits langweilen, weil sie längst überflüssig geworden ist. Coaching ist ein Prozess, in dem es auf Zusammenarbeit ankommt und der auf den Klienten zugeschnitten ist.

- **Beiderseitiges Einvernehmen.** Wenn eine Übung für einen Klienten perfekt ist, dann werden das sowohl der Coach als auch der Klient sofort spüren. Die perfekte Übung fügt niemandem irgendwelchen Schaden zu, sondern weckt in allen Beteiligten noch mehr Lebendigkeit, Humor und kreative Möglichkeiten. Die Person, auf die sie zugeschnitten ist, lacht dann oft laut los vor Aufregung, als wollte sie sagen: „Erwischt. Du hast mich. Das trifft den Nagel auf den Kopf."
- **Homöopathische Dosen.** Die richtige Übung ist kurz: nur ein paar Minuten am Tag über mehrere Wochen hinweg oder hin und wieder eine einmalige Geschichte, die ein oder zwei Stunden einnimmt. Es ist alles eine Frage der richtigen Dosierung. Eine kleine Dosis der richtigen Übung kann wesentlich effektiver sein, als den ganzen Tag lang zu versuchen, ein anderer Mensch zu werden. Michele habe ich damals gebeten, über mehrere Wochen hinweg jeden Tag für fünf Dinge Wertschätzung zu zeigen. Und es hat funktioniert! In Kombination mit dem Radical Releasing löste ihre Gewohnheit, sich ein Leben lang vor der Inkompetenz der anderen zu fürchten, schließlich auf. Hätte ich sie gebeten, den ganzen Tag freundlich und geduldig zu sein, wäre das für sie eine viel zu große Herausforderung gewesen, und sie hätte so heftigen Widerstand dagegen entwickelt, dass ihr am Ende nur ein Gefühl des Scheiterns und der Hoffnungslosigkeit geblieben wären.
- **Rechenschaftspflicht.** Zu guter Letzt ist es noch von größter Wichtigkeit, dass man jemandem Rechenschaft ablegen muss. Beim Awakening Coaching bekommt der Klient für einen Zeitraum von zwei Wochen fünf oder sechs Übungen, die in der Summe vielleicht zwanzig bis dreißig Minuten am Tag erfordern. Jeden Tag sendet der Klient seinem Coach dann einen kurzen Bericht. Das ist wie ins Fitnessstudio gehen. Wenn du einem Trainer Rechenschaft ablegen sollst, stehen die Chancen, dass du wirklich hingehst, ungleich höher. Agierst du aber ganz allein, ist es sehr leicht, Dinge aufzuschieben oder hinauszuzögern und das Gefühl, von äußeren Mächten, die sich deiner Kontrolle entziehen, bestimmt zu sein, verstärkt sich noch. Durch die täglichen Berichte kann der Coach die Ermächtigungsübungen jederzeit optimieren, bis sie „gerade richtig" für dich sind. Sind die Übungen zu anstrengend, fühlt sich der Klient überfordert und angespannt und wird schnell aufgeben. Sind die Übungen zu

leicht, besteht gar keine Herausforderung und der Klient wird sich langweilen und das Gefühl bekommen, das Coaching sei nicht effektiv. Die Gabe, eben diesen schmalen Grat zwischen zu anstrengend und zu leicht zu finden, ist es, was einen hervorragenden Coach ausmacht.

Das ist Katharina

Nun sitzen wir schon eine Weile zusammen und unterhalten uns über Übungen und siehe da, es sind noch eine ganze Menge weiterer Leute zur Party gekommen. Ich möchte dir Katharina Rieder vorstellen, sie stammt aus Wien. Katharina liebt es, sich beim Coaching gute Übungen auszudenken, wahrscheinlich, weil ihre eigene Erfahrung so besonders gewesen ist:

Hallo, nett, dich kennen zu lernen. Ich lebe in Wien, flog aber den weiten Weg nach Stockholm in Schweden, um dort an der Ausbildung zum Awakening Coach teilzunehmen. Obwohl mich diese Arbeit mit Menschen sehr interessierte und faszinierte, war ich dennoch überzeugt, dass aus mir nie ein Coach werden könnte. Das war so eine Angewohnheit von mir, dieses Gefühl, niemals irgendetwas richtig zu machen, weil ich nun mal ein hoffnungsloser Fall war. Das war zwar ziemlich unrealistisch, denn ich kannte mich gut in den Neurowissenschaften aus. Am dritten Tag der Ausbildung lernte ich die Technik des Radical Releasing kennen. Ich arbeitete zunächst mit der Aussage „Ich werde es nie schaffen" und dann mit dem Gegenteil „Ich werde es schaffen." Ich war überrascht, wie leicht es war, die emotionale Spannung aus beiden Sätzen zu nehmen, bis keiner der Sätze mehr einen Sinn für mich ergab.

Als wir von unseren Übungsgruppen zurückkehrten, war es Zeit fürs Mittagessen. Ich weiß noch, wie Arjuna für jeden Übungen vorschlug, um deutlich zu machen, dass sich spezifische Übungen wie von selbst aus dem Radical Releasing ergeben. Später lernten wir auch, uns füreinander Übungen auszudenken. Als ich an der Reihe war, fragte er die Gruppe: „Wenn die Spannung, der Schrecken aus dem Satz „Ich werde es nie schaffen" heraus genommen ist, was sollte sie dann jetzt tun können? Welche neue Freiheit darf sie jetzt leben?"

Es wurde darüber diskutiert, was wohl die beste Übung für mich wäre. Schließlich wurde beschlossen, dass ich mich die gesamte Mittagspause lang, die gut zwei

Stunden dauerte, wie jemand mit einer geistigen Behinderung benehmen sollte. Als ich das hörte, war ich schockiert. Ich hatte keine Vorstellung davon, wie das aussehen sollte. Noch dazu kam es mir politisch unkorrekt vor, so zu tun, als sei ich behindert. Doch gleichzeitig spürte ich, wie mein Körper darauf reagierte – und ich brach in Lachen aus. Auf einmal kam es mir sehr komisch vor und ich spürte eine ungemeine Erleichterung. Allein die Vorstellung davon hatte schon etwas in mir befreit.

Wir gingen also gemeinsam ganz langsam die paar Straßen vom Ausbildungsgebäude zum Restaurant. Fast alle der anderen Schüler waren Schweden und redeten natürlich auch schwedisch, was mir die Übung wesentlich erleichterte. Es gab mir die Freiheit, alles zu vergessen, was ich für korrekt und angemessen hielt, und einfach zu tun, was mir gerade in den Sinn kam. Ich machte lauter verrückte Sachen, erschreckte Menschen auf der Straße, lief mit völlig verzerrtem Gesicht herum oder redete unsinniges Zeug. Mir wurde überdeutlich bewusst, dass mir tatsächlich völlig egal war, was andere von mir hielten.

Am Anfang fiel es mir noch schwer, doch nach einer Weile machte es richtig Spaß. Ich fand einfach alles urkomisch. Ich beobachtete die Menschen im Restaurant und äffte sie nach, indem ich alles, was sie taten, übertrieb. Manche waren recht verwundert, doch zum ersten Mal in meinem Leben war mir das gleich. Ich wusste ja, dass es eine Übung war, und konnte die Reaktionen ganz ohne Emotionen einfach nur beobachten. Mir wurde klar, wie wichtig es mir tatsächlich ist, was andere Menschen über mich denken, selbst Menschen, die ich gar nicht kenne und denen ich nie wieder begegnen werde. Das befreite eine Menge in mir.

Ich saß mit zwei anderen Teilnehmern aus der Ausbildungsgruppe zusammen. Der eine war Anwalt und ein ziemlich geradliniger Typ. Er sollte mich unterstützen und machte sich Sorgen, die Leute könnten komisch reagieren. Wir bestellten beide einen Kaffee, und zwar genau denselben Kaffee. Die Bedienung kam an unseren Tisch und stellte die Tassen ab: eine vor mir und eine vor ihm. Ich vertauschte die Tassen. „Seiner ist viel besser als meiner. Ich will den anderen." Die Kellnerin versuchte, zu erklären, dass es genau derselbe Kaffee sei. Sie war sehr freundlich und geduldig, denn sie ahnte schon, dass ich wohl eine geistige Behinderung hatte. Ich lernte also, dass, wenn man eine bestimmte Persönlichkeit oder eine Rolle annimmt, sich die Menschen ziemlich schnell darauf einstellen. Wenn du zu einem

Verrückten wirst, erlaubt dir die Welt, eben so zu sein. Sie spiegelt dir genau die Identität, die du ausstrahlst. Das Witzige ist: Als wir zwei Tage später wieder in dasselbe Restaurant kamen und ich mich völlig normal benahm, war sie davon kein Stück beeindruckt.

Auf dem Rückweg vom Restaurant hatte ich einen Heidenspaß daran, mich hinter einem großen Schneehaufen zu verstecken. Ich wartete auf meine Freunde und eine Sekunde, bevor sie an mir vorüber gingen, sprang ich hervor und brüllte laut los. Ich habe noch viele solcher Dinge gemacht, wie ein kleines Kind, genau die Art von Dingen, die mein Sohn jeden Tag macht. Das war äußerst befreiend. Ich war durchströmt von einer ungeheuren Kreativität. Zwei Stunden lang fiel mir alle paar Minuten irgendetwas Neues ein.

Nach dieser Übung hatte sich etwas in mir zutiefst verändert. Der Druck, immer alles „schaffen" zu wollen, ist seit jenem Tag wie weggefegt. Ich mache mir nicht mehr so viele Sorgen und mache Dinge viel spontaner. Den größten Teil meines Lebens bin ich ein sehr schüchterner Mensch gewesen; es fiel mir nicht leicht, mich auf Fremde einzulassen. An jenem Tag in Schweden habe ich erkannt, dass all das nur meiner Angst davor entsprang, was die Leute von mir denken könnten, und sobald ich die Sorge darum losgelassen hatte, verspürte ich ungeheure Erleichterung.

Heute liebe ich es, mir als Coach selbst solche verrückten Übungen auszudenken. Allein, wenn ich eine solche Übung beschreibe, wird schon Energie freigesetzt; oft fangen die Leute an zu lachen. Erst heute wieder führte ich mit einer Klientin ein Radical Releasing zu dem Satz „Ich bin nicht wichtig" und seinem Gegenteil „Ich bin wichtig" durch. Am Ende gab ich ihr folgende Übung auf: Das nächste Mal, wenn ihr Mann Fußball schaute, sollte sie sich einige Minuten lang vor den Fernseher stellen und mit weit ausholenden Gesten mit den Armen herum wedeln, so dass er keine Chance hatte, auch nur das Geringste vom Spiel mitzubekommen, und dabei wie eine Opernsängern zu trällern: „Ich bin viel wichtiger und spannender als Fußball."

Es gibt über tausend Awakening Coaches auf der Welt, die ihren Klienten solche Ermächtigungsübungen aufgeben. Wenn du also das nächste Mal einen Mann im Anzug dabei beobachtest, wie er mit ein paar Kindern auf der Straße Himmel-und-Hölle spielt, oder eine schüchterne Frau, die plötzlich mitten im Restaurant aufsteht und mit dem

Pfefferstreuer als Mikrofon-Ersatz einen Britney Spears Song zum Besten gibt, kannst du davon ausgehen, dass diese Leute Hausaufgaben machen, die sie von ihrem Coach bekommen haben.

Je öfter du erfährst, dass Freiheit ohne Grenzen deinem wahren Seinszustand entspricht, desto mehr wirst du deine eigenen Widerstände erkennen und auflösen können. Und je stärker du dieses neue Bewusstsein mit Hilfe von Übungen in deinen Alltag integrierst, desto stärker wird sich auch etwas gänzlich Neues in dir entfalten, wie eine Blume, die aus rissiger Erde sprießt. Du ahnst sicher schon, dass alles, worüber wir bisher gesprochen haben, nur eine Vorbereitung auf das Hauptereignis ist, für das du ja eigentlich hierhergekommen bist. Du trägst ein einzigartiges Geschenk in dir, das nur darauf wartet, befreit zu werden. Ist dieses Geschenk erst einmal aktiviert, wird deine ganze Welt im Licht erstrahlen.

KAPITEL 11

Das Hervorbringen des einzigartigen Geschenks

Alles, womit wir uns bislang beschäftigt haben, diente dazu, dich selbst und dein Leben wieder in die richtige Bahn zu lenken. Sobald du diese Dimension deiner selbst, die unendlich ist, erst einmal entdeckt hast, sobald du es verstehst, die Blockaden, die dich daran hindern, deiner wahren Natur Raum zu geben, zu erkennen und sie aufzulösen, sobald dir die maßgeschneiderten Übungen erst zur Verfügung stehen, mit deren Hilfe du automatische Denkmuster durch neue kreative Möglichkeiten ersetzen kannst, mag es dir scheinen, als wäre die Aufgabe erledigt. Auf einer Skala von eins bis zehn befindet sich dein Leben jetzt bei einer zwölf.

Und dennoch … Ja, es gibt auch hier wieder ein „aber". Das Geld kann fließen, du kannst bei bester Gesundheit sein, gute Beziehungen in der Familie und mit deinem Ehepartner führen und trotzdem das Gefühl haben, dass in deinem Leben irgendetwas Wesentliches fehlt. Und auch wenn das jetzt eine Menge spiritueller Theorien auf den Kopf stellt: Du kannst sogar einen guten Zugang zum unendlichen Bewusstsein haben – eine gut ausgeprägte Fähigkeit zur Meditation und dazu, dich wie ein Tautropfen im Ozean aufzulösen – und dennoch das Gefühl haben, dass etwas in deinem Leben fehlt.

Wie du vielleicht weißt, habe ich in den letzten zwanzig Jahren hunderte Interviews mit Menschen geführt, die außergewöhnliche Zustände der Erfüllung erleben. Ihnen fehlt es an nichts. Alles ist unfassbar wunderbar. Wo liegt also das Geheimnis? Worin genau liegt der entscheidende Unterschied zwischen einem Leben, das zwar auf dem Papier einen ganz guten Eindruck macht, und dem überwältigenden Gefühl der Dankbarkeit, der Erfüllung und des Fließens?

Es ist nicht etwa toller Sex oder Geld oder Ruhm. Nein, es ist vielmehr die Wirkung, die du auf andere Menschen hast. Ein Mensch, der außergewöhnliche Erfüllung empfindet und für den jeder Tag mit dem Gefühl „Ah! Heute habe ich wieder voll und ganz gelebt" endet, spürt und weiß für gewöhnlich auch, dass er auch auf andere einen grundlegenden Einfluss nimmt. Er gibt unglaublich viel. Durch diese Interviews für meine Bücher, aber auch durch den Spiegel meiner Coachingklienten und Schüler bin ich zu der Erkenntnis gelangt, dass ausnahmslos jeder Mensch auf diesem Planeten dazu geboren wurde, der Welt ein einzigartiges Geschenk zu machen.

Es ist nicht immer das, was du liebst

In der Welt der New Age-Spiritualität gibt es eine Philosophie, die dazu rät, dem Weg der Freude zu folgen. Der Gedanke dahinter ist, wenn man stets das tut, was einem am meisten Freude bereitet, wird das zu einem glücklichen und erfolgreichen Leben führen, in dem man zudem noch jede Menge Geld verdient. „Tu, was du liebst", heißt es in einem Buch dieser Szene, „das Geld folgt dann." Durch meine Erfahrungen in der Arbeit mit tausenden von Menschen in den letzten Jahrzehnten muss ich diesen Gedanken allerdings stark in Zweifel ziehen. Ich begegne einer Menge Menschen, die so viel Zeit wie möglich darauf verwenden, zu tun, was ihnen Spaß macht, und dabei alles meiden, was schmerzhaft, schwierig oder anstrengend ist. Um sich zu schützen, gehen sie dem aus dem Weg, was sie als negative Energie wahrnehmen. Doch weder fließt bei diesen Menschen das Geld noch fühlen sie sich wirklich erfüllt.

In Indien nennt man es „dem Dharma folgen", wenn man das Geschenk hervorbringt, das hervorzubringen man geboren wurde. In der *Bhagavad Gita* trägt Krishna Arjuna auf, seinem Dharma in die Schlacht von Kurukshetra zu folgen. Arjuna wollte gar nicht kämpfen, aber es war seine Pflicht; es war die ihm zugeschriebene Rolle in der größeren Ordnung der Dinge. Auch wir erleben immer wieder Augenblicke wie diesen. Wenn dein Kind in Gefahr ist, wenn ein wichtiges Projekt noch im Freien steht und es fängt an zu regnen oder wenn ein Team sich darauf verlässt, dass du einen Termin einhältst, fragst du dich in dem Augenblick wahrscheinlich nicht, wo dich jetzt der Weg der Freude hinführen würde. Du tust einfach, was zu tun ist. Die Folge davon ist, dass du etwas noch sehr viel Wichtigeres erfährst, als Spaß zu haben und Schmerz zu vermeiden: Du entdeckst ein Gefühl der Integrität und der Sinnhaftigkeit.

Erinnerst du dich noch an Connie, die wir vorhin getroffen haben? Sie arbeitete jahrzehntelang im UC Davis Medical Center mit todkranken Krebspatienten. Wenn sie heute darauf zurückblickt, merkt sie, dass dieser Job sie fast umgebracht hat. Es war der stressigste Job, den man sich nur vorstellen kann. Rund um die Uhr trug sie einen Beeper bei sich und wenn der losging, musste sie sofort ganz schnell irgendwohin. Fast jeder Patient, mit dem sie arbeitete, starb. Doch sie hat diesen Menschen ein ungeheures Geschenk gemacht. Sie begleitete so viele Menschen, einige davon mit kleinen Kindern und einem scheinbar erschreckend unvollständigen Leben, auf liebevolle Weise dabei, dem Tod entgegenzugehen. Sie würde nie behaupten, dass dieser Prozess vergnüglich gewesen wäre. Doch sie wusste ohne jeden Zweifel, dass es ihre Aufgabe war, Menschen in dieser Weise zu dienen, es war ihr Schicksal, ein Großteil dessen, weshalb sie hier auf diese Erde gekommen war. Indem sie ihr „Dharma" lebte, verringerte sie auch ihren Stress und dabei wurde sie zu keiner Zeit von Eigennutz getrieben.

Dies ist der Schlüssel. Das einzigartige Geschenk, das du in die Welt zu tragen geboren wurdest, ist mit einem Geschenkkärtchen versehen. Genau wie bei den Präsenten unterm Weihnachtsbaum steht darauf geschrieben, von wem es stammt und für wen es bestimmt ist. Dein Name ist der des Schenkenden, du bist jedoch nicht der Empfänger deines einzigartigen Geschenks. Du schenkst es und alle Menschen, die in deine Nähe kommen, profitieren davon.

Niemand ist wie du

Nimm dir einen Moment Zeit und schau dir einmal deinen rechten Daumen an. Dreh ihn um und betrachte die Unterseite. Dort siehst du viele gewundene Linien. Auf diesem Planeten leben sieben Milliarden Menschen und kein einziger davon hat den gleichen Fingerabdruck wie du. Wenn die Polizei an einem Tatort Fingerabdrücke nimmt, so kann sie diese auf einen einzigen Menschen zurückführen. Und nicht nur das: Ein Kindheitsfreund von mir arbeitet inzwischen bei Scotland Yard und er erzählte mir, dass es in der gesamten Menschheitsgeschichte noch nie jemanden gegeben hat, der die gleichen Fingerabdrücke hatte wie du. Unter all den Menschen, die irgendwann einmal gelebt haben, bist du einzigartig. Es gibt auch niemanden, der das gleiche Gesicht oder denselben Körper hat wie du. Menschen können einander zwar ähneln, doch selbst bei eineiigen Zwillingen lässt sich mit der Zeit der Unterschied erkennen.

Auch dein energetischer Fingerabdruck ist einzigartig. Es gibt ein Lied, das nur von dir gesungen, einen Tanz, der nur von dir getanzt werden kann. Eine der Aufgaben eines Geburtshelfers des Erwachens besteht darin, dieses einzigartige Geschenk durch all die

Schichten des durch jahrelange Konditionierung angesammelten Gerölls und Schutts hindurch zu erkennen und dir dabei zu helfen, es hervorzubringen. Das Tragische ist nur, dass, obwohl wir alle ein so einzigartiges Geschenk besitzen, viele Menschen ihr Leben leben und schließlich sterben, ohne dieses Geschenk je gegeben zu haben.

Ehe wir fortfahren, möchte ich etwas klarstellen. Wenn wir von einem einzigartigen Geschenk sprechen, dann kann damit durchaus die Art gemeint sein, wie du deinen Lebensunterhalt verdienst, aber das muss nicht sein. Nur in den allerwenigsten Fällen stimmen das einzigartige Geschenk und deine Einnahmequelle tatsächlich überein, oft sind sie sogar sehr unterschiedlich. Dein einzigartiges Geschenk ist jene ganz besondere Qualität, jenes besondere Aroma, das du mit auf diesen Planeten gebracht hast, bevor du auf irgendetwas konditioniert wurdest.

Du kannst dieses Geschenk bei einem kleinen Kind von zwei oder drei Jahren spüren, manchmal sogar bei einem neugeborenen Baby. Jedes Kind besitzt einzigartige Merkmale. Wahrscheinlich würdest du nie zu seinen Eltern sagen: „Oh, was für ein entzückendes Kind. Womit verdient es denn seinen Lebensunterhalt?" Diese Frage ist nicht relevant. Ein Kind isst und schläft und spielt – es spielt sogar die meiste Zeit über. Das einzigartige Geschenk eines Kindes ist das, was es durch seine pure Anwesenheit Familie und Freunden einfach schenkt. Mit großer Wahrscheinlichkeit hat dieses Geschenk mit einer ganz speziellen Art und Weise zu tun, mehr Freude, mehr Lebendigkeit, mehr Humor, mehr Wärme und mehr Zärtlichkeit in eine Situation zu bringen. Dementsprechend kann auch dein eigenes einzigartiges Geschenk leichter fließen, wenn du entspannt und in spielerischer Stimmung bist. Im Urlaub beispielsweise fließt es vielleicht im Überfluss oder wenn du es dir daheim gemütlich machst. Das sind keine Momente, in denen du arbeitest, du erledigst keinen Job und möglicherweise gewinnt genau dann das Geschenk an Kraft.

In den meisten von uns ist dieses Geschenk zugedeckt von dem, was andere Leute glauben, was wir mit unserem Leben anfangen sollten, von den vielen spürbaren und praktischen Ängsten und Sorgen, die ein Leben in einer Ellenbogengesellschaft so mit sich bringt. So kommt es, dass bei den meisten von uns, sobald wir das Erwachsenenalter erreicht haben, unser einzigartiges Geschenk und das, womit wir den Großteil unserer Zeit verbringen, völlig voneinander getrennt sind.

Es vergeht kaum ein Tag, da meine Frau Chameli und ich uns nicht für das bedanken, womit wir gesegnet sind. Wir haben einander, wir haben zwei wunderbare junge Männer zusammen großgezogen, wir haben ein schönes Zuhause. Doch das Wichtigste ist, dass wir beide uns des Privilegs, jeden Augenblick des Tages genau das tun zu können, was uns am meisten am Herzen liegt, deutlich bewusst sind. Du kennst bestimmt diese alte Lagerfeuer-Frage: „Was würdest du tun, wenn du eine Million Dollar hättest und nicht arbeiten müsstest?“ Wir beide würden genau das tun, was wir jetzt schon machen. Aber das empfinden wir zu keiner Zeit als Selbstverständlichkeit. Uns ist klar, dass dies in unserer heutigen Welt ein seltenes Glück ist. Das ist das wichtigste Thema, das in einem Coaching bearbeitet werden kann.

Wenn ich so über mein eigenes Lebensglück nachdenke, blicke ich oft zurück auf die Leben meiner beiden Großväter.

Desmond, der Vater meiner Mutter, ist in Nordirland auf einem großen Anwesen aufgewachsen. Er liebte es, im Freien zu sein; er war ganz fasziniert von Pflanzen, von der Magie, durch die lebendige Dinge aus der Erde hervor sprießen. Diese Liebe war sein einzigartiges Geschenk, ein Großteil dessen, weshalb er geboren wurde. In seinen Teenagerjahren kam er auf die Idee, auf dem Familienanwesen einen Gemüsegarten anzulegen und dort mit Pflanzen, Früchten und Gemüsen zu arbeiten, wie es seinem Wesen entsprach. Sein Vater allerdings befand, dies sei kein passender Beruf für jemanden seiner „Klasse“ im Nordirland der damaligen Zeit. Also schickte man ihn nach London, um Börsenmakler zu werden. 1928 kam die Weltwirtschaftskrise und wenige Jahre später erlitt mein Großvater einen Nervenzusammenbruch. Er hat sich nie wieder richtig davon erholt. Obwohl es ihm gelang, zum Geschäftsführer des Flyfisher's Club in London aufzusteigen, hat er es sein Leben lang bereut, nicht das getan zu haben, was er wirklich liebte. Als er in Rente ging, was etwa zu der Zeit geschah, da ich ihn am besten kannte, verbrachte er die meiste Zeit in seinem Garten und machte Gartenarbeit. Desmond hat es nie geschafft, seinen Traum zu leben und den Beitrag zu leisten, den er wollte.

Mein Großvater väterlicherseits war Osmond Ardagh. Er starb in jungen Jahren, noch vor meiner Geburt. Er war Staatsdiener in Afrika. Ich erfuhr von meiner Großmutter, dass er eigentlich keine Freude daran hatte. Es war mehr eine Pflicht als eine Leidenschaft, die ihm ebenfalls von seinen Eltern aufgebürdet worden war. Neulich habe ich ihn gegoogelt.

Er war einmal ein erstklassiger Cricketspieler in Oxford gewesen, aber er spielte nur ein einziges Spiel als Profi-Cricketspieler, ehe er nach Afrika ging.

Ich bin mir ziemlich sicher, dass du bei deinen Vorfahren ähnliche Geschichten entdecken wirst. Die Mehrheit der Menschen auf diesem Planeten haben eine Leidenschaft, ein Geschenk, das sie zu geben haben, aber sie bringen ihr Leben damit zu, etwas zu tun, was von anderen akzeptiert wird.

Es ist wichtig, dass wir verstehen, was es bedeutet, wenn wir unser Geschenk so zurückhalten. Denk einmal an ein Kind, das dir am Herzen liegt, dein eigenes vielleicht oder aber ein Neffe oder eine Nichte. Nun stell dir vor, du gehst in den Laden und kaufst für dieses Kind ein Geschenk: etwas ganz Besonderes, etwas, das das Herz des Kindes vor Freude Luftsprünge machen lassen würde. Stell dir vor, du packst dieses Geschenk in buntes Papier, bindest Schleifen und Geschenkband herum. Nun stell dir weiter vor, du versteckst es irgendwo hinten im Schrank, hinter den Kleidern, wo es niemand finden wird. Stell dir vor, dort bleibt es nun liegen. Und es bleibt liegen. Und bleibt liegen. Monatelang. Jahrelang. Jahrzehntelang. Das Kind hat vielleicht so ein Gefühl, dass dieses Geschenk existiert, aber es erhält es nie. Ich weiß, dass das eine emotional ziemlich manipulative Geschichte ist, aber leider spiegelt sie genau das, was im Leben der meisten Menschen abläuft. Sie verfügen über ein unglaubliches Geschenk, das das Leben anderer Menschen zutiefst beeinflussen könnte, aber dieses Geschenk sickert nur gelegentlich als kleines Rinnsal hervor, nie als kraftvoller Strom.

Das einzigartige Geschenk entdecken

Am einfachsten entdeckst du dein einzigartiges Geschenk, wenn du Menschen befragst, die dich schon sehr lange kennen. Frage deine Eltern, deine Geschwister, die Freunde aus der Kindheit. Du kannst auch deinen Ehegatten oder Partner, deine Kinder befragen. Diese Menschen kennen dich sowohl aus rauen wie auch aus guten Zeiten; sie haben dich verletzlich erlebt, ohne Masken.

Wenn du mit Menschen arbeitest, gehören deine Klienten allerdings zu denen, die bei der Beantwortung dieser Frage am wenigsten hilfreich sind. Sie mögen vielleicht deine beruflichen Fähigkeiten kennen, aber sie haben dich wahrscheinlich nie im Zustand entspannter Unschuld kennen gelernt. Eine weitere höchst unzuverlässige Quelle für diese

Antwort bist du selbst. Das, wofür wir selbst geboren zu sein glauben, ist oftmals so eng mit Gewohnheiten, Abhängigkeiten, Narzissmus, Angstvermeidung und unserem Streben nach Vergnügen verknüpft, dass es sehr viel hilfreicher ist, Außenstehende zu befragen.

Die Frage, die du diesen Leuten stellen kannst, könnte etwa so lauten: „Welche Qualitäten spürst du bei mir in einem Maße, wie du es bei sonst niemanden spürst?" Finde deine eigenen Worte. Es geht um Qualitäten, nicht um Fähigkeiten. Mögliche Antworten könnten lauten: *„gütig, temperamentvoll, detailverliebt, inspirierend, mutig…"* Ich rate meinen Klienten immer, zwölf Menschen zu befragen, vielleicht per E-Mail, und sie zu bitten, dir zwölf Qualitäten zu nennen. Damit kommst du auf eine Gesamtzahl von 144.

Der Weg in die Klarheit über dein einzigartiges Geschenk kann unter Umständen eine Menge Widerstand hervorrufen. Ich habe festgestellt, dass die Menschen oft mehr Widerstand dem gegenüber haben, wofür sie geboren wurden, als gegenüber irgendetwas sonst. Es steht ja auch viel auf dem Spiel. Wenn es nur um einen Job geht, den du von neun bis fünf Uhr machst, steht nicht so viel auf dem Spiel. Deine Kollegen mögen dich wertschätzen, vielleicht aber auch nicht. Wen kümmert's? Wenn es aber um dein wahres Geschenk geht, bist du sehr viel verletzlicher. Dann ist dein Innerstes nach außen gekehrt. Oft ist es schlicht Furcht einflößend, das zu tun, wozu du geboren wurdest, und in deine wahre Kraft zu kommen. Aus diesem Grund verlasse ich als Coach mich immer stark auf die Meinung der Menschen, die meine Klienten gut kennen. Denn du selbst hast einfach zu viel in deinen Selbstschutz investiert, um dein Geschenk überhaupt klar wahrnehmen zu können.

Ich selbst bin ein gutes Beispiel. Die Menschen, die mich schon mein ganzes Leben lang kennen, sagen, die Qualitäten, die sie am meisten an mir schätzen, sind Klarheit, Eloquenz, unkonventionelles Denken und Humor. Es ist deutlich, dass mein Lebensweg eng mit einem Dasein als Lehrer verbunden ist, damit, ein spirituelles Erwachen außerhalb eines Zusammenhangs mit religiösen Hierarchien hervorzubringen. Aber du kannst dir nicht vorstellen, welche Widerstände ich dagegen hatte, mich in diese Rolle zu begeben. Immerhin bedeutete das ja, mich zu zeigen und mein Leben wirklich zu leben. Mein Lehrer in Indien befahl mir regelrecht, in die Welt zu gehen und zu lehren. Ich war voller Widerstand. Ich hatte beobachtet, wie andere zu Lehrern wurden und hatte keinerlei Interesse daran, dieselbe Art von Aufmerksamkeit auf mich zu ziehen. Ich habe es trotzdem eine Zeitlang gemacht – er ließ mir keine Wahl. Nach einigen

Jahren besuchte ich ihn wieder und kündigte. Ich sagte ihm, ich wollte nicht länger in dieser Rolle leben.

Er sah mich an. Er sagte nichts. Er lächelte nur.

Dann sagte er: „Tu, was du willst, aber am Ende wird dein Schicksal siegen." Er hat Recht behalten. Hast du erst einmal eine Ahnung davon bekommen, warum du gerade zu dieser Zeit in diesem Körper verweilst, lässt dich der Gedanke nicht mehr los, egal, wie groß dein Widerstand auch sein mag. Für mich war es notwendig, dass dieser Lehrer das in mir erkannte und es hervorbrachte, so wie ich es heute mit meinen Coachingklienten tue.

Sobald du von den zwölf Menschen deine Liste mit den 144 Qualitäten erhalten hast, kannst du anfangen, sie miteinander abzugleichen. Dafür nutzen wir eine Tabelle. Du wirst sehr bald feststellen, dass viele der Worte sich ähneln, wie zum Beispiel „gütig", „fürsorglich", „bedacht", „umsichtig" und „verständnisvoll". Die kannst du dann in Gruppen zusammenfassen. Und dann stellst du die am häufigsten auftauchenden Worte an die Spitze der Liste. Manche Qualitäten wurden vielleicht nur einmal von einer Person benannt: Die kannst du ignorieren. Andere wurden zehn oder zwölf Mal benannt: Das sind die, auf die du achten solltest. Sobald du alle Qualitäten gruppiert und nach Häufigkeit sortiert hast, schaue dir die oberen fünf oder sechs Zeilen an. Hier hast du eine ziemlich gute Beschreibung deines einzigartigen Geschenks, des Liedes, das nur du imstande bist zu singen.

Lebst du es auch?

Wenn du dir durch die Rückmeldung dir nahestehender Personen erst einmal einen Überblick über dein einzigartiges Geschenk verschafft hast, ist es an der Zeit, die Ergebnisse damit zu vergleichen, wie du dein Leben im Moment gestaltest. Ein guter Coach kann dir dabei helfen.

Wenn die Übereinstimmung zwischen dem Geschenk und deiner Lebensweise hoch ist, dürfen wir mit ganz bestimmten Merkmalen rechnen. Du bist dann wahrscheinlich die meiste Zeit über glücklich. Du bist erfolgreich, ohne dass es mühsam ist. Du erfreust dich bester Gesundheit, denn ohne Widerstände reduziert sich auch das Stresslevel. Du verbringst vermutlich viel Zeit mit Menschen, die ebenfalls ihr Geschenk in die Welt tragen, ohne etwas zurückzuhalten.

Wenn die Übereinstimmung zwischen deinem einzigartigen Geschenk und deinem Alltag jedoch gering ist, ist das genaue Gegenteil zu erwarten. Meiner Meinung nach liegt die Ursache für Depressionen darin, dass Menschen ihr einzigartiges Geschenk unter Verschluss halten und ihr Geld mit etwas verdienen, das gar nicht zu ihnen passt. Wenn die Übereinstimmung gering ist, wird alles im Leben kompliziert und schwer. Deine Gesundheit wird höchstwahrscheinlich schlechter werden, denn dieser Widerstand, ständig Dinge zu tun, die dir nicht entsprechen, ist die Hauptursache für den Stress.

Ich kenne Menschen, die durch schwere Traumata und Kummer gegangen sind. Eine meiner älteren Freundinnen hat als Kind den Holocaust überlebt. Sie hat den Tod ihrer beiden Eltern mit angesehen. Aber später im Leben hat sie gelernt, wie sie ihre tiefsten Geschenke leben kann, sie wurde Filmproduzentin und gehört heute zu den glücklichsten und zufriedensten Menschen, die ich kenne. Sie blickt auf ein gutes Leben zurück.

Der nächste Schritt besteht darin, deine Vorstellungskraft zum Einsatz zu bringen. Nimm die obersten fünf oder sechs Qualitäten auf deiner Liste und überlege dir, ob du Menschen kennst, in deren Leben diese Qualitäten zum Ausdruck kommen. Das können persönliche Bekannte von dir sein, aber auch Berühmtheiten, historische Figuren oder eine Mischung von allem. Bei einer meiner Klientinnen stand oben auf der Liste „warmherzig, fürsorglich, gute Zuhörerin, unterstützend in ihrer Präsenz.“ Als ich sie kennenlernte, arbeitete sie als Steuerberaterin, also nicht gerade der ideale Job, um ihr Geschenk in die Welt zu tragen. Als Vorbilder wählte sie Mutter Theresa, ihre Großmutter, eine Freundin, die als Krankenschwester arbeitete, und eine Freundin, die als Coach arbeitete.

Wenn du einen großen Widerstand dagegen entwickelt hast, dein Geschenk zu leben, kann es schwierig oder gar unmöglich sein, diesen Schritt zu unternehmen, wenn du keine Hilfe hast. Dann findest du vielleicht nur Vorbilder, die einen grauenvollen Tod gestorben sind, ins Gefängnis mussten oder sehr dunkle Schattenseiten hatten. Das ist die Art deines Widerstands zu sagen: „Siehst du, das ist völlig unmöglich oder zumindest absolut nicht ratsam.“ Ist andererseits kaum Widerstand vorhanden, wird es dir sehr leichtfallen, leuchtende Beispiele für Menschen zu finden, die diese Qualitäten leben.

Hast du dann ein paar solide Beispiele dafür, wie diese Qualitäten im wahren Leben umsetzbar sind und tatsächlich gelebt werden, ist es an der Zeit, dir eine Lebensweise auszumalen, bei der diese Qualitäten auch bei dir zum Ausdruck kommen dürfen. Das könnte eine Art Berufung, eine bestimmte Arbeit oder einfach nur ein Gleichgewicht zwischen mehreren Dingen, darunter auch Arbeit und Freizeit, bedeuten. Die Frau, von der ich gerade berichtet habe, hatte auf ihrer Liste auch „Sinn für Ästhetik und Schönheit" stehen. Als sie sich ein Leben ausmalte, in dem alle diese Qualitäten zum Ausdruck kommen durften, sah sie sich selbst als Coach mit einem atemberaubenden Arbeitszimmer vor sich, die ihre Klienten darin unterstützte, sich selbst ein so atemberaubendes Arbeitszimmer zu schaffen. Wichtig ist bei diesem Schritt nur, um die Ecke zu denken, so dass nichts ausgeschlossen wird. Im Coachingprozess nehmen wir uns für diesen Abschnitt zwei Wochen Zeit, wobei der Klient jeden Tag ein Update einreicht.

Jetzt können wir damit beginnen, dein Leben ganz allmählich mit deinem Geschenk in Übereinstimmung zu bringen, so dass die Art und Weise, wie du deine Zeit verbringst, ein klarer Ausdruck deines einzigartigen Geschenks ist. Das Geheimnis besteht darin, dass du nicht gleich losrennst und deinen Job aufgibst, sondern ganz allmählich kleine Veränderungen vornimmst. Wenn du alles, was dir vertraut ist, auf einen Schlag aufgibst, und übereilt versuchst, eine neue Arbeit zu machen, dann könnte das durchaus eine große Überlebensangst auslösen und das wäre absolut kontraproduktiv. Ich kenne einige Leute, die ihre stabile Einkommensquelle aufgegeben haben, um einer größeren Vision zu folgen, nur um dann Enttäuschung zu erfahren und von einem Gefühl des Scheiterns eingeholt zu werden, als sie auf unerwartete Schwierigkeiten stießen.

Die Kunst besteht darin, kleine Schritte zu gehen. Meine Steuerberater-Klientin hatte für sich die Vorstellung von einem Leben, in dem sie Frauen dabei unterstützen würde, ihre eigenen Geschenke in die Welt zu tragen und sich während dieses Prozesses eine schöne Umgebung zu erschaffen. Ich fragte sie danach, ob sie sich einen kleinen Schritt vorstellen könnte, der sie bereits im nächsten Monat in diese Richtung führen würde. Sie beschloss, für Frauen aus ihrer Umgebung einen Abend zu organisieren, wo sie zusammen kommen, miteinander in Verbindung treten, einander zuhören und unterstützen könnten. Es war ein Riesenaufwand und mit viel Vorbereitungsarbeit verbunden, aber es ist ihr gelungen. Der nächste dieser Abende stellte schon keinen so großen Aufwand mehr dar und schließlich wurde daraus eine regelmäßige Veranstaltung. Dass sie dieses eine Element in ihr Leben integrieren konnte, machte einen gewaltigen Unterschied. Beim Awakening Coaching suchen wir nach kleinen Veränderungen, die sich in ein oder zwei Stunden pro Woche oder auch in nur wenigen Minuten am Tag realisieren lassen. Nach einigen kleinen

Triumphen kann man den Zeitaufwand auf eine Stunde oder mehr am Tag steigern und dann kann man auch beginnen, kleine Spenden anzunehmen oder sogar einen Preis für die eigene Leistung festlegen. Im Laufe eines Jahres, vielleicht auch zweier Jahre gibt man dann vielleicht den bisherigen Job tatsächlich vollkommen auf und macht fortan eine Arbeit, in der sich das wahre Geschenk voll und ganz entfalten darf.

Darf ich vorstellen: Gordon

Schauen wir doch mal nach, was inzwischen auf der Party los ist. Siehst du den Mann da drüben, der Gitarre spielt und singt? Da stehen schon ein paar Leute um ihn herum und hören zu. Das ist Gordon. Ich übernehme immer wieder mal Coachingklienten ohne Bezahlung und er war einer von ihnen. Ich begegnete ihm vor vielen Jahren während eines Wochenend-Seminars in Santa Fe. Er war damals Mitte zwanzig und arbeitete auf einer Baustelle. Ach, jetzt hat er sein Lied beendet und kann dir seine Geschichte selbst erzählen.

Als ich zu diesem Wochenendseminar fuhr, hatte ich die ganze Woche zuvor Rigipsplatten angebracht. Ich weiß noch genau, dass mein Rücken mir mörderisch wehtat. Wie immer eigentlich. Die Bezahlung auf dem Bau war nicht besonders und ich hatte auch noch ein Studentendarlehen abzuzahlen, das machte mich zum reinsten Sklaven meines Arbeitsplatzes. Am Sonntagmorgen nahm ich meine Gitarre mit zum Seminar und spielte in der Pause. Arjuna, ich weiß noch, wie du mich gebeten hast, doch für alle zu spielen. Und am Ende des Seminars hast du mir angeboten, mich kostenlos zu coachen. Darüber war ich total baff.

Musik ist schon immer meine Leidenschaft gewesen, genau wie das Massieren. Nach dem College lernte ich das Massieren, aber ich schaffte es nicht, damit Geld zu verdienen. Also landete ich beim Bau. Ich weiß noch genau, dass Arjuna mir bereits an einem sehr frühen Punkt des Coachings vorgeschlagen hat, ich solle doch meinen Boss fragen, ob ich auch nur vier Tage die Woche arbeiten könnte und die Freitage frei bekäme. Er war einverstanden. Donnerstagabends räumte ich also mein Zimmer auf und stellte am Freitag meinen Massagetisch auf. Ich lud Freunde auf eine Massage ein, kostenlos, denn es machte mir einfach Freude. Dann machte Arjuna den Vorschlag, ich solle doch in der Ecke eine Spendenschale aufstellen. Wenn die Leute die Massage genossen hatten, konnten sie dort eine Spende hinein legen. Wenn nicht, dann mussten sie nicht spenden. Ich erinnere mich, dass wir während dieser Zeit eine Menge Radical Releasings machten. Ich hatte große Angst davor und Scham davor, um Geld zu bitten. Es dauerte zwar ein paar Wochen, aber dann war ich freitags plötzlich ausgebucht. Ich hatte es also geschafft. Dann bat mich Arjuna, die Spendenschale wegzustellen und für jede Sitzung einen Preis von 60 Dollar festzulegen. Dafür mussten wir noch einen ganzen Haufen Radical Releasings machen. Meine Kollegen vom Bau kamen zur Massage. Sogar mein Boss tauchte auf.

Ich kaufte mir auch ein kleines Aufnahmegerät, einen Zoom, mit dem man ganz anständige Aufnahmen machen konnte. Es hatte ein eingebautes Mikrofon und ich konnte auch meine Gitarre anschließen. Arjuna trug mir auf, jede Woche einen Song zu schreiben und ihn im Wandschrank aufzunehmen, zwischen meinen ganzen Klamotten und der Wäsche. Das hab ich auch gemacht. Und als wir mit meinem Coaching am Ende waren, hatte ich fast eine ganze CD in meinem Wandschrank eingespielt, ich arbeitete Halbzeit als Masseur und Halbzeit auf dem Bau. Mein Boss war mit all dem einverstanden, er mochte nämlich meine Massagen.

Das ist jetzt über ein Jahr her und inzwischen arbeite ich gar nicht mehr auf dem Bau. Ich habe ein paar Auftritte, verkaufe meine CDs und meine Arbeit als Masseur läuft auch ziemlich gut. Es ist zwar keine vom-Tellerwäscher-zum-Millionär-Geschichte, aber es ist eine vom-Steinstaub-zum-Leben-was-ich-liebe-Geschichte. Ich habe keine Rückenschmerzen mehr und ich muss schon sagen: Ich liebe mein Leben und ich liebe es, ich selbst zu sein.

KAPITEL 12

Spontanes Kreieren

Die letzte der Sieben Kernkompetenzen, die es jedem Menschen ermöglichen, für andere zu einem Geburtshelfer eines erwachten Bewusstseins zu werden, hat mit Kreieren zu tun. Wir haben ja an früherer Stelle bereits über das Radical Releasing gesprochen, also das Erkennen jener „Frequenzen", gegen die wir Widerstand leisten, weil wir darauf konditioniert wurden, und die aus genau diesem Grund weiterhin existieren. In den meisten Fällen bestimmen diese unerlösten Frequenzen die Qualität und den Verlauf unseres Lebens.

Spontanes Kreieren ist ein Werkzeug für Fortgeschrittene. Nicht jeder kann es sofort verwenden, denn Voraussetzung dafür ist ein stabiler Zugang zum grenzenlosen Bewusstsein. Anstatt Widerstände gegen bestimmte Frequenzen aufzulösen, kann man durch Spontanes Kreieren aus dem Nichts Frequenzen erschaffen, die dann zur Blaupause deines Lebens im Außen werden.

Ergründen wir doch einmal, wie das in deinem eigenen Alltag bereits funktioniert. Denken wir also an eine Qualität, nach der die meisten Menschen streben: Glück ist ein gutes Beispiel. Die Menschen haben die unterschiedlichsten Vorstellungen, wie ein glückliches Leben im Außen aussehen sollte. Wir alle wissen, wie sich Glück anfühlt, und auch, wie es ist, wenn man unglücklich ist. Das Glücksgefühl wird von einer Reihe bestimmter Merkmale begleitet: bestimmte Atemmuster, körperliche Entspannung, ein guter Energiefluss und eine gute Durchblutung der vorderen Hirnrinde. Das sind physisch messbare Merkmale. Glücksgefühl wird aber auch von bestimmten Emotionen begleitet: Optimismus, Fröhlichkeit, Enthusiasmus. Und das Glücksgefühl löst bestimmte Gedanken und Überzeugungen aus. *Ich bin ein guter Mensch und habe viel zu geben. Ich komme gut mit anderen zurecht. Ich habe ein wundervolles Leben und bin voller Dankbarkeit.* Aber in der Tiefe ist das Glücksgefühl eine Frequenz. Es ist eine Schwingung, die ganz bestimmte Gedanken, Gefühle und Körperaktivitäten auslöst.

Die meisten Menschen versuchen, ihr Glücksgefühl dadurch zu erzeugen, dass sie den, wie sie glauben, richtigen Rahmen für das Glück im Außen schaffen. Wir versuchen, das richtige Haus in der richtigen Nachbarschaft und der richtigen Umgebung zu kaufen. Warum? Weil wir glauben, dass uns das glücklich macht. Wir versuchen, die richtige Partnerin zu heiraten und dann wollen wir die perfekte Anzahl von Kindern (ich habe mal irgendwo gelesen, die ideale Anzahl belaufe sich auf 2,35, was vermutlich auf zwei normal gewachsene Kinder und eines in Miniaturausgabe hindeuten soll... aber ich schweife ab). Wir glauben, die richtige Familie könnte uns glücklich machen. Wir wollen das richtige Auto fahren, den richtigen Laptop besitzen, wir wollen an den richtigen Plätzen Urlaub machen, weil wir irgendwann dem Glauben aufgesessen sind, diese Dinge könnten uns glücklich machen.

Wie wir beide aber aus eigener Erfahrung wissen, sind all diese Dinge völlig unbeständig. Das Haus wird vom Hausschwamm befallen, der perfekte Ehegatte hat eine Affäre mit der Nachbarin und wenn die Kinder erst einmal zu Teenagern herangewachsen sind, benehmen sie sich ganz und gar nicht mehr so engelsgleich, wie man gehofft hatte, nicht einmal die 0,35-Miniaturausgabe. Der Laptop stellt die Arbeit ein und ein Anruf beim technischen Support in Indien scheint das Problem auch nicht zu lösen. Du weißt, worauf ich hinaus will. Glück, das auf veränderbaren äußeren Dingen fußt, ist instabil.

In den letzten Jahren sind eine Menge Bücher darüber geschrieben worden, wie man Glück erzeugen kann, indem man einfach die innere Umgebung verändert. Die richtigen Gedanken denken, sich darin üben, positive Gefühle zu empfinden, stets optimistisch sein und nach vorn schauen und jeden Tag die Dinge aufzählen, für die man dankbar ist. Solche Übungen können zwar tatsächlich helfen, aber wir bewegen uns damit immer noch in einem Newton'schen Universum von Ursache und Wirkung, dabei wartet die Quantenwirklichkeit nur darauf, von uns entdeckt zu werden.

Am besten lässt sich das Spontane Kreieren begreifen, wenn wir ein wenig in den Entdeckungen der Quantenphysiker aus den letzten Jahrzehnten herumwühlen. Solange wir an der Oberfläche der Dinge bleiben – Tisch, Stuhl, Teppich, selbst wenn wir zu Rohmaterialien oder Chemikalien vordringen –, behalten die Dinge stets ihre Vorhersagbarkeit nach dem Prinzip von Ursache und Wirkung. Um in einem Newton'schen Universum Veränderungen herbeizuführen, muss man schon eine

Menge Aufwand betreiben und Energie investieren. Erst wenn wir zu den viel feineren Partikeln vordringen, aus denen Atome bestehen – Elektronen, Quarks, Bosonen – wird die Sache interessant.

Schon 1920 postulierte Werner Heisenberg seine berühmte „Unschärferelation", die besagt, dass es unmöglich ist, im selben Augenblick, Ort und Impuls eines beliebigen Teilchens exakt zu messen. Nachdem die Implikationen dieser Theorie von Quantenphysikern in ihren Laboratorien genauer untersucht und erforscht wurden, führte dies zur Entdeckung des „Beobachtereffekts". Jedes Mal, wenn man versucht einen subatomaren Partikel zu messen, führt allein der Akt des Messens schon dazu, dass der Partikel einen Platz im Raum einnimmt, den er sonst nicht einnehmen würde. Mit anderen Worten: Ein subatomarer Partikel, wie zum Beispiel ein Elektron, verhält sich wie eine Welle, bis ein Beobachter auftaucht und ihn misst und erst dann wird er zu einem Partikel mit einem bestimmten Platz im Raum. Alles ist überall, solange, bis man es an einer bestimmten Stelle benötigt, und erst dann gibt der Akt des Beobachtens dem Partikel seinen Platz.

Spontanes Kreieren wirkt auf der Quantenebene des Erschaffens. Aber anders als ein Experiment, das von Wissenschaftlern in weißen Kitteln in physikalischen Laboratorien durchgeführt wird, findet Spontanes Kreieren in einem gänzlich anderen Laboratorium statt: in deinem eigenen Bewusstsein, allerdings auf einer viel tieferen Ebene als der, in der Gedanken, Gefühle und Körperempfindungen existieren. Es nutzt unsere Wahrnehmung, um Frequenzen, die einfach überall vorhanden sind, in Erfahrungen in Zeit und Raum zu transformieren.

Das Spontane Kreieren wurde erstmals in den Yoga Sutras von Patanjali beschrieben. Er bezeichnete es als *Samyama*. Im Grunde lässt sich der Prozess recht leicht beschreiben, aber sehr viel schwerer realisieren, denn er setzt die Fähigkeit voraus, in äußerst feinen Bewusstseinszuständen verweilen zu können. Und so funktioniert's:

Schritt Eins. Entspanne dich in die Unendlichkeit. Übe dich so lange in Radikalem Erwachen, bis deine Aufmerksamkeit stabil im unendlichen Bewusstsein verweilen kann. Am einfachsten erreichst du das, indem du immer wieder fragst: „Wer erlebt diesen Augenblick?" und wenn dann irgendeine Antwort auftaucht, tauche noch tiefer ein und finde heraus, wer das erfährt. Um eine richtig starke Erfahrung mit dem

Spontanen Kreieren zu machen, würde ein Coach vermutlich 20-30 Minuten mit dir am Radical Awakening arbeiten.

Schritt Zwei. Sag im Geiste ein Wort. Ist die unendliche Dimension des Bewusstseins weit geöffnet, kannst du einen Gedanken – ein Wort – nehmen und ihn ganz bewusst denken. Wir wollen einmal das Wort „Freundlichkeit" nehmen. Wir haben damit experimentiert, englische Worte zu verwenden oder aber die Worte in der Muttersprache des jeweiligen Coachingklienten. Ein Spanier würde also mit dem Wort *amabilidad* oder *cariño* in den Prozess des Spontanen Kreierens gehen, ein Franzose mit dem Wort *gentillesse*, etc. Wir haben auch mit Sanskrit experimentiert, denn Sanskrit wird von vielen als die erste, die ursprüngliche Sprache angesehen, aus der sich alle anderen Sprachen entwickelt haben. Im Sanskrit lautet das Wort für Freundlichkeit *maitri*. Du sagst nun einfach das Wort mehrere Male im Geiste vor dich hin. Es ist nicht nötig, philosophischen Gedanken über die wahre Natur von Freundlichkeit nachzuhängen: Sage das Wort einfach nur mehrmals im Geiste vor dich hin.

Schritt Drei. Lasse das Wort in die Weite fallen. Jetzt lässt du das Wort in die Weite fallen. Stelle dir vor, du würdest einen Stein in einen sehr tiefen Brunnen fallen lassen. Du sagst also das Wort „Freundlichkeit" im Geiste vor dich hin und dann entspannst du dich und *bist selbst* unendliches Bewusstsein.

Schritt Vier. Entspanne als Weite. Nun wartest du. Ruhe als Weite, die du nun selbst bist, erwarte nichts und denke nicht darüber nach, was als nächstes kommt.

Schritt Fünf. Schritt fünf bleibt eine Überraschung. Es wird etwas geschehen. Aber es ist nichts, was du tust, sondern etwas Spontanes.

Probiere diese Schritte selbst aus und dann kannst du dich auf der Leser-Website[28] einloggen und darüber berichten, was du erlebt hast.

Ich habe als Beispiel „Freundlichkeit" verwendet, der Prozess lässt sich aber auch auf andere Worte anwenden. Du kannst das Spontane Kreieren zum Beispiel mit Worten wie „Mitgefühl", „die Stärke eines Elefanten", „Klarheit" oder „Fokus" ausprobieren.

[28] http://better-than-sex.kajabi.com/groups/9764

Eine andere Variante des Spontanen Kreierens ist das Visualisieren bestimmter Dinge und diese Visualisierung dann in die Weite fallen zu lassen. Probiere es doch einmal damit, das Gesicht einer anderen Person zu visualisieren und dieses Bild dann in die Weite gleiten zu lassen. Du kannst auch verschiedene Bereiche deines Körpers visualisieren. Versuche die Übung mit deinem Nabel oder deinem Hals oder verschiedenen Energiezentren (in Indien nennt man sie *Chakras*). Schwinge dich nur ein paar Augenblicke lang auf verschiedene Körperregionen ein und lasse das Bild dann in die Weite fallen.

Es ist nur fair, dich vorzuwarnen, dass nicht jeder beim Spontanen Kreieren von Anfang an makellose Ergebnisse erzielt. Ich selbst wende diese Technik nur bei Klienten an, die bereits all die Ergebnisse, die sie zu Beginn des Coachings aufgelistet haben, umsetzen konnten. Wirklich alles auf dieser Liste, die sie mir am Anfang überreicht haben, muss realisiert sein: Diese Klienten führen gute Beziehungen, sind bei bester Gesundheit, haben genug Geld und ich habe den deutlichen Eindruck, dass sie ihr einzigartiges Geschenk inzwischen wirklich leben. Ein Mensch, der all das erreicht hat, würde sagen: „Auf einer Skala von eins bis zehn verläuft mein Leben auf der zwanzig." Wenn man an diesem Punkt angelangt ist, versiegt das mentale Geplapper immer mehr. Die Maschine ist nicht mehr mit dem Gedanken daran beschäftigt, wie man zu mehr Freude und weniger Leid kommen könnte. Alles ist, genauso wie es ist, völlig in Ordnung. An diesem Punkt führe ich meine Coachingklienten in immer tiefere Dimensionen des unendlichen Bewusstseins, Dimensionen jenseits des „Ichs" oder der „eigenen Geschichte" und helfe ihnen dabei, etwas aus dem Nichts zu erschaffen.

Als ich mit meinem Freund Jack Canfield, dem Co-Autor der Bücher *Hühnersuppe für die Seele*, experimentierte, sind wir auf eine interessante Sache gestoßen. Wie du vielleicht weißt, war Jack einer der Lehrer aus dem Film *The Secret*. Er weiß also eine Menge über das Kreieren, über Absicht und das „Gesetz der Anziehung". Ein paar Jahre nach Erscheinen des Films entdeckte er etwas äußerst Interessantes. Wenn du eine Absicht hegst, bei der es nur um deine eigenen Bedürfnisse und Wünsche geht, und deren Kraft dann mit Hilfe des Muskeltests aus der angewandten Kinesiologie auf die Probe stellst, sind die Ergebnisse recht schwächlich. Hegst du eine weitere Absicht, bei der es nicht nur um dein eigenes Wohlergehen, sondern auch das deiner Familie, deiner Freunde oder deines Stammes geht, nimmt die Muskelspannung beim Test schon deutlich zu. Wenn du dann ein drittes Mal testest, dieses Mal mit einer Absicht, die das Wohl der gesamten Menschheit oder aller empfindungsfähigen Wesen beinhaltet, ist die Muskelspannung enorm hoch. Wenn du sehen willst, wie Jack und ich diesen Test durchführen, schau auf der Leser-Webseite[29] vorbei.

Nach diesen Experimenten mit Jack wandten wir dasselbe Prinzip auch beim Spontanen Kreieren an. Und man höre und staune, wir kamen zu denselben Ergebnissen wie Jack mit seiner angewandten Kinesiologie. Wenn du das Spontane Kreieren auf eine Qualität anwendest, die dein eigenes Leben betrifft, wie zum Beispiel Glück, Fokus oder Stärke, führt das zwar definitiv zu guten Ergebnissen, allerdings mit gewissen Grenzen. Wenn du das Spontane Kreieren dagegen im Bezug auf eine andere Person anwendest – du könntest zum Beispiel einen Freund visualisieren, der finanzielle Schwierigkeiten hatte – und deren Bild im Geiste hältst und dabei Worte wie „Dankbarkeit" oder „Fülle" denkst, dann das Bild und die Worte in die Weite fallen lässt, sind die Ergebnisse schon wesentlich beeindruckender. Dieses Vorgehen ist eine Art der Segnung. Denkst du beim Spontanen Kreieren dagegen an eine noch viel schlimmere Lage, wie einen Krieg irgendwo auf der Welt, oder wenn du das Bild der globalen Finanzkrise heraufbeschwörst und dann das Wort „Gesundheit" im Bewusstsein hältst, wird deine subjektive Wahrnehmung des Spontanen Kreierens sich drastisch verstärken.

Als wir über die Sieben Kernkompetenzen gesprochen haben, habe ich dir auf der Party Menschen vorgestellt, die dir von ihren eigenen Erfahrungen berichten konnten. Ich hoffe, das war hilfreich für dich. Was diese letzte Kernkompetenz angeht, so werde ich dir an dieser Stelle niemand Spezielles vorstellen. Ich habe eher das Gefühl, dir schon zu viel darüber verraten zu haben, wohin dich das Spontane Kreieren führen kann und ich will es dir nicht verderben, indem ich dir von den Erlebnissen anderer berichte. Experimentiere einfach selbst mit dem Spontanen Kreieren und schau, was passiert. Deine Erlebnisse kannst du ja dann auf der Leser-Webseite veröffentlichten oder du suchst dir einen zertifizierten Awakening Coach und ihr erforscht das Spontane Kreieren gemeinsam.

---

[29] http://better-than-sex.kajabi.com/posts/testing-the-power-of-intentions

Wo wir gerade von der Suche nach einem Coach sprechen – ich möchte dir im Folgenden gern davon erzählen, wie sich so eine Coaching Beziehung in der Realität gestaltet. Es gibt viele verschiedene Coachingschulen und jede davon hat ihre Besonderheiten. Wir wollen uns ausschließlich darauf konzentrieren, was sich in einer Beziehung zwischen einem Awakening Coach und seinem Klienten abspielt. Ich hoffe, die Prinzipien, die ich dir gleich darlegen werde, sind dir von Nutzen, egal ob du diese spezielle Methode ausprobieren möchtest oder nicht.

TEIL DREI:

Die praktische Umsetzung

KAPITEL 13

Wenn du dich coachen lassen willst

Ich weiß, dass du mit einer gewissen Neugier zur Party gekommen bist. Setzen wir uns doch einen Augenblick und überlegen uns, was das Ganze nun eigentlich mit dir zu tun hat. Heutzutage gibt es hunderte verschiedener Coachingansätze. Jeder davon hat seine Stärken und Besonderheiten. Wenn du darüber nachdenkst, ein Coaching zu machen, empfehle ich dir, dich über verschiedene Coaches mit unterschiedlichen Hintergründen zu informieren und dann den für dich passenden auszuwählen.

Ich werde dir jetzt etwas über die Beziehung erzählen, auf die du dich einlässt, solltest du dich für ein Awakening Coaching entscheiden. In einigen Punkten unterscheidet sie sich vermutlich wenig von anderen Ansätzen, aber in einigen Punkten ist sie doch einzigartig. Wenn du vorhast, dich coachen zu lassen, ist das für dich vielleicht ein guter Ausgangspunkt, die verschiedenen Coachingmethoden miteinander zu vergleichen. Wenn du selbst als Coach tätig bist oder das vorhast, findest du hier vielleicht ein paar neue Ideen, wie du deine Beziehung mit bereits vorhandenen und auch mit zukünftigen Klienten optimieren kannst.

Nicht jeder ist „coachbar"

Ich will ganz offen mit dir sein: Coaching ist nicht für jedermann. Coaching ist eine spezielle Art von Beziehung, die für manche Menschen sehr gut funktioniert, für andere dagegen gar nicht. Sprechen wir zunächst über diejenigen, die in hohem Maße „coachbar" sind.

Vor vielen Jahren führte ich gemeinsam mit meinem Freund Gay Hendricks Interviews für ein Seminar, das ich gerade ausarbeitete. Er sagte damals etwas, das mir so perfekt erscheint, dass ich es selbst nicht besser sagen könnte:

Nach einer Weile verlierst du einfach das Interesse an deinen Verteidigungsstrategien, wenn du sie 5.800 Mal durchlaufen hast, begreifst du endlich, dass da nichts zu verteidigen ist. An diesem Punkt löst sich alles einfach in Nichts auf.

Die meisten von uns haben versucht, ihre Lebensqualität zu verbessern, indem wir Dinge im Außen veränderten. Wir versuchten, den richtigen Partner zu finden, wir versuchten, das richtige Haus zu finden mit den perfekten Nachbarn in der perfekten Gemeinde. Wir versuchten, die richtige Ernährungsweise zu finden, um bei bester Gesundheit zu bleiben. Wir versuchten, genug Geld zu verdienen, um uns dieses perfekte Leben zu bezahlen. Viele Menschen, wenn auch nicht alle, kommen irgendwann an einen Punkt, an dem sie beginnen, die Sinnlosigkeit all dieser Anstrengung zu erkennen. Wenn wir die Möbel oft genug umgestellt haben und trotzdem nicht die Erfüllung empfinden, nach der wir uns so sehnen, werden wir das ewige Möbelrücken vielleicht aufgeben und uns stattdessen nach einem neuen Zuhause umschauen.

Viele von uns begeben sich dann auf eine innere Suche. Wir erkennen, dass wir Emotionen, reaktive Gefühle und Überzeugungen haben, die unsere Lebensqualität bestimmen. Dann versuchen wir negative Gefühle in positive zu verwandeln. Wir versuchen, hinderliche Überzeugungen in förderliche Gedanken zu verwandeln, die uns da hinbringen sollen, wo wir sein wollen. Doch auch das kann in eine Sackgasse führen.

Wenn dir die Möglichkeiten ausgegangen sind, die Dinge zu ändern – sei es im Innen oder Außen – dann könnte ein Coachingansatz, bei dem ein Bewusstseinswandel im Mittelpunkt steht, für dich das Richtige sein. Ein solcher Ansatz ist maßgeschneidert für Menschen, die intuitiv bereits wissen, dass ihr wahres Potential frei von Grenzen, humorvoll und strahlend ist und sich außerhalb des bekannten Spiels befindet.

Vielleicht hast du diese Dimension schon einmal bei einer anderen Person gesehen und das hat dich inspiriert. Oder es gab Momente in deinem Leben, wo du lange genug in diese Dimension eingetaucht bist, sodass sie dich einfach nicht mehr losgelassen hat. Die meisten Leute, die solche inspirierten Momente erlebt haben, finden den Zugang zum Erwachen nicht zuverlässig. Er mag sich beim Meditieren, während eines Retreats, bei Extremsportarten oder beim Sex öffnen. Doch dann entzieht er sich uns wieder und lässt uns mit der Sehnsucht nach mehr zurück.

Ein guter Awakening Coach kann dir dabei helfen, immer wieder zu dieser inneren Weite zurückzufinden, er hilft dir auch, zu erkennen, dass diese Weite immer da ist, sie wird nur vom Alltagslärm übertönt.

Du bist wahrscheinlich auch neugierig, wie sich diese kurzen Augenblicke der Ausdehnung, des Wohlbefindens und des Humors leichter in jeden Bereich deines Lebens integrieren lassen. Wie können deine Beziehungen authentischer werden? Wie kann deine Arbeit in dieser Welt zu einem Spiel werden, bei dem Geld nicht mehr als ein spontanes Nebenprodukt ist? Wie kann Kindererziehung zu einem Vehikel für etwas werden, das weitaus größer ist als das bloße Weitergeben der eigenen Vorurteile an die nächste Generation?

Das ist etwas völlig anderes als das weite Feld der Selbstvervollkommnung oder der Heilung. Es entspricht mehr einer Forschungsreise darüber, wie es gelingen kann, dir selbst den Weg frei zu machen und dich von dem, was sich jenseits der Geschichte des „Ich" verbirgt, leiten zu lassen. Ein Coach kann dir den Durst danach nicht geben. Er kann dir auch nicht die Entschlossenheit verschaffen, alte Gewohnheiten zu durchbrechen, um etwas völlig Neues und Anderes zu entdecken. Ein Coach kann dich lediglich durch seine Inspirierte Gewissheit unterstützen und ermutigen, wenn dein Durst bereits vorhanden ist.

Diese Art des Coachings ist vermutlich *nicht* das Richtige für dich, wenn:

- du das Gefühl hast, eine tiefe Wunde aus deiner Kindheit oder andere Traumata aus der Vergangenheit in dir zu tragen, die sehr schmerzhaft und überwältigend sind. In diesem Fall wärst du sicher mit einem ausgebildeten Psychotherapeuten besser beraten.
- es dir im Augenblick sehr wichtig ist, viel Geld zu verdienen, mit deiner Firma ein neues Ziel zu erreichen oder zu lernen, wie man sich erfolgreich eine Affäre an Land zieht. Es gibt andere Coachingmethoden und Techniken, die bei diesen speziellen Anliegen sehr viel effektiver sind.
- du an einer schwerwiegenden körperlichen Erkrankung leidest. Awakening Coaching kann dich zwar zweifellos dabei unterstützen, die Hintergründe zu erforschen, die zu dieser körperlichen Verfassung geführt haben, allerdings sind wir keine Ärzte, wir heilen, behandeln, verordnen und kurieren nicht. Um an körperlichen Erkrankungen zu arbeiten, solltest du dich unbedingt an einen zugelassenen Arzt oder Heilpraktiker wenden.

- du an Depressionen, Angstzuständen, Zwangserkrankungen oder Paranoia leidest. Diese Zustände können Symptome für geistige Erkrankungen sein, die in unserer Gesellschaft unnötigerweise stigmatisiert werden. Krankheiten des Geistes können genauso behandelt und geheilt werden wie viele physische Erkrankungen auch. Dafür sind wir allerdings nicht die richtigen Ansprechpartner. Es wäre klug, sich in solchen Fällen an einen Psychiater oder Psychologen zu wenden.

- dir jemand das Awakening Coaching empfohlen hat, du dich aber gar nicht besonders davon angesprochen fühlst. Dieser Jemand ist vielleicht sogar bereit, das Ganze zu bezahlen. Hier geht es nicht um eine Massage, bei der du dich nur hinlegst und dich bearbeiten lässt. Beim Coaching sind deine aktive Teilnahme, deine Motivation und deine Mitarbeit gefragt. Falls also ein anderer den Part des Motivierens übernimmt und du einfach nur mal „mitmachst", wird das Coaching bei dir nicht besonders effektiv sein.

- du dich einem bestimmten Glauben, der dir heilig ist und den du nicht in Frage stellst, stark verpflichtet fühlst. Ein Awakening Coach ist nicht darauf aus, dich umzukrempeln, aber es ist für diese Arbeit sehr wichtig, dass du bereit bist, wirklich alles in Frage zu stellen, um wahrhaftig zu dir und nach Hause zu finden.

Die Struktur der Beziehung

Ich werde dir im Folgenden kurz und knapp beschreiben, wie sich die Beziehung zwischen einem Awakening Coach und seinem Klienten für gewöhnlich entfaltet. Diese Informationen könnten nützlich für dich sein, wenn du dir selbst einmal ein Awakening Coaching gönnen möchtest. Aber auch, wenn du bereits mit anderen Methoden arbeitest, findest du hierin ein Modell, das dir vielleicht dienlich sein könnte.

Schritt 1. Das Orientierungsgespräch.

Der erste maßgebliche Schritt ist herauszufinden, ob Awakening Coaching überhaupt etwas für dich sein könnte. Du kannst einen beliebigen Awakening Coach um ein kostenloses 20-30 minütiges Gespräch bitten, um herauszufinden, was du dir von dem Coaching versprichst. Während dieses Gesprächs wird dir der Coach einige eindringliche und wichtige Fragen stellen, um herauszufinden, wo du am Ende eurer Coachingbeziehung sein willst und wie dein Leben sich dann gestalten sollte. Dabei gibt es keinerlei Zensur oder Grenzen für deine Antworten. Sie können „spiritueller" Natur sein. Sie können sich auch um Beziehungs-, Geld- oder Karrierefragen drehen. Sie könnten auch mit deiner Gesundheit oder der Frage, was du hier auf dieser Erde zu erledigen hast, zu tun haben. Dein Coach wird dann so ehrlich wie möglich einschätzen, ob er dir bei deinem Anliegen wirklich helfen kann. Er kann abwägen, ob diese Ziele innerhalb einer Reihe von Awakening Coaching Sitzungen, die sich über acht bis zehn Wochen erstrecken, überhaupt realisierbar sind. Er kann überlegen, ob er früheren Klienten mit ähnlichen Zielen erfolgreich helfen konnte. Und er kann überlegen, ob ihm seine eigene Lebenserfahrung die Inspirierte Gewissheit gibt, dich unterstützen zu können und zu wissen, dass die Zusammenarbeit erfolgreich sein wird. Am Ende des Gesprächs könnt ihr einen finanziellen Rahmen für eure Coachingbeziehung finden, der für euch beide stimmig ist.

Schritt 2. Wenn du deinen Coach gefunden hast.

Wenn du dich dazu entschließt, weiterzumachen und mit einem Coach eine Beziehung einzugehen, dann gehst du damit eine Vereinbarung ein. Das ist einer Ehe (auf Zeit) oder dem Aufnehmen eines Studiums gar nicht so unähnlich. Diese Vereinbarung verlangt auf beiden Seiten Verbindlichkeit. Dein Coach wird dir danach ein Willkommensschreiben schicken, in dem genau festgehalten ist, wie die Coachingbeziehung sich entwickeln wird, sowie einen detaillierteren Fragebogen, den du ausfüllen musst. Dafür hast du ein paar Tage Zeit.

Schritt 3. Die erste Sitzung.

In der ersten Sitzung mit deinem Awakening Coach geht ihr gemeinsam deinen, von dir ausgefüllten, Fragebogen durch. Dabei werdet ihr euch auf vier wichtige Fragen konzentrieren.

- **Welche ist deine tiefste Sehnsucht?** Wo liegen deine Bestrebungen, Hoffnungen und Träume? Diese Fragen dienen dazu, euch ein größeres Bild zu verschaffen, und sie müssen überhaupt keinen praktischen Bezug haben. Dein Coach will herausfinden, was dich in deinem Leben letztlich antreibt, egal, ob du dein Ziel erreichen kannst oder nicht. Was bräuchte es, um dein Leben auf einer Skala bis 10 auf eine 100 zu bringen? Würde das bedeuten, einen Oscar-prämierten Film zu drehen? Hieße das, jahrelang unbeweglich auf einem Berggipfel sitzen und nichts als den Laut „Om" im Kopf haben? Oder würdest du deinem Partner deine tiefe Liebe schenken, ohne dich ablenken zu lassen und ohne etwas zurück zu halten? All diese Dinge wirst du nicht während des Coachings erreichen. Es handelt sich vielmehr um die ehrgeizigsten Ziele deines gesamten Lebens.

- **Was steht dem im Weg?** Dein Coach wird nun die Gewohnheiten ergründen wollen, die dich daran hindern, deine tiefste Vision, deinen tieferen Sinn zu leben. Das könnten Dinge sein wie Reizbarkeit, Faulheit, emotionale Reaktionen im falschen Moment oder die Angewohnheit, Dinge ständig aufzuschieben.

- **Worin liegen deine Stärken?** Es ist sehr wichtig, eine Bestandsaufnahme darüber zu machen, in welchen Bereichen du bereits stark und zuverlässig bist. Wenn du beispielsweise immer und unter allen Umständen deine Versprechen hältst, dann ist das eine bereits existierende Stärke von dir. Wenn du seit 40 Jahren meditierst und es dich keine Mühe mehr kostet, dich jeden Tag wieder auf dein Meditationskissen zu setzen, wäre das ebenfalls eine Stärke. Tägliches Yoga, Besuche im Fitnessstudio, echte Aufrichtigkeit, Freundlichkeit und Großzügigkeit sind allesamt Stärken, die du schon früher erworben haben könntest.

- **Welche sind die spezifischen Ergebnisse**, die du durch diese Coachingserie erzielen möchtest? Hier geht ihr noch einmal genauer, detaillierter und gezielter auf das ein, was ihr bereits im Vorbereitungsgespräch besprochen habt. Gemeinsam mit deinem Coach überlegst du dir acht bis zehn spezifische Ziele, wie dein Leben am Ende eurer Beziehung aussehen sollte. Dein Coach wird nun alles in seiner Macht stehende daran setzen, dich bei der Realisierung dieser Ziele zu unterstützen.

Am Ende der ersten Sitzung wird dir dein Coach die ersten Ermächtigungsübungen geben, über die wir ja bereits gesprochen haben. Wie du dich vielleicht noch erinnerst, sind die Ermächtigungsübungen ganz kurze Interventionen, die du in deinen Alltag einbauen kannst. Sie dauern immer nur wenige Minuten und helfen dir, automatisierte Gewohnheiten, die dir nur noch hinderlich sind, in neue kreative, frische Gewohnheiten zu verwandeln, die Anteile deiner selbst ans Licht bringen, die bisher im Schatten gestanden haben.

Schritt 4. Einen täglichen Bericht schreiben.

Zwischen den Sitzungen hast du die Möglichkeit, deinem Coach einen täglichen Bericht zu schicken. Dieser Bericht kann ganz kurz sein und sollte jeden Tag nur wenige Minuten in Anspruch nehmen. In diesem Bericht schreibst du deinem Coach, ob du alle Ermächtigungsübungen gemacht hast, wenn ja, dann wie lange und was das für Auswirkungen auf dich hatte. In diesem täglichen Bericht gibt es keine richtigen oder falschen Antworten. Du bist einfach nur ehrlich. Wenn du zum Beispiel die ganze Woche lang eine bestimmte Übung auslässt, erhält dein Coach dadurch die wertvolle Information, dass diese Übung zu schwierig für dich ist oder du auf einen besonders hartnäckigen Widerstand gestoßen bist. Wenn du andererseits berichtest, dass eine andere Übung dir unglaublich leicht fällt, aber kaum Wirkung zeigt, weiß dein Coach, dass er diese Übung noch optimieren muss, damit sie für dich etwas herausfordernder und interessanter wird.

Wir haben ja bereits darüber gesprochen, dass diese Übungen für den Coachingprozess absolut unerlässlich sind. Wenn du es schaffst, die Übungen jeden Tag zu machen und auch jeden Tag darüber zu berichten, kannst du zwischen den einzelnen Coachingsitzungen wahre Wunder erleben. Wenn du dich dagegen ausschließlich auf die Sitzungen mit deinem Coach verlässt und erwartest, dass das genügt, werden dir deine Fortschritte nicht besonders bedeutsam vorkommen.

Schritt 5. Die folgenden Sitzungen.

Alle zwei Wochen wirst du mit deinem Coach eine Sitzung haben, die mindestens neunzig Minuten dauert. Dein Coach wird dabei sämtliche Werkzeuge zum Einsatz bringen, die wir bereits besprochen haben, und vielleicht sogar noch ein paar weitere, von denen noch nicht die Rede war. Wie genau diese folgenden Sitzungen sich gestalten, folgt einem sehr intuitiven Tanz, in dem ihr gemeinsam schwingt. Wenn du die Ermächtigungsübungen jeden Tag machst, wirst du gänzlich neue Ressourcen entdecken, die du nutzen und eventuell auch weiterentwickeln kannst. Dein Coach kann diese Ressourcen dann aufgreifen und die neuen Geschenke ans Licht holen, die bisher im Verborgenen lagen.

Dein Coach wird dich auch öfter einmal einladen, zwischen den Sitzungen Kontakt aufzunehmen, je nachdem, was in deinen täglichen Berichten steht. Wenn es notwendig ist und du eine besonders hartnäckige Blockade auflösen möchtest, praktiziert dein Coach vielleicht eine Zeitlang jeden Tag mit dir Radical Releasing. Manchmal spricht er auch nur ein paar Minuten mit dir am Telefon, um die Übungen so anzupassen, dass sie für dich weiterhin spannend und interessant bleiben, dich aber dabei nicht überfordern.

Schritt 6. Der Abschluss des Coachings.

Am Ende deiner Coachingreihe, die sich über acht, zehn oder auch zwölf Wochen erstrecken kann, sollten alle deine Ziele, die du zuvor aufgeschrieben hast, erreicht sein. Das heißt natürlich nicht, dass du diesen speziellen Themen nie wieder im Leben begegnen wirst, aber du weißt nun, wie du sie auf kreative und humorvolle Weise bewältigen kannst. Wenn du zum Beispiel hin und wieder richtig schlechte Laune hast, reizbar bist und einfach jeden in deiner Umgebung kritisierst, wäre es wohl unrealistisch, dir zu versprechen, dass dich dieses Gefühl nie wieder heimsucht. Im Grunde wäre das auch eine Einschränkung deiner Freiheit. Dein Coach wird dir stattdessen beibringen, wie du den Widerstand gegen dieses Gefühl völlig auflösen kannst, und er wird dir Wege zeigen, einfach bei diesen Gefühlen zu verweilen, wenn sie aufkommen, damit sie, anstatt dich abzuschotten oder deine zwischenmenschlichen Beziehungen zu belasten, für dich zu einem Fundament für tiefere Intimität, Humor und Lebendigkeit werden können.

Am allerwichtigsten ist es jedoch das Verständnis dafür, dass Coaching eine Beziehung der Zusammenarbeit ist. Wie beim Sport muss der Athlet in seinem Trainingsanzug antreten, bereit, den Ball zu spielen, und der Coach findet sich ebenfalls ein, zutiefst inspiriert und bereit, dem Athleten zu helfen, sein volles Potential zu entfalten. Wenn der Athlet gar nicht beim Spiel erscheint, wenn er betrunken ist oder unter Drogen steht oder sich mitten in einem persönlichen Drama befindet, hat der Trainer natürlich kaum Möglichkeiten, sinnvoll auf ihn einzuwirken.

Beim Awakening Coaching ist das ähnlich. Dein Coach kann dir dabei helfen, einen Umgang mit deinen Widerständen zu finden, aber dazu musst du schon bereit sein, aktiv am Erreichen deiner Ziele mitzuarbeiten.

Wenn sowohl der Coach als auch sein Klient sich dem Abenteuer der Evolution voll und ganz verschrieben haben, dann gibt es für die Wunder, die daraus entstehen können, wahrlich keine Grenzen mehr. Ich möchte dir gern von einigen Zielen erzählen, die meine Klienten mit in die Coaching Beziehung gebracht haben und die wir gemeinsam verwirklichen konnten. Fangen wir an.

KAPITEL 14

Gezielte Anwendungen

Wir haben gerade darüber gesprochen, wie dein Coach dir bei der Verwirklichung bestimmter Ziele helfen kann, die du dir als Ergebnis des Coachings wünschst. Ich möchte mir jetzt ein wenig Zeit nehmen, um ein paar dieser möglichen Ziele zu beschreiben, die wir in der Vergangenheit durch Awakening Coaching erfolgreich realisieren konnten.

Tiefer im natürlichen Seinszustand ruhen.

Was diesen Coachingstil von anderen unterscheidet, ist sein Fokus auf das Wissen darum, wer du wirklich bist – außerhalb deiner Geschichte – und die Möglichkeit, dann aus diesem Wissen heraus die Hindernisse in deinem Leben aufzulösen. Wir haben bereits über das Radical Awakening gesprochen, bei dem eine Reihe von Fragen den Klienten zu seinem natürlichen Bewusstseinszustand zurückführen. Aber es sind die Inspirierte Gewissheit des Coaches, und das Stellen der richtigen Fragen, die die machtvollsten Instrumente dabei sind, Zweifel aufzulösen. Ein Coach kann dich immer wieder daran erinnern, dass du das, wonach du intuitiv suchst, bereits bist, deine wahre Natur nämlich.

Brian zum Beispiel hielt sich lange Zeit für einen Menschen auf „spiritueller Suche". Er hatte Seminare zur Vipassana Meditation besucht, in Ashrams gelebt und bei verschiedenen Lehrern gelernt. Sein Leben drehte sich darum, Gipfelerfahrungen zu machen und dann möglichst an ihnen festzuhalten, ein Zustand, den er als „Erleuchtung" bezeichnete. Nach acht Wochen Awakening Coaching hatte er viele Radical Awakenings erlebt und erkannt, was jetzt in diesem Augenblick alles bereits vorhanden ist. Jeden Tag schrieb er auf, was diesen Augenblick nun seiner Meinung nach unvollständig macht: *irgendetwas fehlt, nicht genug, ich werde es nicht schaffen, ich bin nicht gut genug.* Er führte mit all diesen Glaubenssätzen Radical Releasings durch. Am Ende der Coachingzeit hatten sich seine spirituellen Ziele nicht erfüllt: Sie hatten sich aufgelöst. Er fand einfach keinen Anhaltspunkt mehr dafür, dass in diesem Augenblick irgendetwas fehlt.

Maßgeschneiderte Übungen

Carol lernte in den 1970er Jahren, als sie gerade Anfang zwanzig war, Meditation bei einem indischen Lehrer. Der Lehrer sagte ihr, sie könne in wenigen Jahren höhere Bewusstseinszustände erlangen, wenn sie regelmäßig zweimal täglich meditierte. Sie besuchte Retreats, lernte Yoga, studierte Bücher, fastete über lange Zeiträume und stellte ihre Ernährung um. Viele Jahre lang arbeitete sie für die Organisation ihres Lehrers und hatte keinerlei Umgang mit Geld. Als sie zum Awakening Coaching kam, war sie über fünfzig. Nicht nur ihr Haar war da ergraut: auch ihre Kleider und ihre Haut. Sie war äußerst ernsthaft und hatte tief verwurzelte Gewohnheiten.

Carol wurde von einer Frau gecoacht, die sie auf sanfte Weise an für sie maßgeschneiderte Übungen heranführte. Ganz langsam öffnete sie sich für die Möglichkeit, dass ein paar von den Dingen, die sie tat, eigentlich gar nicht so optimal für sie waren. Sie fing an, zu tanzen. Sie vertiefte ihre Freundschaften zu anderen Frauen. Sie färbte sich die Haare und trug farbenfrohere Kleidung. Allmählich begannen auch ihre Gefühle wieder zu fließen. Sie weinte, sie wurde wütend, sie wurde lebendig. Sechs Monate später traf ich sie wieder. Ich hätte schwören können, dass ich hier die Tochter der vorherigen Carol vor mir hatte. Sie hatte eine vermeintlich allgemeingültige Lebenseinstellung gegen eine Einstellung eingetauscht, die genau ihren Bedürfnissen und ihrer Gesinnung entsprachen.

Jacob hatte große Schwierigkeiten damit, Dinge zu erledigen. In seinem Job hatte er Gleitzeit, also konnte er immer ausschlafen und spät zu Bett gehen. Er hatte das Gefühl, die Richtung und den Sinn im Leben verloren zu haben. Es war seine Freundin, die sämtliche Entscheidungen für sie beide traf.

Auch Jacob arbeitete mit maßgeschneiderten Übungen, allerdings mit ganz anderen als Carol. Nach einigen Radical Releasing Sitzungen schlug ihm sein Coach vor, einen geregelten Tagesablauf zu entwerfen und jeden Tag eine halbe Stunde früher aufzustehen. Jacob fing an, täglich Qi Gong und stille Meditationen, bei denen er mit geradem Rücken sitzen musste, zu praktizieren. Er erstellte eine Liste mit kleinen täglichen Zielsetzungen und schickte seinem Coach täglich einen Bericht.

An Jacobs und Carols Beispiel wird deutlich, dass des Einen Heilmittel, des Anderen Gift sein kann. Coaching ist eine wunderbare Möglichkeit, für jeden maßgeschneiderte Übungen zu finden.

Den richtigen Partner finden

Trisha war schon seit acht Jahren Single. Sie war bereits Ende dreißig und verzweifelte daran, dass sie keinen Partner fand. Außerdem bedauerte sie zutiefst, dass sie keine Kinder hatte. Ihre Strategie, mit diesem fehlenden Stück in ihrem Leben fertig zu werden, bestand darin, sich in die Arbeit in ihrem Konzern zu stürzen, zwölf Stunden am Tag. Sie hatte jede Menge verstaubter Glaubenssätze angehäuft: *Männern kann man nicht trauen, die nutzen Frauen nur aus* und *Liebe ist sowieso nicht von Dauer.* Ihre früheren Beziehungen hatten schließlich „bewiesen", dass diese Glaubenssätze stimmten.

Trishas Coaching konzentrierte sich fast ausschließlich auf ihre Sehnsucht danach, zu lieben und von einem Mann geliebt zu werden. Ihr Coach gab ihr Übungen auf, die ihr Herz öffnen und ihr ermöglichen sollten, sich wieder verletzlich zu zeigen – eine große Herausforderung für sie. Sie machte zweimal die Woche die „Regenbogen der Gefühle"-Übung,[30] tanzte täglich und machte ihre anderen Übungen, um wieder in ihre weibliche Kraft zu kommen. Sie machte auch Radical Releasings, um ihre festsitzenden Ansichten über Männer aufzulösen. Ihr Coach trug ihr auf, mit anderen Menschen Zeit zu verbringen. Sie fand neue Freundschaften zu anderen Frauen und hatte dabei die Aufgabe, mit ihnen auf keinen Fall über Arbeit, Geld oder Beruf zu sprechen. Auch das war für sie eine große Herausforderung.

Gegen Ende des Coachings machte sie einen zweiwöchigen Urlaub mit ihren Schwestern. Es war das erste Mal seit ihrer Kindheit. All diese Übungen brachten sie tiefer in ihre weibliche Energie. Ganz langsam, zunächst unmerklich, veränderte sich ihre Einstellung zu Männern. Am Ende des Coachings war sie weder plötzlich verheiratet noch verlobt, aber sie hatte eine neue Beziehung zu sich selbst entwickelt. Sie zweifelte nicht mehr daran, dass sie eine attraktive Frau war und Liebe in sich trug, die geschenkt zu bekommen jeder Mann sich glücklich schätzen würde. Dreizehn Monate nach Beginn des Coachings war Trisha verlobt.

[30] http://better-than-sex.kajabi.com/posts/the-feeling-rainbow

Die Tiefere Liebe

Mark und Donna wollten sich als Paar von meiner Frau Chameli und mir coachen lassen, weil in ihrer Ehe das Feuer erloschen war. Sie war sehr viel motivierter als er, aber er kam trotzdem mit, wenn auch wie ein gelangweilter Teenager. Beide waren überzeugt, dass all ihre Probleme sich in Luft auflösen würden, wenn der andere sich nur änderte. Sie wollte, dass er sich öffnete und ihr seine Gefühle zeigte, ihr mehr Aufmerksamkeit schenkte, romantischer wurde. Er sagte, er habe ihre ständigen Dramen und die ständige Kritik einfach satt. Chameli und mir war klar, dass die beiden nur eine winzige Ecke dieses riesigen Anwesens, das ihre Liebe sein könnte, bewohnten.

Sie begannen, eine Übung zu machen, die wir „Here Nowing"[31] nennen. Eine einfache Methode, bei der man sich nur wenige Minuten täglich im reinen Zuhören und in reiner Aufrichtigkeit üben kann. Wir baten sie, einander im Laufe des Tages fünf liebevolle Dinge zu sagen, egal, ob sie diese Dinge für real hielten oder nicht. Wir brachten ihnen auch bei, gemeinsam mit offenen Augen zu meditieren: sich zwanzig oder dreißig Minuten am Tag einander gegenüber zu setzen, ohne zu sprechen, und dabei mit sanftem Blick in das linke Auge des Anderen zu schauen. Für diese beiden konservativen Leute Mitte fünfzig war das eine völlig neue Erfahrung.

Nach zwei Wochen berichteten sie, dass sie festgestellt hatten, dass sie sich nach Jahrzehnten der Ehe eigentlich gar nicht besonders gut kannten. So viele Facetten waren vergessen oder ignoriert worden. Als wir ihre Neugier geweckt hatten, führten wir sie in eine Richtung, die beiden zunächst kontraproduktiv erschien. Die anfänglichen Übungen waren darauf ausgelegt, Intimität und Verschmelzung zu kultivieren. Jetzt gaben wir ihnen Übungen, die Polarität erzeugten.

Wir schlugen ihnen vor, sie sollten sich täglich nicht mehr als eine Stunde lang sehen. Dann arbeiteten wir mit beiden Partnern einzeln und fanden heraus, welche Leidenschaften und Interessen sie im Laufe der Jahre einfach vergraben hatten. Donna war gern im Freien, sie ging gern spazieren und war frustriert, weil Mark dieses Interesse nicht teilte. Wir ermutigten sie, einfach mit Freunden oder allein spazieren zu gehen. Mark fand eine

[31] http://better-than-sex.kajabi.com/posts/here-nowing--2; Wortschöpfung – übersetzt etwa „Hier Jetzten". (Anm. d. Übers.)

Männergruppe und entdeckte sein Interesse an alten Motorrädern neu. Er nahm wieder Kontakt zu einem alten Freund auf und sie schmiedeten Pläne, ein altes Motorrad, das seit zwanzig Jahren bei ihm im Schuppen stand, zu restaurieren. Zu diesem Zeitpunkt des Coachings hatten Mark und Donna einmal in der Woche eine Verabredung. Wir ermutigten sie, irgendwo hin zu gehen, wo sie zuvor noch nie gewesen waren, und sich auch ungewöhnlich dafür zu kleiden. Nach einigen Wochen hatten sie diese lebendige Kunst des Polarisierens und Verschmelzens gemeistert und in ihre Ehe kam neues Leben.

Alte Beziehungen heilen

Cheryl arbeitete in der Filmindustrie in Hollywood. Dem äußeren Anschein nach hatte sie alles, was man sich nur wünschen konnte. Ihr Profil in der IMDb Datenbank war beeindruckend, sie hatte so viel Geld, dass sie gar nichts damit anzufangen wusste und sie erfreute sich bester Gesundheit. Cheryl war stark, kreativ, schlau und witzig … bis auf die acht bis zehn Male am Tag, da sie einen Anruf von ihrer Mutter erhielt, und bis auf die Sonntage, die sie stets den obligatorischen Familientreffen widmete. Dann verwandelte Cheryl sich immer in einen trotzigen, wütenden Teenager, der seinen Ärger weder zum Ausdruck bringen noch loslassen konnte. Sie entschied sich für ein Coaching, weil sie das Gefühl hatte, in ihrer Teenagerzeit festzustecken.

Das Coaching begann mit Radikalem Erwachen und einigen Übungen, die ihren Zugang zum Erwachen stabilisieren sollten. Sie brauchte dringend einen größeren Blickwinkel auf ihre persönliche Geschichte, bevor auch nur die Möglichkeit bestand, diesen Blickwinkel zu verändern. Cheryl führte mehrere Gespräche mit ihrer Mutter, allerdings nicht persönlich. Sie schloss die Augen und begegnete ihrer Mutter dort, wo sie Cheryl die meisten Probleme bereitete: in ihrer Vorstellung. Sie durchlief einen Prozess, den wir als „Auflösen des Getrenntseins" bezeichnen. Im Geiste sagte Cheryl ihrer Mutter all die Dinge, die sie ihr noch nie gesagt hatte, und hörte sich ihre Reaktionen darauf an. Nach einigen Minuten des inneren Zwiegesprächs konnte Cheryl ihre Aufmerksamkeit verschieben und selbst zu ihrer Mutter werden. Sie konnte all die Gedanken, Gefühle und sogar die körperlichen Verkrampfungen spüren, die ihre Mutter in ihrem Kontrollzwang gefangen hielten. Am Ende des Coachings war Cheryl zum ersten Mal in ihrem Leben in der Lage, Mitgefühl für ihre Mutter zu empfinden und ihr als Erwachsene zu begegnen. Während des Coachings ging es auch um ihre Karriere und danach arbeitete sie an ihrem bislang wichtigsten Projekt.

Bewusste Elternschaft

Als David und Samantha sich scheiden ließen, war ihre Tochter Luna gerade einmal vier Jahre alt. Die Scheidung verlief in gutem Einvernehmen, doch nachdem David in eine eigene Wohnung gezogen war, musste er lernen, auch im Alleingang ein guter Vater zu sein. Jedes zweite Wochenende war Luna bei ihm und auch unter der Woche blieb sie manchmal über Nacht. Bis dato waren sie immer zu dritt gewesen und David war nie bewusst gewesen, wie wichtig Sams Präsenz in dieser Dynamik war. Luna widerstrebte es, bei ihrem Vater zu sein. Sie machte kaum den Mund auf, wenn sie bei ihm war, und fragte oft, wann sie „nach Hause“ könnte. David verfiel wieder in die alten, unbewussten Erziehungsmethoden, die er von seinem Vater gelernt hatte: Er wurde autoritär und versuchte Lunas Verhalten zu manipulieren, indem er sie mit Belohnungen bestach oder ihr Dinge vorenthielt, die sie gern wollte. Doch dadurch verschlimmerte sich die Sache nur.

In Davids Coaching ging es nicht unmittelbar um das Verhältnis zu seiner Tochter. Vielmehr versuchte sein Coach, seine maskuline Präsenz zu vertiefen und zu stärken. David erlebte zahlreiche Radical Awakenings und begann, jeden Morgen Qi Gong zu praktizieren. Nach mehreren Wochen fiel ihm auf, dass sich in seinem unteren Bauch eine Menge Energie und ein Gefühl des Wohlbefindens angesammelt hatte, wie in einem Speicher. Auch an diesem Punkt ging es noch nicht unmittelbar um den Umgang mit seiner Tochter, doch Davids Coach ermutigte ihn dazu, damit zu experimentieren, diese Energie durch seinen Körper an Andere zu „geben“. Als er feststellte, wie effektiv diese Technik war, begann er, diese bewusste maskuline Präsenz auch in den Umgang mit seiner Tochter einfließen zu lassen. Wenn Luna ärgerlich, rebellisch oder hyperaktiv war, begegnete er ihr nicht mehr mit Worten, sondern mit eben dieser Präsenz. Der nächste Schritt des Coachings bestand darin, Luna aus dieser tieferen, bewussten Präsenz heraus, dort zu treffen, wo sie war. David sollte sich so oft wie möglich zu Luna auf den Boden setzen und dort mit ihr auf ihre Weise spielen. Seine Tochter lehrte ihn zu spielen, zu fühlen, zu staunen und Spaß zu haben. Am Ende seines zehnwöchigen Coachings waren David und seine Tochter sich sehr nah gekommen, und Luna freute sich genauso darauf, Zeit mit ihm zu verbringen, wie sie sich auf ihre Mutter freute.

Das einzigartige Geschenk

Brian war ein australischer Hedgefonds-Manager und lebte in New York. Sein Jahreseinkommen war so hoch, dass er sich eigentlich hätte zur Ruhe setzen können. Er hatte die allerbesten Spielzeuge, ein geräumiges Penthouse mit Blick über Manhattan, war verlobt und wollte bald heiraten. Aber instinktiv wusste er, dass er nicht das Leben lebte, das ihm eigentlich bestimmt war. Brians Coach führte ihn durch den Prozess der Entdeckung seines einzigartigen Geschenks. Brian fragte zwölf seiner Freunde, ihm je zwölf seiner besonderen Qualitäten zu nennen; sie fanden alle einen Platz in einer Tabelle und wurden dann mit seinem derzeitigen Leben verglichen. Ich muss wohl nicht erwähnen, dass die meisten dieser Qualitäten darin nicht zum Ausdruck kamen.

Etwa nach der Hälfte des Coachings bat ihn sein Coach, sich fünf Tage lang in die Einsamkeit zu begeben. Brian zog in eine Hütte, er nahm nichts zum Schreiben, nichts zum Lesen und auch kein Handy mit und hatte keinen Internetzugang. Er sollte keine anstrengenden oder spirituellen Übungen, wie etwa Meditation, praktizieren. Er sollte einfach nur dasitzen und geduldig abwarten, bis ihm eine Einsicht kam. Das ist vor allem für Männer eine tolle Übung, um wieder Klarheit und Sinnhaftigkeit zu finden. Als Brian von seinem Retreat zurückkehrte, war ihm alles klar. Ihm wurde bewusst, dass er eigentlich gar nicht in seine Verlobte verliebt war und dadurch ihnen beiden das wahre Glück verwehrte. Sehr einfühlsam und liebevoll löste er die Verlobung. Er gab seinen Job als Hedgefonds-Manager auf, zog aus seinem Penthouse aus, verkaufte sein Auto und alle seine Spielzeuge. Er zog zurück nach Australien und fand seine große Liebe wieder: das Surfen. Binnen eines Jahres gründete er, seiner Leidenschaft folgend, gemeinsam mit Freunden eine neue Firma, die sich mit seiner Liebe zum Wassersport beschäftigte. Er verdiente nur noch einen Bruchteil dessen, was er zuvor verdient hatte, aber er hatte sein wahres Geschenk wiederentdeckt.

Große Entscheidungen treffen

Michael arbeitete seit über zehn Jahren im selben Unternehmen als Verkaufsmanager. Mit seinem Grundgehalt zuzüglich der Provisionen hatte er mehr als genug Geld, um seiner jungen Familie ein komfortables Leben zu ermöglichen. Als nun einer der Unternehmensgründer das Unternehmen verließ, um eine eigene Firma zu gründen und

Michael fragte, ob er sein Partner werden wolle, fand dieser sich in einem Durcheinander mentaler Unentschlossenheit wieder. Die einmalige Gelegenheit dieses Angebots ließ ihm einfach keine Ruhe, aber gleichzeitig wollte er das Risiko, seine finanzielle Sicherheit aufzugeben, nicht eingehen.

Michaels Coach führte ihn durch mehrere Sitzungen mit aufeinander folgenden Radical Releasings. Sie unterhielten sich eine halbe Stunde über Michaels Zwickmühle und der Coach schrieb jeden einzelnen der Glaubenssätze, die Michael über die vorherrschende Situation hegte, auf. Auch die gegenteiligen Aussagen zu diesen Punkten schrieb der Coach auf, ebenso alle Punkte, die darin enthalten waren, aber von Michael nicht benannt werden konnten. Als Michaels Coach eine Liste mit 30 bis 40 Punkten zusammengestellt hatte, praktizierten sie mit jedem dieser Punkte Radical Releasings, bis sie alle ihre emotionale Spannung verloren und ganz leer und neutral wurden. Das machten sie solange, bis es keine geladenen Glaubenssätze mehr gab, die für Michaels Unentschlossenheit verantwortlich waren. Wenn ein Coach seinen Klienten durch so viele Schichten des Radical Releasings führt, erreicht der Klient dadurch einen Zustand, den wir als „Klares Sehen“ bezeichnen. Der Klient hat dann keinerlei emotionsgeladene Ansichten mehr zu seinem Thema und kann die Dinge in aller Klarheit betrachten. Dadurch ist er sehr viel sensibler für den natürlichen Fluss des Lebens und in Kontakt damit.

Am Ende des Coachings erkannte Michael, dass er gar nicht sofort eine Entscheidung treffen musste. Er entdeckte sein Vertrauen darauf, dass der richtige Moment, um aktiv zu werden, schon kommen würde. Dieser Moment kam schließlich auch, nämlich als das neu zu gründende Unternehmen plötzlich unerwartete Mittel zur Finanzierung erhielt. Zu diesem Zeitpunkt wusste Michael genau, was zu tun war, und musste gar nicht mehr darüber nachdenken. Das ist eine der praktischen Folgen des Klaren Sehens: Die Unentschlossenheit löst sich auf und es ist völlig klar, was in jedem einzelnen Moment zu tun ist und was nicht.

Den Körper ehren

Seit über einem Jahr nahm Charlotte in ihrem Körper unerklärliche Symptome wahr: wenig Energie, gelegentliche Ausschläge und Unregelmäßigkeiten in ihrem Menstruationszyklus. Sie war bei allen allopathischen, naturheilpraktischen, ayurvedischen und chinesischen

Medizinern gewesen, die sie finden konnte. Jeder von ihnen hatte seine eigene Theorie und jeder hatte irgendeine Behandlung oder irgendein Medikament anzubieten. Aber nichts davon hatte auch nur den geringsten Einfluss auf die merkwürdigen Symptome, unter denen sie litt. Charlotte war Schülerin unserer Awakening Coaching Ausbildung, damit erhielt sie ihr Coaching im Rahmen ihrer Ausbildung zum Coach.

Ihr Coach führte sie durch einen Prozess, Gespräche mit ihrem Körper zu führen. Ihr war gar nicht bewusst gewesen, wie wenig sie in Berührung mit diesem Tier, dem menschlichen Körper, gewesen war. Jetzt trat Charlotte in Dialog mit diesem Körper, immer aus einem Zustand tiefer Entspannung heraus. Sie fragte ihren Körper: „Wie geht es dir? Was brauchst du? Wie kann ich dich unterstützen?"

Zunächst erhielt sie kaum Antworten. Eigentlich keine Überraschung: Der Körper verhielt sich wie ein Hund oder ein Pferd, das über Jahre hinweg misshandelt worden war. Er hatte es satt, mit dem menschlichen Geist in Kontakt zu treten. Doch als Charlotte nicht aufgab, diese Gespräche zu suchen, wurde ihr Körper ganz allmählich gesprächiger. Sie entdeckte, dass ihr Körper kein Deutsch (ihre Muttersprache), auch kein Englisch und ebenso wenig irgendeine andere Sprache sprach. Der Körper kommuniziert über Körperempfindungen. Und jetzt fing er an, mit ihr zu sprechen. Sie stellte ihrem Körper Fragen und erhielt Empfindungen als Antwort. Wenn sie ihren Körper zu bestimmten Lebensmitteln oder Körperübungen befragte, wenn sie ihn fragte, wann und wie lange er schlafen wollte, spürte sie Energiewellen. Einige davon fühlten sich verkrampft und ängstlich an, andere fließend und angenehm. Auf diese Weise fand sie zum Beispiel heraus, dass ihr Körper keinen Zucker und keine Milch wollte. Er wollte viel mehr Zeit für Entspannung und Spiel; besonders gefiel es ihm, sich in warmem Wasser aufzuhalten. Für ihren Coach war es ein Leichtes, Charlotte, basierend auf den Informationen, die während der Sitzungen ans Licht kamen, Übungen aufzugeben, über die sie berichten konnte. Binnen acht Wochen hatten sich Charlottes Symptome aufgelöst und sie führte ein völlig neues Leben.

Das Idealgewicht finden

Maria hatte, seit sie vor vierzig Jahren ihr erstes Kind bekommen hatte, Probleme mit ihrem Gewicht. Schon oft war es ihr mit diversen Diäten oder Saft-Fasten gelungen, mehrere Kilo abzunehmen. Aber irgendwann hatte sie ihr altes Gewicht wieder drauf.

Maria war sehr stolz auf ihre Kochkunst. Für sie war das die beste Möglichkeit, sich mit ihrem Mann und ihren Kindern, von denen das jüngste inzwischen am College studierte, verbunden zu fühlen. Alle liebten Maria für das, was sie in der Küche zauberte. Es war ihre Identität. Aber weil sie den ganzen Tag lang mit Essen konfrontiert war, war die Versuchung unglaublich groß, an all den guten Sachen, die sie ja eigentlich für andere zubereitete, herum zu naschen und möglichst oft zu kosten.

Durch das Coaching entdeckte sie all die Dinge, die sie nicht fühlen wollte, was dazu führte, dass sie auch aß, wenn sie keinen Hunger hatte. Zusammen mit ihrem Coach erstellte sie eine lange Liste aller „Frequenzen", denen sie sich nicht aussetzen wollte. Ganz oben auf der Liste stand: „Ich bin hässlich." Maria war in einem echten Teufelskreis gefangen. Je stärker das Gefühl, sie sei nicht schön, war, desto heftiger war der Drang, dieses schwierige Gefühl zu leugnen. Und der effektivste Weg, das Gefühl zu meiden, war Essen. Sie machte zu allen Frequenzen, die sie nicht fühlen wollte, Radical Releasings. Irgendwann kam sie an den Punkt, wo „Ich bin schön" und „Ich bin hässlich" keine emotionale Spannung mehr trugen. Als sie diese Frequenzen, die sie seit Jahrzehnten gemieden hatte, entwirrte, wandelte sich auch ihr Identitätsgefühl. Auch die Beziehung zu ihrer Familie veränderte sich, als sie entdeckte, dass sie sich auch ohne Kuchen als liebevolle, interessante und begehrenswerte Frau zeigen konnte.

Maria entwickelte ein Interesse an Rohkost und wurde schließlich eine Expertin der Rohkost-Küche. Sie begann den Tag mit einem grünen *Smoothie*, der hauptsächlich aus grünblättrigen Gemüsen und einigen Früchten für eine gewisse Süße bestand. Zunächst hielten ihr Mann und ihr Sohn sie für verrückt. Sie verzogen die Gesichter, wenn sie ihnen anbot, die neuen Gerichte doch einmal zu probieren. Da sie sich aber nun nicht mehr über die Wertschätzung, die sie für ihre Kochkunst erhielt, identifizierte, konnte sie bei ihrer neuen Leidenschaft bleiben. Sie kochte zwar immer noch für ihre Familie, bot aber immer auch einige Rohkostgerichte an. Es dauerte zwar eine Weile, aber irgendwann war bei ihrer Familie die Neugier für ihren neuen Lebensstil geweckt. Sie verlor an Gewicht, allerdings nicht mehr durch eine eilige Diät, sondern durch eine allmähliche Annäherung an eine gesunde Ernährung. Dabei lernte sie, ihren Körper so zu lieben, wie er ist. Sie und ihr Mann hatten plötzlich wieder ein Liebesleben, nach über vierzig Jahren Ehe! Inzwischen ist Maria selbst Coach und sie liebt es, anderen Frauen dabei zu helfen, sich mit ihrem Körper anzufreunden und zu einer neuen Lebensweise und einer gesunden Ernährung zu finden.

Geld verdienen

Peters größte Unzufriedenheit im Leben bestand darin, sich mit Geld auseinandersetzen zu müssen. Seit über zwanzig Jahren war er besessen von der Idee der „finanziellen Freiheit". Er hatte sich mit allen verfügbaren Multilevel Marketingmodellen beschäftigt, wusste über jede neue Investmentgelegenheit Bescheid und kannte sich auch auf dem Aktienmarkt und im Devisenhandel bestens aus. Er war überzeugt davon, dass er, wenn es ihm nur gelingen würde, finanzielle Freiheit zu erlangen, endlich das Leben führen könnte, zu dem er geboren worden war. Ironischerweise schwankten seine Finanzen in einem fort und er investierte ungeheuer viel Zeit und Energie darin, über Geld nachzudenken.

Im Gespräch mit seinem Coach wurde deutlich, dass in Peter unzählige widersprüchliche Meinungen über Geld vorherrschten. Er liebte und begehrte es genauso sehr wie er es hasste und es aus seinem Leben heraushalten wollte. Er beneidete reiche Leute und gleichzeitig verabscheute er sie. In diesem komplizierten Netzwerk aus Konflikten war Peter in seinem Verhältnis zu Geld völlig erstarrt. Sein Coach und er führten viele aufeinander folgende Radical Releasings durch und arbeiteten an den zahlreichen vermiedenen Frequenzen, immer eine nach der anderen.

Die wichtigste Übung, die für Peter schließlich alles verändern sollte, war ganz bewusste Dankbarkeit. Sein Coach empfahl ihm eine Website: globalrichlist.com, wo Peter nachschauen konnte, wo er finanziell im Vergleich zum Rest der Welt eigentlich stand. Sein Coach trug Peter auf, er solle jeden Abend, wenn er ins Bett ging, all die Dinge aufzählen, für die er an diesem Tag dankbar war. Manches davon war eindeutig: Dinge, die er ohnehin bereits wertschätzte. Aber einige Dinge hatte er immer für selbstverständlich erachtet, zum Beispiel Trinkwasser, eine große Auswahl an Kleidungsstücken und die Möglichkeit, Nahrungsmittel zu essen, die in einem völlig anderen Teil der Welt angebaut und dann nach Deutschland geflogen wurden, damit er sie genießen konnte. Sein Coach führte Peter allmählich weg von seinem Streben nach Geld und hin zu einer tiefen Wertschätzung und Dankbarkeit für das, was er bereits besaß.

Peter begann also, das Wort „genug" in sein Vokabular aufzunehmen. Er erkannte, dass er genug Essen, genügend Bücher, ein großes Auto, genügend Unterhaltung und genug Kleidung besaß und dass es auch genug gab, was er tun konnte. So löste Peter die

Besessenheit seines Geistes, immer mehr und mehr und mehr besitzen zu wollen, auf und erkannte, dass er bereits genug Geld besaß.

Indem er lernte, in der Dankbarkeit zu verharren, lösten sich Peters Energie und Aufmerksamkeit davon, immer mehr Geld haben zu wollen, und richteten sich stattdessen auf die Dinge, die er liebte. Peter war immer schon ein Künstler, Schriftsteller und Musiker gewesen. Aber diese Dinge waren ihm in seinem Streben nach finanzieller Freiheit ja nicht dienlich gewesen. Als ihm bewusst wurde, dass er doch eigentlich genug besaß, konnte er seine Aufmerksamkeit auf die Dinge lenken, die er liebte, und zu seiner großen Überraschung verdiente er mit seiner Leidenschaft plötzlich auch noch Geld. Am Ende des Coachings war er zwar nicht der Multimillionär, der er gern gewesen wäre, aber er konnte in aller Aufrichtigkeit sagen, dass Geld für ihn nun kein Thema mehr war, denn er hatte ja jederzeit genug für alles, was er brauchte. Und er entdeckte Möglichkeiten, seine beachtlichen Talente auf eine Weise einzusetzen, die auch Menschen in anderen Teilen der Welt zugutekamen, die es weitaus weniger gut hatten als er selbst.

Ein kreatives Projekt in die Welt bringen

Stephan hatte etwas gänzlich Neues erfunden, das die Computerindustrie dramatisch verändern würde. Er wusste, dass es etwas ganz Großes war und hatte auch schon die Aufmerksamkeit einiger der größten Technikunternehmen weltweit erlangt. Er hatte sich internationale Patente gesichert. Er wusste, dass seine Erfindung nicht nur eine enorme ökologische Integrität besaß, sondern den Unternehmen und Endnutzern auch sehr viel Geld und Zeit ersparen würde.

Stephan stand also kurz vor seinem großen Durchbruch. Mehrere zehn Millionen Dollar warteten nur darauf, den Besitzer zu wechseln. Die Produktion konnte schon bald beginnen. Er musste nur noch einen detaillierten Finanzierungsvorschlag erstellen. Aber er steckte fest. Jedes Mal, wenn er sich an seinen Computer setzte und schreiben wollte, kamen ihm unzählige andere Dinge in den Sinn, die dringend erledigt werden mussten. Die Tage gingen ins Land, ohne dass er auch nur den geringsten Fortschritt mit diesem Papier zu verzeichnen hatte.

Stephan entschied sich für ein Coaching, um diese Blockade aufzulösen. Gemeinsam mit seinem Coach stellte er rasch fest, dass er sich vor dem Erfolg seines Projekts genauso fürchtete, wie er ihn herbeisehnte. Er machte viele Radical Releasings für all die gemiedenen Frequenzen rund um den materiellen und kreativen Erfolg.

Der entscheidende Durchbruch war für Stephan seine Erfahrung des Radical Awakening. Er kam aus der Welt der Technik und des Business und hatte sich bislang nie für spirituelle Praktiken interessiert. Als sein Coach ihn nun zu der Erkenntnis führte, dass es eine Dimension seines Geistes gab, die grenzenlos war, war es für Stephan schockierend und berauschend zugleich, dass er selbst ohne Grenzen sein sollte, jenseits jeglicher Definition und vollkommen frei. Sein Coach lehrte Stephan, wie er möglichst oft am Tag in diesem grenzenlosen Bewusstsein verharren konnte, immer nur ein paar Minuten lang.

Immer, wenn Stephan schreiben wollte, riet ihm sein Coach, in jenes grenzenlose Bewusstsein einzutauchen. Stephan lernte, sich in dieses unendliche Bewusstsein fallen zu lassen und die feinen kreativen Impulse wahrzunehmen, die aus diesem höchst sensiblen Zustand mentaler Aktivität heraus geboren werden. Da erkannte er, dass diese Erfindung, die er als die „seine" bezeichnete, eigentlich gar nicht seine war. Sie war lediglich durch ihn geboren worden und er war eher so etwas wie ein Kanal, nicht ihr Eigentümer. In seinem Schreiben nahm er dann eher die Position eines Schreibers als die eines Autors an. Alles ging plötzlich viel leichter und einfacher vonstatten und machte ihm sogar Spaß. Es gelang Stephan noch vor Beendigung des Coachings, das Dokument zu vollenden und einzureichen. Seinen Namen habe ich für dieses Buch geändert, aber Stephans Erfindung ist inzwischen längst in Produktion gegangen und beeinflusst mit ziemlicher Wahrscheinlichkeit auch dein Leben.

Es gibt unzählige Menschen, die mit Hilfe des Awakening Coachings in der Lage waren, Bücher zu schreiben, CDs fertig zu stellen, neue Erfindungen auf den Markt zu bringen und andere kreative Projekte zu vollenden. Im traditionellen Sinne bedeutete Mystik immer, der Welt zu entsagen. Die moderne Mystik hingegen steht erst dann in voller Blüte, wenn wir der Welt alles, was wir zu geben haben, als kreatives Geschenk überreichen.

KAPITEL 15

Coach werden

Nachdem wir nun über die Möglichkeiten des Coachings gesprochen haben, wurde vielleicht dein Interesse geweckt, selbst Coach zu werden, anstatt ein Coaching zu machen. Vielleicht möchtest du auch beides.

Heutzutage gibt es überall auf der Welt viele hervorragende Coachingschulen. Jede davon hat ihre Besonderheiten. Jede zieht mit ihren speziellen Methoden ganz bestimmte Menschen an, und jede geht nach einem eigenen Lehrplan vor. So etwas wie eine staatliche Zulassung gibt es für Coaches nicht, darum verfügt jede Schule über ihr eigenes Zertifikat. Man kann sich als Coach aber auch über die International Coaching Federation, die 1995 von Thomas J. Leonard ins Leben gerufen wurde, zertifizieren lassen. Wenn es dich reizt, selbst Coach zu werden, möchte ich dir ans Herz legen, dich gut über die verschiedenen Schulen zu informieren, bevor du deine endgültige Wahl triffst. Es kann auch klug sein, an mehr als nur einer Schule zu lernen, dann stehen dir am Ende jede Menge Techniken für die unterschiedlichsten Klienten zur Verfügung.

Das Tolle an der Ausbildung zum Coach ist, dass man sie relativ schnell und leicht absolvieren kann. Du musst nur mal über den Unterschied zwischen einem Fitnesstrainer und einem Kniechirurgen nachdenken. Mein Sohn hat neulich eine Ausbildung zum CrossFit Trainer gemacht, eine Fitnesstrainingsmethode, die die Welt im Sturm erobert hat. Er lernte die Grundlagen, wie man diese Methode vermittelt, an nur einem Wochenende. Natürlich muss man ein bisschen mehr Zeit investieren, wenn man ein wirklich guter Personal Trainer werden will, aber gewiss keine acht bis zehn Jahre, die es braucht, um Medizin zu studieren, Praktika zu machen und sich dann auf Chirurgie zu spezialisieren. Der Grund dafür ist, dass es sehr viel einfacher und unkomplizierter ist, zu lernen, wie man mit gesunden Menschen arbeitet und sie dazu ermutigt, mehr aus sich und ihrem Leben zu machen, als zu lernen, wie man Verletzungen oder Krankheiten behandelt.

So geht es sehr viel einfacher, leichter und schneller, die Ausbildung zum Coach zu absolvieren, als zum Beispiel Psychotherapeut oder Psychiater zu werden. Ein wichtiger

Teil der Ausbildung besteht darin, erkennen zu lernen, wann es ratsam ist, deine Klienten an einen Fachmann zu verweisen.

Drei gute Gründe dafür, Coach zu werden

Wenn du genauere Informationen über unsere Schule haben möchtest, werde ich an späterer Stelle noch verraten, wo du diese findest. Zunächst einmal wollen wir über ein paar allgemeine Dinge sprechen, die eine Ausbildung zum Coach mit sich bringt.

Mir fallen drei gute und stichhaltige Gründe dafür ein, warum ein Mensch sich für eine Ausbildung zum Coach entscheiden könnte. Dabei ist ein Grund genauso gut wie der andere, es gibt keine Hierarchie. Jeder einzelne Grund mag für eine bestimmte Person der ausschlaggebende sein.

Der erste Grund, sich zum Coach ausbilden zu lassen, ist, dass dir der Gedanke gefällt, dich von Gleichgesinnten unterstützen und ihnen gleichzeitig deine Unterstützung angedeihen zu lassen. In unserem Kontext, der sich ja mit der Verkörperung des Erwachens befasst, bedeutet das, dass du möglicherweise festgestellt hast, dass du von hierarchischer Spiritualität die Nase voll hast: Guru-zentrierte Organisationen, in denen es Regeln und Mitgliedschaften gibt, mit vorhersagbarem Vokabular und Verhalten. Vielleicht brennst du ja darauf, den ausgetretenen Pfad zu verlassen und dich mit ein paar mutigen Freunden in die Wildnis unerforschter Gebiete aufzumachen. Das muss nicht unbedingt damit zu tun haben, wie du dein Geld verdienst. Du kannst als Filmemacher oder Manager oder als Künstler glücklich werden, oder als Mutter, die zu Hause für ihre Kinder sorgt. Dein Interesse am Coaching gilt vor allem der gegenseitigen Unterstützung unter Gleichgesinnten. Etwa ein Drittel der Menschen, die bei uns die Ausbildung machen, gehören zu dieser Kategorie.

Der zweite gute und stichhaltige Grund für eine Ausbildung zum Coach ist der, dass du die Techniken, die in der von dir erwählten Coaching Schule gelehrt werden, in deinen bereits vorhandenen Beruf einbinden möchtest. Wir unterrichten in unserer Schule beispielsweise viele Psychiater, Psychologen, Ärzte und Lebensberater. Sie erlernen die grundlegenden Techniken des Radical Awakening, Radical Releasing und die Ermächtigungsübungen. Diese Menschen würden sich vermutlich nie ein Schild vor die Tür hängen, das sie als zertifizierte Awakening Coaches ausweist. Vielmehr werden sie weiterhin ihren Beruf ausüben. Oft hören wir von solchen Leuten, dass sie sehr viel tiefergehende Ergebnisse erzielen, sobald sie die Techniken anwenden, die ihren Patienten den Zugang zum grenzenlosen Bewusstsein ermöglichen. Dr. Marc Loewer ist zum Beispiel ein in Deutschland praktizierender Psychiater. Er war schon vor seiner Ausbildung bei uns Psychiater, ist es auch heute noch und sieht sich auch in Zukunft, für den Rest seines langen und glorreichen Lebens, in dieser Rolle. Er berichtet, dass ihm die Techniken, die er bei uns gelernt hat, dabei helfen, seinen Patienten mit mehr Präsenz zu begegnen und diesen, sofern es ihm angemessen erscheint, dabei zu helfen, ihre persönliche Geschichte – die oft mit Leiden, Niederlagen und Selbstzweifeln verknüpft ist – zu verarbeiten und jene Dimension ihrer selbst zu entdecken, die immer heil gewesen ist. Etwa die Hälfte der Menschen, die bei uns die Ausbildung machen, fällt in diese Kategorie. Sie wollen keinen neuen Beruf ergreifen, vielmehr möchten sie kraftvolle und effektive Techniken in ihre bereits bestehenden Berufe integrieren.

Der dritte gute und stichhaltige Grund für eine Ausbildung zum Coach wäre dein Wunsch, ein neues Berufsfeld zu betreten. Vielleicht hast du es satt, als Schafzüchter, Friseur oder Kernphysiker zu arbeiten und möchtest jetzt etwas ganz Neues und Anderes ausprobieren. Vor diesem Kontext solltest du die Ausbildung natürlich etwas ernsthafter angehen, ihr mehr Zeit widmen und wahrscheinlich auch mehr Kurse besuchen. Wenn du als professioneller Coach arbeiten möchtest, würde ich dir nahelegen, an mindestens zwei verschiedenen Schulen zu lernen, dann stehen dir nämlich ganz unterschiedliche Techniken und Werkzeuge zur Verfügung, die du deinen Klienten anbieten kannst. An unserer Schule hat gewiss nicht jeder dieses Ziel: Vielleicht einer von fünf, vielleicht auch weniger. Wenn jemand sich dafür entscheidet, in Vollzeit als Coach mit unserer Methode zu arbeiten, empfehle ich ihm ein spezielles Ausbildungsprogramm, bei dem er ein Jahr lang eng mit mir zusammen arbeitet und lernt, alle Techniken, mit denen er später arbeiten wird, wirklich zu beherrschen, damit er sie in jeder Situation, ob mit Gruppen oder Einzelpersonen, perfekt anwenden kann.

Welche Qualitäten sollte ein guter Vollzeit-Coach mitbringen?

Ich hatte das große Privileg, (bis zum Sommer 2013) über 1300 Menschen zu Coaches auszubilden. Diese Zahl wächst jedes Jahr um ein paar weitere hundert an. Manche davon haben sich für eine Karriere als Vollzeit-Coaches entschieden und arbeiten heute nach unserer Methode. Viele andere integrieren die erlernten Techniken in eine bereits existierende Coaching-Praxis. Ich hatte also jede Menge Gelegenheit, herauszufinden, welche Qualitäten ein hervorragender Coach mitbringen sollte. Hier eine kurze Zusammenfassung.

Neugier. Ein Coach ist kein Lehrer. Beide haben ihre Aufgabe im Weltgeschehen, aber der Unterschied ist folgender: Ein Lehrer verfügt über eine ganze Reihe bereits bestehender Ideen, eine Lehre, die er an seine Schüler vermitteln will. Lehren kann manchmal recht unflexibel und dogmatisch ablaufen. Ein Coach hingegen kommt im Prinzip mit leeren Händen. Natürlich hat er einen ausgeklügelten Werkzeugkasten bei sich, aus dem er bei Bedarf schöpfen kann, aber seine primäre Aufgabe besteht darin, neugierig darauf zu sein, wie sein Klient die Wirklichkeit wahrnimmt. *Was ist deine tiefste Sehnsucht? Was steht dir im Weg und behindert dich? Welche großen Siege hast du in deinem bisherigen Leben errungen? Wie kann ich dir zu Diensten sein?*

Mein Vater zum Beispiel war Journalist. Fünfundsiebzig Prozent dessen, was aus seinem Mund hervorsprudelte, waren Fragen. Sogar wenn ich ihm Freunde aus der Schule vorstellte, konnte er sich nicht zurückhalten, sie mit einer Salve journalistischer Fragen zu befeuern. Manchmal, wenn er sich vergaß, zog er sogar sein Notizbuch und einen Stift hervor. Er war ein echter Fragensteller. Mein Vater hatte keine vorgefertigte Meinung darüber, was ein Mensch mit seinem Leben anfangen sollte, er war einfach nur unglaublich neugierig. Ich denke, ihm habe ich einen Teil dessen zu verdanken, was mich zu einem guten Coach macht. Ich schnüffle auch in meinem Privatleben wahrscheinlich mehr in den Angelegenheiten anderer Leute herum, als ich sollte, wofür mir meine wunderbare Frau dann auch öfter mal auf die Finger haut. Beim Coaching allerdings ist diese Eigenschaft unheimlich nützlich. Ich bin sehr neugierig darauf, mehr über meine Coachingklienten zu erfahren und herauszufinden, was sie antreibt. Wenn du diese unheilbare Neugier mit mir gemeinsam hast, könnte aus dir ein toller Coach werden.

Mut. Meiner Beobachtung nach kann ein guter Coach seinen Klienten vor allem in den Bereichen helfen, in denen er selbst bereits Herausforderungen überwunden und Siege errungen hat. Wenn es zum Beispiel um das Schreiben eines Buches oder eines Drehbuchs geht oder um die Vollendung eines beliebigen kreativen Projekts, dann mag dieser Prozess einem ungeübtem Auge ziemlich simpel erscheinen. Man setzt sich einfach an den Schreibtisch und vollendet es. Aber das ungeübte Auge hat wahrscheinlich noch nie Stunde um Stunde unter ständigen Ablenkungen, Aufschieberitis und Schreibblockaden am Schreibtisch gehockt. Ich habe bereits acht Bücher geschrieben und weiß genau, worin die Herausforderungen bestehen, und genau das macht mich zu einem qualifizierten Coach für Menschen, die vor denselben Herausforderungen stehen. Von mir würde ein Schriftsteller wohl nie so abgegriffene Antworten wie „Dann stehst du eben zeitiger auf und machst eine Stunde mehr am Tag, dann ist das im Nullkommanichts erledigt" zu hören bekommen. Das wäre ziemlich frustrierend und demütigend. Wenn einer meiner Klienten zu mir sagt „Ich sitze stundenlang vorm Rechner, starre nur auf den Bildschirm und mir fällt einfach nichts ein", dann kann ich zu ihm sagen „Ich weiß genau, wovon du sprichst. Ich habe das selbst schon Dutzende Male erlebt. Komm, wir machen jetzt ein wenig Radical Releasing und ein paar Ermächtigungsübungen für all die Dinge, die du bisher noch nicht verwirklichen konntest."

Legen wir die Messlatte für Mut nun noch ein wenig höher: Ich darf dir Ursula Kauer vorstellen, sie arbeitet als zertifizierter Awakening Coach in Stuttgart. Fast ihr ganzes Erwachsenenleben lang hat sich Ursula mit ihrem Körper auseinandergesetzt. Sie hat zwanghaft gegessen, Diäten gemacht, die nie langfristige Ergebnisse brachten, und häufig den Gedanken gehegt, sie sei, so wie sie ist, nicht schön. Über viele Jahre hinweg hat sich Ursula diesen Dingen mit unerschütterlichem Mut und Entschlossenheit gestellt und sie schließlich überwunden. Sie ist nicht etwa plötzlich zum Bikinimodel abgemagert, aber die Bewertungen, mit denen sie sich selbst gequält hat, sind definitiv sehr viel schmaler geworden, und gleichzeitig hat sie gelernt, ihren Körper so zu akzeptieren wie er ist und diese Akzeptanz ist immer mehr gewachsen.

Vor Kurzem traf ich Ursula während einer Ausbildung für Coaches in der Nähe von Frankfurt. Am Abend sollte sie einen Vortrag halten. Als wir zum Abendessen aufbrachen, stand sie auf und verkündete mit lauter Stimme: „Ich möchte euch alle nochmal herzlich zu meinem Vortrag heute Abend einladen. Er wird euch gefallen. Mit das Beste an meinen Vorträgen ist, dass mein ganzer Körper wackelt, wenn ich lache." In diesem Moment habe ich unglaublichen Respekt für Ursula empfunden und war unsagbar stolz darauf, wie sie alles, woran wir gemeinsam arbeiten, auf ihre spezielle Weise verkörpert. Sie hat es geschafft, sich selbst zutiefst zu akzeptieren und ist mehr als bereit, ihr Geschenk voller Enthusiasmus in die Welt zu tragen, und dabei nutzt sie diesen Körper als Werkzeug. Ursula musste viele schwierige Phasen überstehen und sich all den Frequenzen stellen, die sie ihr ganzes Leben lang verdrängt hatte. Sie musste einen unbeschreiblichen Mut aufbringen, um die Dinge genau so lassen zu können, wie sie eben sind. Und eben dieser Mut macht sie zum absolut besten mir bekannten Coach für Menschen, speziell für Frauen, die mit ihrem Körper Frieden schließen wollen.

Erschaffe dich neu. Vor vielen Jahrhunderten schrieb der Dichter Bunan:

Stirb, solang du lebst,
und sei unwiederbringlich tot.
Dann tu, was du willst;
es ist alles gut.

Bunan beschreibt hier nicht den physischen Tod, auch keine Versehrtheit des Körpers. Er spricht von der Bereitschaft, immer wieder alle Definitionen, die du dir auferlegt hast, loszulassen. Auf diese Weise bist du eher ein Geheimnis als eine Person, und zwar nicht nur für dich selbst, sondern auch für alle anderen. Die reifste Antwort auf die Frage „Wer bist du?" lautet „Ich weiß es nicht." In unserer Coachingschule sind unsere zukünftigen zertifizierten Coaches gefordert, an neunzig aufeinanderfolgenden Tagen Radical Releasings zu geben und zu empfangen. Die Coaches dringen also während der Ausbildung in immer tiefere Schichten verdrängter und vergessener Glaubenssätze vor. Diese Bereitschaft, deine Definition von dir selbst, immer wieder loszulassen und in einem Dasein als undefiniertes Geheimnis zu ruhen, macht es möglich, dass du nicht als eine Welle namens Joe Blow mit all seinen Geschichten und Einschränkungen daherkommst, sondern als der ganze Ozean, als die ganze Menschheit.

Durch diese rigorose Disziplin, all die falschen Identitätsschichten loszulassen, gelangst du zu wahrem Mitgefühl für deine Coachingklienten, anstatt Mitgefühl konstruieren zu müssen.

Offen sein für Feedback. Coaching ist noch ein sehr junger Berufszweig. Wie wir bereits festgestellt haben, gab es Coaching noch vor etwa zwanzig Jahren lediglich im Bereich des Sports. Es ist also ein Beruf, der sich immer wieder neu erfindet, darum befindet sich ein guter Coach auch jeden Tag wieder in einem Lernprozess. Es ist wirklich ratsam, sich als Coach möglichst oft, um ein Feedback durch die Klienten zu bemühen: Wie gut dient dir das, was ich tue? Wie könnte dieser Prozess für dich noch besser verlaufen? Was haben wir noch nicht bearbeitet? In vielen Berufszweigen käme man im Traum nicht darauf, solche Fragen zu stellen: Da steht einfach zu viel auf dem Spiel und es herrscht ein Gefühl „Ich bin der Profi, ich weiß, was ich tue; bitte treten Sie beiseite, ich habe die Situation unter Kontrolle." Zugegeben, in einigen Berufen wäre die Bitte um Feedback tatsächlich irgendwie unangebracht. Ich möchte schließlich auch nicht auf dem Operationstisch aufgeweckt werden, weil der Chirurg mich fragen will, ob er seinen Job vielleicht besser machen könnte. Coaching ist aber ein Beruf, bei dem es um Zusammenarbeit geht, und die Bereitschaft, keine Verteidigungsmauern um sich herum aufzubauen, ist für einen guten Coach eine sehr wichtige Qualität.

Liebe. Okay, jetzt ist der Moment für das große L-Wort gekommen. Irgendwer hat mir mal erzählt, es sei eine eingetragene Handelsmarke von Hallmark Grußkarten, aber ich nehme das Risiko in Kauf und verwende es einfach trotzdem.

Als meine Kinder noch klein waren, wollte ich für sie unbedingt eine richtig visionäre Schule finden, an der sie wachsen und gedeihen würden. Ich besuchte damals die lokale Charter School, an der nach den Prinzipien von Rudolf Steiner, dem Gründervater der Waldorfschulen, unterrichtet wurde. Über diese Geschichte habe ich in meinem Buch *The Translucent Revolution* ausführlich berichtet.[32] Als ich zum ersten Mal an diese Schule kam, noch bevor meine Kinder eingeschult wurden, musste ich einfach weinen. Ich war so gerührt von dem, was ich dort in den Klassenzimmern sah. Was das genau war? Ich erinnere mich, dass der Lehrer einer siebten Klasse nicht an, sondern auf seinem Schreibtisch saß und mit seiner Klasse über Demokratie diskutierte. Die Kinder waren zwölf oder dreizehn Jahre alt, aber der Lehrer zeigte tiefen Respekt und große Neugier für ihre Meinungen. Ich spürte, dass der Mann das Prinzip der Evolution verstanden hatte und keinen Zweifel daran hatte, dass diese kleinen menschlichen Wesen vor ihm, die zu einem späteren Zeitpunkt in der Geschichte der Menschheit geboren worden waren, weiter entwickelt waren als er selbst. Er nutzte die Schulbildung dafür, die den Kindern bereits innewohnende Weisheit ans Licht zu bringen.

Ein richtig guter Schullehrer entwickelt solch eine Einstellung nicht über Nacht. Rudolf Steiner legte seinen Lehrern an der ersten Waldorfschule, die für die Angestellten der

[32] http://better-than-sex.kajabi.com/posts/waldorf-education

Waldorf-Astoria Zigarettenfabrik in Stuttgart gegründet worden war, ans Herz, jeden Abend eine kleine Visualisierungsübung zu machen. Er bat die Lehrer, sich jeden Abend vor dem Schlafengehen jedes Kind vor Augen zu halten. Er bat sie, über die größte Leistungsfähigkeit jedes einzelnen Kindes nachzudenken: Was war das Höchste, was es zu erreichen vermochte, das Höchste an Liebe und Kreativität, an Glück und Gaben, das es beizutragen imstande war. So etwas steht gewiss nicht in der Stellenbeschreibung eines durchschnittlichen Schullehrers in den USA; aber wenn ein Lehrer von sich aus dazu bereit ist, wird er zu einem wahrhaft großartigen Lehrer. Ich habe ein spezielles Wort für diese Art von Aufmerksamkeit, für diesen aufrichtigen Wunsch, das Beste in einem Menschen zu sehen und sein wahres Potential zu erkennen. Und dieses Wort heißt Liebe. Die Menschen verwenden dieses Wort in allen möglichen Zusammenhängen, aber das ist es, was es für mich bedeutet. Das ist meine Geschichte und an der halte ich fest.

Ein richtig guter Coach liebt seine Coachingklienten. Ein richtig guter Coach verwendet den heiligsten Teil des Tages darauf, sich jeden seiner Klienten ins Bewusstsein zu rufen und dessen tiefstes Potential, dessen einzigartiges Geschenk und den höchsten Ausdruck seiner wahren Natur zu erfühlen und zu visualisieren.

Gewiss gibt es noch eine Vielzahl weiterer Qualitäten, die ein guter Coach mitbringen sollte, und wenn du dich über die verschiedenen Coachingschulen informierst, solltest du immer nachfragen, welche Qualitäten dort an einem Coach am meisten geschätzt werden.

Ich will an dieser Stelle nicht ins Detail gehen, was unseren eigenen speziellen Ansatz zu diesem Thema betrifft. Bei uns werden sehr unterschiedliche Lektionen angeboten, teils online, teils in Seminaren, und wir haben unseren eigenen Zertifizierungsprozess. Die Details dazu findest du unter awakeningcoaching.de.

Wow, hast du mal auf die Uhr geschaut? Die Zeit vergeht wie im Flug, wenn man über Dinge spricht, die einen begeistern. Heute Abend sind eine Menge Menschen zu unserer Party gekommen, alle mit vielen Fragen über Awakening Coaching, und ich habe ja versprochen, einige davon zu beantworten. Wie es aussieht, haben sich jetzt alle im Wohnzimmer eingefunden. Gehen wir doch mal zu ihnen rüber.

TEIL VIER:

Fragestunde

KAPITEL 16

Maskuline und feminine Praxis

Ist dieses Coaching für Männer und Frauen gleich?

Das ist eine gute Frage. Wir haben ja bereits über das Erwachen und über Ermächtigungsübungen gesprochen, die uns dabei helfen können, das Erwachen in unseren Alltag zu integrieren. Wir glauben, aus jahrtausendealten Traditionen eine Menge über diese Themen zu wissen. Tatsächlich kennen wir aber nur den maskulinen Ausdruck dieser Dinge.

Vor etwa zwölf Jahren begegnete ich einer Frau, die eine natürliche Affinität zu einer bewusst femininen Lebensweise hatte. Sie war eine leidenschaftlich Praktizierende und hatte erkannt, dass sie lange Zeit viel zu sehr von der maskulinen Traditionen beeinflusst worden war. Sie hatte sich geschworen, Praktiken aufzuspüren, die eine weibliche Verkörperung des Erwachens hervorbringen würden. Nachdem ich sie besser kennen gelernt hatte, war ich so verliebt, dass ich sie bat, mich zu heiraten. Ich möchte dir jetzt meine Frau vorstellen, Chameli Ardagh. Sie kann dir viel besser erklären, was weibliche spirituelle Praxis eigentlich bedeutet:

> *Weibliche spirituelle Praxis findet im Körper statt. Sie ist etwas Verkörpertes. Sie ist eine Erkundung verkörperter Spiritualität. Eine Erkundung des Geistes und eine Beziehung zum verkörperten Geist, wie er sich in einer Form ausdrückt. Sie nimmt uns in unserer Menschlichkeit an. Sie nimmt all die Herausforderungen wie auch die Herrlichkeiten des Menschseins an. Sie ist keine Reise oder ein Abwenden von diesen Dingen. Vielmehr ist sie ein tiefes Eintauchen in den Körper, in Gefühle, Formen und Beziehungen. Und dadurch kommt sie in Berührung mit der Essenz, dem innersten des innersten Erlebens, und schaut ihr ins Angesicht.*

Viele Frauen empfinden eine tiefe Erleichterung und ein Gefühl der Heimkehr, wenn sie die weibliche spirituelle Praxis für sich entdecken, denn in dem, was sie mit Spiritualität in Verbindung zu bringen gelernt haben, fühlen sich Frauen äußerst eingeschränkt. Viele Traditionen lehren, dass wir unsere Gefühle überwinden müssen. Familie und Beziehung, die im Leben einer Frau oft einen zentralen Platz einnehmen, gelten als Ablenkung für spirituelles Erwachen oder Reife. Die Vorbilder an spiritueller Reife entsprechen nicht den meisten Frauen, sie verhalten sich auch nicht wie sie. In diesem ständigen Vergleich müssen Frauen einfach scheitern; ein Verbrechen, unter dem Frauen schon so lange Zeit zu leiden hatten.

Wo wir auf die weibliche Spiritualität treffen spiegelt sich in anderen Frauen ebenso wie in weiblichen Archetypen spiritueller Reife eine ungeheure Freiheit, die uns zeigt, dass spirituelle Reife so viele Gesichter hat wie es Sterne am Himmel gibt. Sie ist so vielfältig und facettenreich. Sie schenkt den Frauen die einmalige Gelegenheit und macht es ihnen gleichzeitig zur Aufgabe, eben nicht zu versuchen, sich in eine vorgefertigte Form zu zwängen, sondern sich darauf einzulassen, wie radikal erfrischend und spontan sich der Geist durch jede von uns auszudrücken sucht.

Der grundlegendste Unterschied

Das, was einem jeden Menschen in einem Augenblick echten Erwachens offenbart wird, ist immer dasselbe. Es ist grenzenloses Bewusstsein, das ohne Farbe, ohne Textur, ohne Form existiert, es hat keinen Klang und weder Vergangenheit noch Zukunft haften ihm an. Es hat keinerlei Inhalt und ist doch voller Liebe, voller Präsenz. Natürlich besitzt es auch keine Nationalität, keine kulturelle Prägung und kein Geschlecht. Doch sobald dieses grenzenlose Bewusstsein erst einmal gelebt wird, findet es Ausdruck durch den Menschen. Inder, Texaner, Hindus oder Buddhisten würden diesem Erwachen auf sehr unterschiedliche Weise in ihrem Leben Ausdruck verleihen.

Die grundlegendste Unterscheidung, die wir zwischen Menschen machen, ist die Unterscheidung nach Geschlechtern – es ist das erste, was uns auffällt, wenn wir einem Fremden begegnen. Doch seit Tausenden von Jahren wurden diese Themen immer nur von Männern für Männer besprochen.

Denken wir kurz darüber nach. Die Religion, mit der die meisten von uns aufgewachsen sind, ist das Christentum. Und wie viele Jünger hatte Jesus? Zwölf, oder? Wie war da noch gleich das Verhältnis Männer zu Frauen? Mohammed, der Begründer des Islams, war ein Mann, und bis zum heutigen Tage sind alle Imams, die den Islam lehren, ebenfalls Männer. Buddhas erste *Arahats* waren Männer, und erst später bildete er recht zögerlich einen kleinen Orden von Nonnen aus. So könnten wir ewig weitermachen. In vielen fernöstlichen Traditionen geht man sogar so weit, zu behaupten, nur Männer könnten das Erwachen finden.

Vor einhundert Jahren mussten sich die Frauen ihr Wahlrecht erkämpfen. In den 1970ern kämpften sie um ihr Recht auf gleichberechtigte Arbeit und wurden Richterinnen, Ärztinnen, Anwältinnen und Politikerinnen. Im Augenblick vollzieht sich nun ein weiterer Evolutionsschritt, wie Frauen sich in der Gesellschaft verwirklichen und ausdrücken. In den ersten Jahren des 21. Jahrhunderts wird den Frauen bewusst, dass sie nicht kämpfen müssen, um an einer von Männern geschaffenen Welt teilzuhaben. Wir entdecken die weibliche Ökologie, weibliche Führung, weibliche Finanz- oder Organisationssysteme. Und wir erleben das Entstehen eines neuen Wirkungsbereichs: der femininen Spiritualität und femininer spiritueller Praxis.

Energie, nicht Körper

Ehe wir tiefer einsteigen, möchte ich auf einen sehr wichtigen sprachlichen Unterschied hinweisen. Die Worte „männlich" und „weiblich" beschreiben Merkmale des physischen Körpers. Ich verwende dagegen die Worte „maskulin" und „feminin", um den Unterschied auf der energetischen Ebene zu beschreiben. Wir begreifen diesen Unterschied ganz instinktiv. Was ist maskuline Energie? Wenn wir mal einen Moment in Stereotypen denken wollen: Was tun Männer an einem Sonntagnachmittag? In den meisten Ländern schauen sie Sport, vorzugsweise Mannschaftssport, wie zum Beispiel Fußball, bei dem eine Mannschaft, (meist) bestehend aus Männern, versucht, einen Ball an der gegnerischen Mannschaft vorbei in deren Tor zu bugsieren. Dabei helfen ihr Schnelligkeit, Täuschungsmanöver und manchmal auch rohe Gewalt. Maskuline Energie konzentriert sich oft auf das Erreichen von Zielen, auf Macht und Wettbewerb. Maskuline Energie beinhaltet aber auch Fokussiertsein, Zentriertheit und Präsenz.

Frauen andererseits, und auch dies ist eine grobe Verallgemeinerung, würden wohl eher einen Film über Beziehungen dem Mannschaftssport vorziehen. Meine Frau, Chameli sieht sich öfter solche Filme an. Ab und an gehe ich dann durch das Wohnzimmer. Immer stirbt irgendwer oder es gibt fürchterliche Beziehungsprobleme, und alles ist äußerst tragisch. Am Ende des Films hat Chameli dann mehrere Packungen Taschentücher verbraucht, und ihre Augen sind ganz rot. Ich sage dann immer: „Mein Gott, das muss ja schrecklich gewesen sein.“ Noch unter Schluchzen erwidert sie dann: „Nein, es war absolut wundervoll, total schön.“ Sie liebt diese Filme, weil sie ihr Gelegenheit geben, ganz uneingeschränkt Gefühle zu erleben. Das ist eines der Merkmale für feminine Energie: Die Fähigkeit, zutiefst fühlen zu können. Das Feminine in jedem von uns liebt die Farben, die Texturen und die Empfindungen. Es ist nicht zielorientiert, viel lieber verweilt es in den Empfindungen und Gefühlen des gegenwärtigen Augenblicks.

Das Entscheidende aber ist: Männer und Frauen verfügen beide sowohl über maskuline als auch über feminine Energien, die in einem bestimmten Verhältnis zueinander stehen. Biochemisch betrachtet, haben Männer durchschnittlich etwa dreißig Mal mehr Testosteron in ihrem Blut als Frauen. Die einen mehr, die anderen weniger. Frauen haben auch Testosteron, aber eben viel weniger. Sie haben dagegen viel mehr Oxytocin und Östrogen. Ein Aspekt im Awakening Coaching besteht nun darin, das natürliche Gleichgewicht zwischen maskulinen und femininen Energien einer Person zu erkennen und zu respektieren und sie dann dabei zu unterstützen, dieses Gleichgewicht mit Hilfe von Übungen wieder herzustellen und aufrechtzuerhalten.

Unbewusste und bewusste Verkörperung

Es gibt jedoch bei diesem Thema noch eine sehr viel feinere Ebene. Wir reden hier nicht nur über maskuline und feminine Energien, sondern auch über den unbewussten und bewussten Ausdruck derselben.

Wenn ein Mann von der maskulinen Energie beherrscht wird, ohne ihr je seine bewusste Aufmerksamkeit zu schenken und ohne das Element des Erwachens einzubringen, dann wird er irgendwann zwangsläufig von den eher unbewussten Aspekten des Maskulinen beherrscht werden. Diese Merkmale wirken auf Frauen gemeinhin wenig attraktiv. Beispiele hierfür wären destruktives Wettbewerbsverhalten, übertrieben analytisches und kontrollierendes Verhalten, sich mit Gewalt nehmen, was man will, sich Ziele setzen, an denen man starr und unnachgiebig festhält, ohne sie eventuell der Realität anzupassen, Aggressivität und Gewalt.

Ein Mann kann die maskuline Energie aber auch bewusst und mit kreativem Geschick durch seinen Körper lenken. Es sind genau diese Merkmale bewusster maskuliner Energie, die Frauen an Männern am meisten lieben. Bewusst gelebte maskuline Energie ist Präsenz, Zentriertheit, Zielgerichtetheit, aber auf eine Weise, die die Realität mit einbezieht und auf sie eingehen und mit ihr fließen kann. Bewusste maskuline Energie ist empfindsam, doch Präsenz und Bodenständigkeit sind immer ein wenig stärker als das Fühlen. Bewusste maskuline Energie entfaltet sich in jeder beliebigen Situation voll und ganz, verliert dabei aber nie den Humor, denn der entsprechende Mann betrachtet das Leben ein bisschen wie ein Spiel, an dem er mit Leib und Seele teilnimmt, in dem er sich aber nie verliert. Bewusste maskuline Energie nimmt die Dinge in die Hand, ist entscheidungsfreudig und hat dabei stets den größeren Zusammenhang im Blick, in dem das Spiel stattfindet.

Gleichermaßen können wir von unbewusster und bewusster femininer Energie sprechen. Das unbewusste Weibliche ist emotional dramatisch, kann vorwurfsvoll und gehässig sein, in Abhängigkeiten geraten oder sich in Sinneswahrnehmungen verlieren. Es kann jammernd, nörgelnd und kritisch sein.

Das bewusste Feminine dagegen lebt in einem freien Körper, hat ein Herz voller Liebe und diese Liebe ist bedingungslos vergebend und allumfassend. Sie versteht es, für Harmonie zu sorgen und in Menschen und Situationen stets das Beste hervorzubringen, denn sie hat ein von Natur aus liebendes und annehmendes Wesen. Das bewusste Feminine vermag in allen Situationen tief zu fühlen, ohne sich dabei in den Geschichten, um das „warum" und „das ist, weil" und „wer hat hier wem was angetan" zu verlieren. Sie fühlt und empfindet ganz ohne Grund.

Mir ist bewusst, dass es auf einige Menschen sehr anstößig wirkt, dass ich so auf dieser Unterscheidung zwischen maskuliner und femininer Energie sowie ihren unbewussten und bewussten Ausdrucksformen bestehe. Speziell Frauen, die sich lange gegen stereotype Geschlechterrollen stark gemacht haben, könnten das als rückschrittlich empfinden. Doch der Grund, weshalb wir das tun, ist nicht, weil wir damit stereotype Geschlechterrollen unterstützen wollen, sondern um der Erkenntnis willen, dass die Menschen sehr viel glücklicher sind, wenn sie sich in ihre natürliche Persönlichkeit hinein entspannen. Ein Awakening Coach sollte immer genau darauf achten, dass er seinen Klienten keine stereotypen Geschlechterrollen aufzwingt, sondern stattdessen sehr sensibel in das natürliche Gleichgewicht von maskuliner und femininer Energie hinein spürt und dem Klienten hilft, diesen Energien Ausdruck zu verleihen.

Wenn wir uns hier die Ermächtigungsübungen zunutze machen, schlagen wir gleich zwei Fliegen mit einer Klappe. Zum einen stellen wir das für die jeweilige Person natürliche Gleichgewicht zwischen maskuliner und femininer Energie wieder her und zum anderen helfen wir ihr, zu lernen, diesen energetischen Typus aus dem Unbewussten ins Bewusstsein zu holen. Das ist natürlich ein weites Feld und bietet Platz für jede Menge Missverständnisse. Wir haben an dieser Stelle wirklich nur kurz an der Oberfläche gekratzt.

Effektive Übungen

Ein guter Awakening Coach wird, nachdem er einen Klienten durch das Radical Awakening zu der Erkenntnis geführt hat, dass diese Dimension gänzlich geschlechtslos ist, nachdem er oft genug das Radical Releasing durchgeführt und dem Klienten hinreichend Ermächtigungsübungen aufgegeben hat, durch die die Merkmale der natürlichen Persönlichkeit sich allmählich zu entfalten beginnen, in der Lage sein, auch das natürliche Gleichgewicht zwischen maskuliner und femininer Energie sowie deren bewussten Ausdruck wieder herzustellen.

Chameli beschreibt hier die Essenz weiblicher Übungen:

> *Während sich unsere weibliche Spiritualität entfaltet, entdecken wir auch neue Hilfsmittel und Übungen, um sie zu verkörpern. Wir haben gelernt, uns im Reich des Denkens zu bewegen und uns darauf zu stützen, was zu einem ungeheuren Ungleichgewicht und einer Entkörperlichung geführt hat. Durch diese Abspaltung vom Körper ist ein Riss, eine Abspaltung entstanden – die Ursache all unserer Leiden. Der erste Schritt zur Verkörperung weiblicher Spiritualität muss also darin bestehen, wieder in Kontakt mit dem Körper zu kommen: Wir müssen lernen, den Körper zu spüren, ihn voll und ganz zu bewohnen und auch die Gefühle und Empfindungen im Körper wahrzunehmen.*

Es gibt da eine Übung, die wir „Feel, Kiss, Flow" nennen. Eine wunderbare Art zu üben oder neu zu erlernen, bei einem Gefühl zu bleiben, und zwar da, wo es sich bemerkbar macht, anstatt gleich wieder ins Reich des Denkens zu flüchten.

Der erste Schritt ist das Spüren. Wenn du ein Gefühl oder eine Empfindung wahrnimmst, erspüre sie, nimm wahr, wo im Körper sie beheimatet sind. Lenke deine Aufmerksamkeit auf den Körper und du wirst sie als Körpersensation wahrnehmen. Wenn du dich langweilst, hegst du vielleicht den Gedanken, die Situation zu verändern, aber wie fühlt sich Langeweile eigentlich im Körper an? Beobachte, wie sich dieses Gefühl als Körperempfindung anfühlt. Wenn du traurig bist, wie fühlt sich das an?

Dann lenkst du deinen Atem zu dieser Körperempfindung, so als wolltest du sie von innen mit deinem Atem küssen. Du atmest in die Empfindung hinein, wo immer sie sich befindet, du versuchst nicht, sie aufzulösen, sondern ihr noch mehr Raum zu geben. Wenn das Gefühl Raum bekommt, kann es fließen. Gefühle sind Energie und Energie ist ständig in Bewegung, in Veränderung, sie steht niemals still. Es ist die Geschichte rund um das Gefühl, die stecken bleibt.

Dies ist die Übung. Feel, Kiss, Flow. Spüre die Empfindung im Körper, küsse sie von innen mit deinem Atem, gib ihr Raum zum Fließen.

Hier einige weitere Übungen, die die bewusste feminine Energie fördern:

Fühlen ohne Geschichte. Wie Chameli gerade erklärt hat, liegt die Essenz bewusster femininer Energie im Empfinden von Gefühlen, ganz frei vom Denken. Eine einfache Methode, das zu erfahren, besteht darin, deinen Körper zu unterschiedlichen Arten von Musik zu bewegen. Bei dieser Übung wird dein Coach dich bitten, zwölf verschiedene Gefühle aufzuschreiben, die häufiger auftauchen: Gefühle wie Wut, Traurigkeit, Freude, Begeisterung, Schrecken. Dann suchst du aus deinen Musikbeständen je ein Stück heraus, das ein bestimmtes Gefühl am besten für dich zum Ausdruck bringt. Erstelle eine „Playlist" dieser Stücke. Sobald die Musik sich verändert, bringst du das jeweilige Gefühl durch Bewegungen oder Geräusche zum Ausdruck. Frauen empfinden es als sehr angenehm, das gemeinsam mit anderen Frauen tun. Bei dieser Übung geht es nicht um das Tanzen im Sinne von „richtigen" Bewegungen wie beim Tango, Walzer oder Salsa. Vielmehr ermöglicht sie dir, Gefühle auszudrücken, ohne einen Grund dafür zu haben, sie zu fühlen.

Zeit mit Frauen verbringen. Eine berühmte Studie, die in den 1990ern an der UCLA[33] durchgeführt wurde, hat gezeigt, dass bei Frauen, die ohne einen festen Plan einfach nur Zeit zusammen verbringen, zum Beispiel essen oder einkaufen gehen, die sich in Gegenwart der anderen wohlfühlen und Sinneserfahrungen wie Farben, Gerüche oder Geschmäcker miteinander teilen, der Oxytocinspiegel dramatisch ansteigt. In einem weiblichen Körper werden dadurch die Stresshormone Adrenalin und Cortisol ausbalanciert. Frauen kehren also zu ihrem natürlichen Gleichgewicht zurück, wenn sie Zeit mit anderen Frauen verbringen können und dabei weder über die Arbeit sprechen noch irgendetwas erledigen.

Sinneserfahrungen. Wenn Klientinnen zu mir kommen, die in ihrem Beruf eine männliche Rolle ausfüllen müssen, empfehle ich ihnen immer eine einfache Übung zu machen, wenn sie nach Hause kommen. Lege alles ab, was du während der Arbeit getragen hast, auch deinen Schmuck, und gönne dir eine Dusche, um den Tag abzuwaschen. Du kannst auch in eine Badewanne mit duftenden Ölen steigen. Wenn du fertig bist, verwöhne deinen Körper mit angenehm duftenden Cremes, Lotionen oder Ölen. Dann zieh dir etwas Weiches und Fließendes an, ganz anders als deine Arbeitskleidung, und verbringe den Abend mit schöner Musik, gutem Essen und vielleicht bei Kerzenschein. Meiner Erfahrung nach genügt schon eine Stunde, in der eine Frau sich voll und ganz diesen femininen Wonnen hingibt, um die vielen Stunden maskuliner Energien auf der Arbeit wieder vollständig auszugleichen.

Ausdruck von Hingabe. Das Feminine in jedem von uns strebt von Natur aus danach, Bewunderung und Hingabe zu empfinden und auszudrücken. Das erreichst du schon, wenn du deine Kinder oder deinen Partner hingebungsvoll liebst und anbetest, aber du kannst deine Hingabe auch gegenüber einer Statue oder einer Gottheit zum Ausdruck bringen. Es spielt im Prinzip keine Rolle, denn nicht das Objekt deiner Zuwendung ist entscheidend, sondern die Fähigkeit, mit deinem Körper tiefe, irrationale, bedingungslose Hingabe zu empfinden und auszudrücken.

---

[33] Abkürzung für: University of California, Los Angeles.

Hier einige Übungen, um das bewusste Maskuline zu schulen. Das bewusste Maskuline in jedem von uns strebt immer nach Zentriertheit. Hier sind einige Übungen, sich zu zentrieren und das innere Gleichgewicht zu finden.

Qi Gong. Eine der besten Übungen für einen Mann, der seine zentrierte, maskuline Energie finden will, ist die uralte Kunst des Qi Gong. Qi Gong wurde vor etwa fünftausend Jahren von Shaolin Mönchen in China entwickelt und ist heutzutage auch in der westlichen Welt sehr verbreitet. Einer der besten Qi Gong Lehrer, der diese Kunst für uns zugänglich gemacht hat, ist Meister Mantak Chia. Lee Holden, einer seiner Schüler, hat eine wunderbare Reihe von Videos[34] gemacht, dich sich hervorragend dazu eignen, diese Übungen in deinen Tagesablauf zu integrieren. Qi Gong ermöglicht es einem Mann, seine maskuline Energie sehr schnell zu zentrieren, in die Präsenz zu kommen und der Welt aus dieser Zentriertheit heraus zu begegnen.

Meditation. Vor tausenden von Jahren übernahmen Männer und Frauen im Laufe des Tages sehr unterschiedliche Aufgaben. Die Männer verbrachten den Tag auf der Jagd und schütteten dabei permanent Testosteron in ihr Blut aus. Wenn sie dann heimkamen, setzten sie sich schweigend ans Feuer der Männer und starrten hinein, die Keule an ihrer Seite ruhend. Dieses schweigende Stillsitzen in einer aufrechten Position ist die beste Methode, wieder Testosteron aufzubauen, was für den Mann bedeutet, dass er Stress abbauen und zu seinem natürlichen Gleichgewicht zurückfinden kann. Es gibt biochemische Gründe dafür, warum stille Meditationen sich so gut dazu eignen, maskuline Energie zu kultivieren. Zazen oder Vipassana Meditation eignen sich für Männer und Frauen gleichermaßen, aber sie eignen sich besonders gut, um das Maskuline zu fördern.

Zeit allein. Während Frauen viel eher in ihrer wahren Natur ruhen, wenn sie mit anderen Frauen zusammen sind, findet ein Mann viel besser in seine Mitte, seine Präsenz zurück, wenn er allein ist. Da genügt manchmal schon ein Spaziergang, manchmal hilft auch ein kurzes Retreat. Allein zu sein ist für den Mann eine der besten Möglichkeiten, wieder zu sich zu finden.

---

[34] http://exercisetoheal.com/

Sich Ziele setzen und realisieren. Das Maskuline in uns gedeiht am besten, wenn wir uns Ziele setzen, auf sie hinarbeiten und sie realisieren, bestenfalls in einem zuvor abgesteckten Zeitrahmen. Genauso funktioniert auch unsere heutige Businesswelt, sie wurde schließlich von Männern geschaffen. Immer wenn ein Mann sich ein realistisches Ziel setzt und es erreicht, wird in seinem Gehirn Dopamin freigesetzt, wodurch ein Gefühl der Befriedigung erzeugt wird und der Mann in sich ruhen kann.

Es gibt natürlich noch sehr viel mehr Übungen, mit denen unsere Coaches arbeiten, um die maskulinen und die femininen Energien wieder zum Fließen zu bringen. Ich hoffe, die hier genannten haben dir schon mal einen guten Überblick verschaffen können.

KAPITEL 17

Erwachen und Erleuchtung

Führt dieser Prozess des Awakening Coachings auch zur Erleuchtung?

Ehe wir diese Frage beantworten können, müssen wir erst einmal darüber sprechen, was das Wort „Erleuchtung" überhaupt bedeutet. Während der letzten vierzig Jahre wurde das Wort „*Enlightenment*", also Erleuchtung, im Englischen recht freizügig gebraucht und beschrieb dabei so etwas wie einen absoluten Zustand des Angekommen-Seins: quasi die Endstation auf der Reise durch die Evolution.

Ich hatte im Laufe der Jahre immer wieder Gelegenheit, mit unzähligen Menschen über dieses Wort zu diskutieren und weiß, dass es ganz und gar keine einstimmige Meinung über dessen Bedeutung oder darüber, wer sich denn als „erleuchtet" bezeichnen darf, gibt. Da es sich also um ein Wort handelt, über dessen Bedeutung man sich nicht einig ist, ja von dem nicht einmal klar ist, ob es überhaupt eine bestimmte Bedeutung hat, müssen wir wohl akzeptieren, dass es sich dabei um ein Konzept handelt, dem wir jede beliebige Bedeutung zuschreiben können.

Bei Konzepten geht es weniger darum, ob sie wahr oder falsch sind, sondern vielmehr darum, welche Auswirkungen sie auf unser Leben haben. Was geschieht denn mit der Qualität deines Lebens in dem Augenblick, da du das Element „Erleuchtung" in dein Glaubenssystem aufnimmst?

Für die Menschen gibt es in der Regel einige bestimmte, naheliegende Persönlichkeiten, gleich ob tot oder lebendig, die sie als erleuchtet erachten. Zu denen, die in den vergangenen Jahren Empfänger dieser Projektion waren, gehören unter anderem Maharishi Mahesh Yogi, Bhagwan Rajneesh (Osho), Amrit Desai, Werner Erhard und Baba Muktanada und viele andere.

Was allerdings passieren kann, wenn wir anderen Menschen diese Eigenschaft zuschreiben, ist, dass wir uns ziemlich verraten und verkauft fühlen, wenn diese dann einige allzu menschliche Charakterzüge zeigen. In den letzten Jahren gab es immer wieder viele Lehrer aus dem Fernen Osten, die von ihren Anhängern auf einen Sockel gestellt wurden. Später fand man dann heraus, dass der Lehrer einerseits das Zölibat predigte, selber aber mit Minderjährigen ins Bett ging. Oder der Lehrer trat in der Öffentlichkeit als Mönch ohne irdischen Besitz auf, während er auf Schweizer Bankkonten massenhaft Geld hortete. Es gibt eine Unmenge derartiger Diskrepanzen. So ein Lehrer fällt aber nur deshalb in Ungnade, weil er zuvor als Übermensch angesehen wurde. Nur, wenn man einen Lehrer auf einen Sockel stellt, kann er von diesem auch herunter fallen. Das ist eine der Folgen dieses Mythos von der „Erleuchtung".

Schauen wir uns doch einmal an, welche Auswirkung dieses Konzept auf die Qualität des gegenwärtigen Augenblicks hat. Im Allgemeinen ist es so, dass die Menschen, wenn sie von „Erleuchtung" sprechen, einen Seinszustand meinen, der in der Zukunft liegt oder den sie einer anderen Person zuschreiben. „Im Moment bin ich noch nicht erleuchtet, aber in Zukunft werde ich es sein" oder „dieser Mensch da auf dem Sockel, der ist erleuchtet." Was macht das mit unserer Wahrnehmung des gegenwärtigen Augenblicks? Wenn du an einem Konzept von einer besseren Zukunft oder an einer Person auf einem Sockel, die damit ja über dir steht, festhältst, was hat das für Auswirkungen auf deine Erfahrungen im Jetzt? Auf deine Fähigkeit zu lieben?

Wenn du dein Leben der Aufgabe verschreibst, irgendwann einmal „erleuchtet" zu sein, dann ist deine Aufmerksamkeit nicht bei dem, was jetzt gerade in deinem Leben geschieht. Dann kann sich dadurch ganz schnell eine andere Form von Ehrgeiz entwickeln.

Erst neulich bin ich mit dem Zug von Wien nach München gefahren. Diese Strecke durch die österreichische Landschaft ist unglaublich reizvoll. Mein Veranstalter hatte für mich ein Ticket zweiter Klasse gebucht. Alles war vollkommen in Ordnung. Ich hatte einen Tisch. Ich konnte meinen Computer ans Stromnetz anschließen; der Speisewagen war ganz in der Nähe. Alles war bestens. Dann ging ich auf die Suche nach der Toilette. Ich ging in den nächsten Wagen und stand plötzlich in der ersten Klasse. Die Sitze waren mit Leder bespannt und die Rückenlehne ließ sich ein wenig nach hinten verstellen. „Sieht ja nett aus", dachte ich. Ich fragte den Schaffner, wie viel ich denn extra zahlen müsste, wenn ich hier sitzen wollte. 40 Euro. Nicht übel. Dann ging ich weiter. Da stieß ich auf ein privates Abteil. Dieses Abteil war nicht nur erste Klasse, nein, es war ein VIP Business

Class Abteil. Da hat man dann eine Leselampe und der Sitz lässt sich zur Liege verstellen. „Wahnsinn! Hier will ich sitzen!"

Und so geht es im Leben ständig: Es gibt immer noch eins draufzusetzen. Du kannst deinen Sessel verbessern, den RAM Speicher in deinem Rechner, dein Auto, dein Haus, deinen Job. Sogar den Ehemann oder die Ehefrau kann man verbessern. Tatsächlich gilt doch für die meisten von uns, dass wir unser ganzes Leben damit verbringen, irgendetwas zu verbessern. Das sind die Symptome der allgemeinen Unzufriedenheit, an der wir Westler leiden: Wir wollen immer mehr, immer etwas Neues, immer etwas Besseres.

Als ich da in diesem Business Class Abteil in der österreichischen Bahn stand und darüber nachdachte, wie toll es doch wäre, hier zu sitzen, hielt ich inne. „Arjuna", sagte ich zu mir, „da, wo du jetzt sitzt, ist es doch prima. Es macht doch keinen Unterschied, ob du die Fahrt hier genießt oder dort. Der Ausblick auf die Berge bleibt genauso atemberaubend." Also ging ich zurück zu meinem Platz in der zweiten Klasse und genoss die Zugfahrt gründlich.

„Erleuchtung" ist die ultimative Neurose des ständigen Verbesserns. Du kannst dich selbst in den Wahnsinn treiben, wenn du ständig denkst: „Mit mir stimmt doch irgendetwas nicht, so wie ich bin. Ich habe Gedanken. Oh mein Gott, jetzt sind es auch noch negative Gedanken. Jetzt denke ich an Eiscreme. Ich habe Empfindungen in meinem Körper. Ich fühle doch was da unten, in meiner Leiste. Ich muss unbedingt erleuchtet werden."

Eine Option, die dir immer offen steht, ist nicht die Fantasie dieses Upgrades zu erfüllen, sondern einfach zu deinem Sitzplatz zurück zu gehen und die Fahrt durch dein Leben zu genießen. Wir reden hier nicht über irgendeine Vorstellung von Erleuchtung oder darüber, sich irgendwie zu verbessern. Erwachen ist etwas völlig anderes. Erwachen bedeutet, die Dinge so zu sehen, wie sie wirklich sind. Da geht es nicht um Verbesserung, sondern darum, zu erkennen, dass der Augenblick genau so, wie er ist, vollkommen ist. Was siehst du jetzt gerade? Was hörst du? Wer ist in deiner Nähe? Wen könntest du gerade jetzt berühren und küssen? Wir sind von so vielen Segnungen umgeben, die wir im ständigen Streben nach mehr, nach Neuem, nach Besserem so leicht übersehen.

Dieser Augenblick ist vollkommen, genau so, wie er ist; er muss sich nicht verändern. Er wird von unserem Bewusstsein aufgenommen und auch unser Bewusstsein muss sich nicht verändern, es kann sich auch gar nicht verändern. Es ist unendlich. Für den Wandel, von dem wir hier sprechen, benutzen wir das Wort „Erwachen".[35] Das ist etwas, das geschieht. Ein Augenblick des Erwachens ist immer jetzt und jetzt und jetzt. Dafür gibt es kein Sternchen im Hausaufgabenheft und auch kein Zertifikat. Das Wort Erleuchtung dagegen beschreibt einen Zustand, einen Moment des Aufsteigens, ein Ereignis in der linearen Zeit. „1991 wurde ich erleuchtet." Herzlichen Glückwunsch. Und was ist jetzt? Dieser Augenblick ist ein Augenblick des Erwachens. Nur dieser Augenblick: Alles andere ist vergessen.

Erwachen ist also keineswegs dasselbe wie „Erleuchtung". Erwachen muss man nicht mit Großbuchstaben schreiben. Es gehört zu unserem ganz normalen Alltag. Wir müssen es nicht auf einen Sockel stellen. Ich habe im Laufe der letzten zwanzig Jahre sehr viel zu diesem Thema geforscht. Wenn Menschen, so wie wir es hier beschreiben, erwachen und erkennen, was eigentlich diesen Augenblick hier erlebt, dann löst sich das Wort „Erleuchtung" einfach in Luft auf; es hat keine Bedeutung, weder in der Gegenwart noch in der Zukunft. Wenn du jemanden, der gerade in der Weite verweilt, fragst „Bist du erleuchtet?", dann wird derjenige vermutlich nur lachen. Es hat keine Bedeutung. Wenn du ihn fragst „Versuchst du, Erleuchtung zu erlangen?", wird er wahrscheinlich wieder lachen.

Vielleicht kennst du schon mein Buch *Die Lautlose Revolution* aus dem Jahr 2005. Ich stelle darin jedem meiner Interviewpartner dieselben Fragen: „Bist du erleuchtet? Versuchst du, Erleuchtung zu erlangen?" Von den 170 Menschen, die ich befragt habe, hat nicht einer mit „ja" geantwortet. Entweder haben sie gelacht und gesagt „Ich weiß ja nicht einmal, was das bedeutet" oder sie haben gelacht und gesagt „Nein." Diese Menschen haben die Erleuchtung weder als gegenwärtigen Seinszustand für sich in Anspruch genommen, noch strebten sie in Zukunft danach.

Menschen, die vom Erwachen gekostet haben, werfen ihre Vorstellung von diesem Konzept über den Haufen. Sie werfen ihren Anspruch, dieses menschliche Wesen zur Vollkommenheit führen zu wollen, einfach auf den Müll. Erwachen bedeutet nicht

[35] Im Englischen: Awakening, wobei die Endung *-ing* darauf hinweist, dass es sich um einen in der Gegenwart stattfindenden Akt handelt, nicht um einen abgeschlossen. (Anm. d. Übers.)

nur die Erkenntnis der Bewusstheit, die diesen Augenblick erlebt, sondern auch eine unbeschwerte Akzeptanz, dass dieses Tier Mensch nun einmal so ist, wie es ist, und manchmal ist es eben unvollkommen. Es hat vielleicht seine Wehwehchen, wird im Alter vergesslich, ist manchmal ungeduldig, sehnt sich nach Dingen, hat Wünsche. Vielleicht kann man es ja auf ein akzeptables Verhalten trainieren, das auch anderen Menschen angenehmer ist; aber der Versuch, dieses Tier zur Vollkommenheit zu führen, ist vergebene Liebesmüh.

KAPITEL 18

Geld fürs Nichtstun

In vielen Traditionen legt man Wert darauf, dass spirituelle Lehren nichts kosten. Warum also nehmen wir Geld für unsere Hilfe beim Erwachen?

Ich habe über diese Frage wirklich viel nachgedacht. Und die Antwort darauf ist nicht leicht. Es ist absolut richtig, dass in vielen alten Kulturen, beispielsweise in Indien, Tibet, Japan oder auch in früheren Zeiten hier im Westen Geld und alles, was mit Erwachen zu tun hatte, streng getrennt wurde. Man ging davon aus, dass der Kommerz den Lehren schaden würde. Und dafür gibt es gute Gründe.

Ein Guru in Indien würde immer ein schlichtes Leben führen, meditieren, beten und den Menschen zu Diensten sein. Er würde nie um Geld bitten. Gleichzeitig würden die Menschen aber auch nie mit leeren Händen bei einem Lehrer aufkreuzen. Sie würden ihm Kleidung, Essen oder Feuerholz bringen. Es gibt in Indien sogar ein Wort dafür, *dana,* und es bedeutet, dem Lehrer ganz selbstverständlich etwas zurückzugeben. Ein ähnliches Prinzip, einen Teil des eigenen Einkommens abzugeben, gibt es in der westlichen Welt auch bei der Kirche. Es geschieht einfach nur ein Energieaustausch. Der Lehrer wird physisch genährt und die in seiner Nähe lebenden Menschen werden spirituell genährt. In den letzten Jahrzehnten haben viele Leute genau das auch in Europa und Amerika versucht, allerdings hat es nicht immer so gut funktioniert. Wir leben nun einmal in einer Gesellschaft, in der die Menschen daran gewöhnt sind, dass Dienstleistungen ihren Preis haben.

In den vergangenen Jahren konnten wir verschiedenste Ergebnisse im Umgang mit Geld in diesem Zusammenhang beobachten. Da gab es wohlmeinende Lehrer, die ihre Dienste auf Spendenbasis anboten und dann ihre Rechnungen nicht bezahlen konnten. Am Ende mussten sie dem Geld sehr viel mehr Aufmerksamkeit schenken, als ihnen lieb gewesen wäre.

Dann wieder gibt es Lehrer, die eine riesige Organisation aufbauen und völlig überhöhte Preise verlangen. Es gab schon Lehrer aus Fernost, die mit einer ganzen Armada Rolls Royces vorfuhren, in Palästen lebten und Privatjets hatten. Auf einen Außenstehenden wirkt das sicher sehr merkwürdig.

Ich bin jedenfalls zu dem Schluss gekommen, dass nichts falsch daran ist, Geld zu nehmen oder zu geben: Wichtig ist die geistige Haltung, mit der wir es tun, und was wir mit dem Geld dann anstellen.

Werte schaffen

Als ich Mitte dreißig war, betrieb ich in Seattle eine extrem erfolgreiche Schule. Ich bildete Psychotherapeuten in Hypnotherapie aus. Alle Kurse waren ausgebucht und ich besaß genug Geld, um alles tun zu können, was ich nur wollte. Ich hatte in wenigen Jahren genug angespart, um mich zur Ruhe zu setzen und mir ein nettes Leben leisten zu können.

Aber da war diese Sehnsucht in mir nach etwas Tieferem, etwas Realerem, nach etwas, das mich mehr nähren würde, und so verkaufte ich alles. Ich gab die Schule auf, verkaufte mein Haus und mein Auto und lagerte das Wenige, was noch blieb, ein. Ich reiste nach Indien, um dort nach etwas zu suchen, das ich mit meinem Verstand nicht greifen konnte, das meinem Herzen aber einfach keine Ruhe ließ. Ein Jahr später begegnete ich meinem Lehrer H.W.L. Poonja und er führte mich in das Radical Awakening. Er wollte nie Geld von mir haben. Er führte ein bescheidenes, aber angenehmes Leben und lebte von seiner Rente. Auch er stammte aus einer Kultur, in der Lehrer von ihren Schülern kein Geld verlangen. Ich hatte dennoch einen hohen Preis bezahlt, um bei ihm sein zu können, darum nahm ich die ganze Sache äußerst ernst. Ich hatte immerhin mein Haus, meine Arbeit und mein angenehmes Leben in Seattle aufgegeben, um nach etwas Tieferem zu suchen.

Das, was uns in einem Augenblick radikalen Erwachens offenbart wird, ist unglaublich simpel. Das Schwierige dabei ist nicht das Erreichen dieses Zustands, sondern seine Wertschätzung. Ich konnte so viel Wertschätzung aufbringen, dass das Erwachen zur Basis meines Alltags geworden ist, was wohl an dem Preis liegt, den ich gezahlt habe. Und diesen Preis habe ich nicht an meinen Lehrer gezahlt, sondern an das Leben selbst. Genauso neigen die Menschen in unserer Gesellschaft dazu, Dingen mehr Wertschätzung entgegenzubringen, wenn sie etwas dafür bezahlt haben, ganz gleich auf welche Weise.

Was kostet es?

Wenn ich neue Klienten für eine Reihe von Coaching Sitzungen aufnehme, ist immer eine der ersten Fragen, die sie stellen: „Was kostet das?“ Ich sage ihnen dann, dass ich keinen festen Preis dafür habe, dass es aber gut wäre, wenn sie dem Prozess an sich einen Wert beimessen würden. Wie wir ja schon beschrieben haben, legen wir zu Beginn die Ziele fest, die der Klient während des Coachings erreichen möchte. Ich ermuntere ihn dann immer, intensiv darüber nachzusinnen, inwiefern unsere Beziehung sein Leben am weitreichendsten beeinflussen könnte. Wenn wir dann alles zu Papier gebracht haben und beide wissen, was der Klient sich für Ziele gesteckt hat, egal ob diese Ziele spiritueller, physischer, finanzieller oder beziehungstechnischer Natur sind, stelle ich ihnen diese simple Frage: Wenn du alle diese Ziele realisiert hättest, was wäre dir das wert? Welchen Wert hätte es für dich? Ich glaube, das ist eine sehr wichtige Frage, denn sie fordert die Menschen auf, sich einen Wert zu schaffen.

Vielleicht antwortet einer: „Zehntausende Dollar, aber so viel habe ich nicht.“ Das ist okay, ich würde nie von jemandem eine größere Summe Geld nehmen als die, mit der der Klient sich wohl fühlt. Aber er hat trotzdem einen Wert für sich geschaffen. Stelle deinen Klienten diese Frage. Dadurch kann zwischen euch eine einzigartige finanzielle Beziehung entstehen. Der eine zahlt dir vielleicht viele tausend Dollar, weil es genau das ist, wodurch er Wert erschaffen kann. Ein anderer Klient inspiriert dich vielleicht mit seiner Vision und seinen Zielen und weckt so viel Mitgefühl in dir für alles, was er schon durchgemacht hat, dass du bereit bist, für fast gar nichts mit ihm zu arbeiten oder ganz und gar umsonst. Ich habe beides schon getan.

Nimm, was du brauchst und verschenke den Rest.

Eigentlich ist nicht das Geld das Problem. Es ist die Sucht nach *mehr*, die uns Probleme bereitet. Denn die hört nie auf. Ich habe eine einfache Lösung für dieses Problem:

Ermittle, wie viel Geld du brauchst, um deine Miete oder deine Hypothek, Essen, Reisen und alle weiteren Kosten in einem Jahr zu decken. Dann leg noch ein bisschen was für Extras oben drauf. Noch einen kleinen Betrag zum Ansparen für die Zukunft. Jetzt weißt du, wie viel du etwa brauchst, damit Geld kein Thema mehr für dich ist. Sobald du dir darüber im Klaren bist, was für dich ausreichend ist, sind die Dinge gleich viel einfacher. Komischerweise ist es sogar so: Sobald du weißt, wie viel du brauchst, fließt es dir plötzlich sehr viel leichter zu.

Überlege, ob du die Überschüsse nicht verschenken willst. Du kannst zum Beispiel etwas für gemeinnützige Zwecke spenden. Wenn du das Wort „genug" in dein Vokabular aufnimmst, machst du damit deinen Wirrungen rund um das Thema Geld schnell ein Ende. Sobald du weißt, wie viel du brauchst und erkennst, dass dieses Ziel eigentlich gar nicht so schwer zu erreichen ist, laufen die Dinge plötzlich einfacher. Deine Angst vor der Armut löst sich an dem Tag auf, an dem du die endlose Gier nach mehr einfach ablegst.

Lass den Menschen die Wahl

Ein ähnliches Arrangement haben wir bei unserer Ausbildung zum Awakening Coach. Wir haben den Preis im Vergleich zu anderen Coaching Ausbildungen an sich schon recht moderat gehalten. Wenn die Leute das Anmeldeformular ausfüllen, nennen wir ihnen dort den vollen Preis, fügen aber folgende Erklärung hinzu: „Wir würden uns freuen, wenn Sie diesen Betrag zahlen, sofern Sie das können, denn auf diese Weise können wir alle Kosten decken, die für einen Kurs wie diesen anfallen. Sollten Sie jedoch diesen Betrag nicht aufbringen können, haben wir dafür Verständnis. Wenn Sie einen Nachlass oder ein Stipendium benötigen, nehmen Sie mit uns Kontakt auf, und wir können gern darüber reden."

Seit wir unsere Preise auf diese Weise nennen, ist die Sache sehr viel einfacher geworden. Etwa drei Viertel der Leute, die sich anmelden, zahlen ohne Weiteres den vollen Betrag. Gut ein Viertel der Menschen bitten um einen Nachlass, diese Menschen bitten wir um eine kurze Erklärung. Welche Schwierigkeiten haben sie hinter sich? Welche Möglichkeiten haben sie, dieses Coaching auf sinnvolle Weise zu nutzen? Durch dieses Arrangement können die Leute, die das Geld haben und davon profitieren können, es zu zahlen, den vollen Preis zahlen. Aber es ermöglicht auch den Menschen, am Kurs teilzunehmen, die eben nicht genug Geld besitzen.

Wenn wir im Bezug auf Geld und Preise einmal über den Tellerrand hinaus denken, finden wir mit Leichtigkeit einen Weg, jedem das zu verschaffen, was er braucht. Und Geld ist dann viel weniger ein Thema.

KAPITEL 19

Wer ist eigentlich qualifiziert?

Es klingt, als gabelst du die Leute auf der Straße auf und bringst ihnen bei, wie sie zu Geburtshelfern des Erwachens werden. Ich frage mich, ob wirklich jeder für diesen Job qualifiziert ist.

Das ist ein wirklich guter Punkt. Die Frage nach der Qualifikation steht schon seit tausenden von Jahren im Raum. Nehmen wir doch einmal unsere althergebrachten Meinungen darüber unter die Lupe, wer denn eigentlich beim Erwachen helfen sollte. In unserer Vorstellung ist das doch meistens irgendein „erleuchteter" Mensch. Historisch betrachtet und sogar heute noch schreiben wir diese Eigenschaft in der Regel eher einem Mann zu als einer Frau. In den letzten Jahren sind immer mehr Frauen zu spirituellen Vorbildern geworden, doch im Laufe der Geschichte waren es fast immer Männer.

Wir neigen dazu, zu glauben, dass jemand, der für diese Aufgabe qualifiziert ist, „erleuchtet" (hier haben wir wieder den absoluten Zustand) sein muss, während wir selbst es nicht sind. Wie wir bereits festgestellt haben, ist das Problem bei dieser Betrachtungsweise, dass sie uns, auch wenn sie durchaus eine gewisse Daseinsberechtigung hat, wiederum in diesen beiden Rollen zementiert. Je mehr Zeit wir mit einem „erleuchteten" oder erwachten Menschen verbringen, desto stärker wird auch unser Gefühl, selbst Suchender und eben nicht „erleuchtet" oder erwacht zu sein, und wir warten ständig darauf, dass irgendetwas geschieht. Viele Menschen stecken über Jahre hinweg, manchmal sogar jahrzehntelang in dieser Rolle fest und schauen zu einem Lehrer auf einem Sockel auf, während sie selbst immer kleiner werden.

Im Awakening Coaching legen wir den Schwerpunkt auf das Awaken*ing*[36]. Für uns gibt es dabei zwei sehr wichtige Aspekte. Da ist einmal das Erkennen deiner wahren Natur als

[36] Die Endung *-ing* zeigt an, dass etwas gerade in diesem Augenblick stattfindet.

Präsenz. Und das zweite ist die Verkörperung oder die Integration dieses Erwachens in den Alltag.

Mein guter Freund, der brillante Philosoph Ken Wilber, hat die wichtige Unterscheidung zwischen Bewusstseinszuständen und Entwicklungsstufen beschrieben. Ein Bewusstseinszustand, so sagt er, ist ein vorübergehendes Gipfelerlebnis, in dem wir Erkenntnisse haben, die weit über die Ebene hinausgehen, auf der wir uns für gewöhnlich aufhalten. Ein Moment des Erwachens ist für die meisten Menschen ein vorübergehender Bewusstseinszustand. Normalerweise leben wir in einem Gefühl des Getrenntseins, der Anstrengung und der Mühen und plötzlich erleben wir etwas völlig anderes. Das kann während einer Meditation oder durch die Begegnung mit einem Lehrer geschehen, manchmal auch durch Drogen, und dann erkennen wir, dass unsere wahre Natur grenzenloses Bewusstsein ist. Das ist ein vorübergehender Bewusstseinszustand. Evolutionäre Entwicklungsstufen dagegen beschreiben das Kultivieren von Praktiken und Gewohnheiten, die diese Art von Gipfelerlebnissen in unserem Alltag stabilisieren sollen.

Eine weitere wichtige Unterscheidung, die Wilber macht, ist, dass wir unsere Entwicklungsstufen nicht nur auf einem einzelnen Weg durchlaufen. Wir entwickeln uns auf so unterschiedlichen Ebenen wie Elternschaft, Sexualität, Arbeit, sozialem und politischen Handeln und der Körper- und Gesundheitspflege. Es gibt eine Vielzahl parallel verlaufender Wege der Entwicklung. Und fast jeder Mensch hat irgendwo ein Ungleichgewicht: Er ist weit entwickelt auf der einen Ebene und nicht so weit auf einer anderen. Demnach muss man doch die Vorstellung von einer weiter entwickelten oder gar „erleuchteten" Person stark in Zweifel ziehen.

Hier nun meine Antwort auf die Frage, wer denn nun eigentlich qualifiziert ist. Zunächst einmal würde ich sagen, dieser Mensch sollte ein wahrhaft offenes Herz und einen offenen Geist besitzen und er sollte eine natürliche Liebe und Fürsorge für andere Menschen empfinden. Wie auch immer seine eigene Verfassung sein mag, er sollte über eine natürliche Neugier verfügen und das Wohlergehen anderer Menschen sollte ihm am Herzen liegen.

Zweitens sollte dieser Mensch seine eigene Natur soweit als grenzenloses Bewusstsein begriffen haben, dass er im Grunde seines Wesens weiß, dass es genau das ist, was er wirklich ist und was auch der andere ist, ganz gleich, ob er das auch auf andere Bereiche seines Lebens übertragen kann oder nicht. Die Erfahrung hat mich gelehrt, dass all jene

Menschen hervorragende Geburtshelfer des Erwachens sind, die über ein intellektuelles Verständnis hinaus die Gewissheit erlangt haben, dass ihre wahre Natur grenzenloses Bewusstsein ist.

Der dritte Punkt, der einen Menschen dazu qualifiziert, anderen bei der Integration des Erwachens in einem bestimmten Lebensbereich zu helfen, wäre, dass ihm dieser Lebensbereich vertraut ist. Entweder hat er diesen Bereich bereits gemeistert oder er befindet sich zumindest so tief im Prozess, dass er die Hindernisse und auch die Triumphe bereits kennengelernt hat.

Ich weiß noch, wie ich vor vielen Jahren an einer Konferenz teilnahm. Die Leute waren zusammen gekommen, um den Vortrag einer zölibatär lebenden Nonne aus Indien zu hören. Es handelte sich um eine junge Frau, die, seit sie denken konnte, in einer spirituellen Tradition gelebt hat und mit ziemlicher Sicherheit noch nie im Leben auch nur geküsst wurde. Eine sichtlich schwangere Frau im Publikum stand auf und sagte: „Ich bin im achten Monat schwanger und bekomme bald mein Kind. Ich hätte gern ein paar Ratschläge von Ihnen, wie ich mein Kind erziehen soll." Ich beobachtete diese Szene völlig ungläubig. Wie kommt man dazu, eine solche Frage an eine zölibatär lebende Nonne zu richten, die noch nie auch nur darüber nachgedacht hat, wie es denn wäre, Kinder zu haben? Das ist doch verrückt! Diese Nonne mag ja eine tolle Ratgeberin sein, wenn es um klösterlich esoterische Praktiken geht, aber doch nicht in Bezug auf Familienleben, auf dem sie noch nicht einmal den Ansatz einer Erfahrung gemacht hat.

Wir machen das sehr oft. Wir fragen Mönche oder religiöse Instanzen um Rat in Geldangelegenheiten, obwohl diese Leute überhaupt keinen Umgang mit Geld pflegen. Wir fragen Menschen ohne Beziehungen um Rat in Beziehungsangelegenheiten. Ein Mensch, der dir wirklich dabei helfen soll, das Erwachen in einen bestimmten Lebensbereich zu integrieren, muss einfach über gewisse Erfahrungen in diesem Bereich verfügen oder ihn gar selbst gemeistert haben. Aus diesem Grund bitten wir unsere Coaches bei der Ausbildung auch darum, sich auf ein bestimmtes Gebiet zu spezialisieren.

Sorel Norlin[37] zum Beispiel, die schon seit vielen Jahren als Awakening Coach arbeitet, war vorher bei einem Konzern. Sie hatte dort jahrelang als Controller gearbeitet und

---

[37] Im Englischen Original heißt sie noch Sorel Dietzler. Sie hat inzwischen ihren Mädchennamen wieder angenommen und heißt nun Norlin. (Anm. d. Übers.)

weiß alles, was es über die Wirkweise eines Konzerns zu wissen gibt. Die Hierarchie, der Stress, die Leiter hinauf klettern – das alles war ihr sehr vertraut. Heute unterstützt sie mit ihrem Awakening Coaching Menschen, insbesondere Frauen, die aus der Tretmühle der Großunternehmen heraus wollen und endlich etwas mit ihrem kostbaren menschlichen Leben anfangen wollen, was sie wirklich erfüllt.

Sorel ist natürlich höchst qualifiziert auf diesem speziellen Gebiet, denn sie weiß genug über das Erwachen, um aus einer inspirierten Gewissheit heraus sprechen zu können, und gleichzeitig kennt sie die Welt der Konzerne so gut, um Menschen über ungeahnte Hindernisse und Fallen hinweg führen zu können.

KAPITEL 20

Awakening Coaching und Psychotherapie

Inwiefern unterscheidet sich deine Arbeit mit Menschen von einer Psychotherapie?

Auch das ist eine hervorragende Frage, denn es ist sehr wichtig, diesen Unterschied zu verstehen. Eine Möglichkeit, den Unterschied zu erklären, ist Folgende: Stell dir vor, ich schlafe und träume davon, dass jemand so richtig sauer auf mich ist. In meinem Traum versuche ich nun, mich vor diesem Zorn zu schützen. Ich bemühe mich, meinen Selbstwert aufzubauen und meine Kommunikationsfähigkeit zu stärken, um mit der Situation umgehen zu können. Ich suche mir Hilfe, um diesen zornigen Menschen aus meinem Leben zu verbannen. Ich setze mich mit diesem zornigen Menschen an den Tisch und frage ihn: „Was habe ich getan, das deine Gefühle so verletzt hat? Wie kann ich dir jetzt helfen?" In meinem Traum begegne ich dann einem Psychotherapeuten. Wir gehen zusammen zurück in meine Vergangenheit, als meine Mutter oder mein Vater wütend auf mich waren, und ich verstehe, dass dieser zornige Mensch und diese lang vergangene Zeit irgendwie miteinander zusammenhängen. Am Morgen wache ich auf, aber wo ist dieser zornige Mensch plötzlich hin? Puff! Einfach weg. Das Problem, dass jemand zornig auf mich ist, wurde nicht gelöst und musste noch nicht einmal analysiert werden. Es hat sich einfach aufgelöst, denn es existierte ja nur in meinem Traum. Ich bin aufgewacht und habe erkannt, dass das Problem nur eine Illusion war.

Wenn du dich sehr für deine eigene Lebensgeschichte interessierst, dich fragst, warum es so ist, wie es ist, wie es dazu gekommen ist und wie du es ändern kannst, dann wirst du mit einem guten Psychotherapeuten wahrscheinlich besser beraten sein als mit Awakening Coaching. Wenn du eine schwierige Kindheit hattest und auch heute noch unter der Beziehung zu einem Elternteil leidest, funktioniert es möglicherweise nicht, einfach mit den Fingern zu schnippen und aus dem Traum aufzuwachen. In diesem Fall ist es vielleicht notwendig, die verschütteten Gefühle ganz zu fühlen und lange genug in der Geschichte zu graben, bis sie sich löst.

Viele Menschen kommen allerdings irgendwann an den Punkt, wo sie die Nase voll haben von ihrer persönlichen Geschichte. Das ist wie bei einer Seifenoper, bei der man nach der neunten Staffel und der 157. Folge einfach sagt: „Genug jetzt! Ich will das nicht mehr sehen." Wenn du an diesem Punkt bist, dann könnte ein Ansatz wie das Awakening Coaching genau das Richtige für dich sein.

Wann ist Coaching nicht das Richtige für dich?

Es gibt aber noch einen weiteren Aspekt. Es gibt Situationen, in denen ein Awakening Coaching nicht zu empfehlen ist und ein Mensch unbedingt die Dienste eines Psychotherapeuten oder eines Psychiaters in Anspruch nehmen sollte. Wenn du ins Fitnessstudio gehst, kannst du dort mit einem Trainer zusammenarbeiten. Dieser kann dir sagen, wie du die Geräte benutzt, wie viele Wiederholungen du machen sollst und gemeinsam entwickelt ihr dann ein Programm, das deine Gesundheit verbessert. Wenn du aber eine ernste Verletzung hast – eine ausgerenkte Schulter zum Beispiel oder einen Bänderriss im Knie –, wäre es unratsam, damit gleich ins Fitnessstudio zu rennen und mit einem Trainer zu arbeiten, ohne diesen zumindest über deine Verletzung zu informieren. Damit könntest du alles nur noch schlimmer machen. Wenn du körperlich verletzt bist, bist du besser damit beraten, zu einem Arzt, einem Chirurgen oder einem anderen Gesundheitspraktiker zu gehen, der dir helfen kann. Wenn du dann wieder vollauf gesund bist, kannst du immer noch ins Fitnessstudio gehen und mit dem Trainer sprechen.

Wenn jemand körperlich verletzt ist, sind sich wohl alle darüber einig, dass dieser Mensch deutlich eingeschränkt ist und dringend behandelt werden muss. Wenn es aber um geistiges oder emotionales Leid geht, sind wir oft nicht so verständnisvoll. Depressionen, Angstzustände oder zwanghaftes Verhalten sind genauso als Krankheiten zu betrachten wie ein Bänderriss. Sie müssen von Fachleuten behandelt werden, die sich mit diesen Problemen auskennen.

Eine Mischform

Manchmal können auch beide Ansätze gleichzeitig zum Einsatz kommen. Im Laufe der Jahre hatte ich einige Coaching Klienten, die an geistigen oder emotionalen

Erkrankungen litten. Sie waren bei Psychiatern in Behandlung, die ihnen Medikamente verschrieben. Gleichzeitig hatten sie aber auch das Gefühl, dass auch das Erwachen ihnen weiterhelfen könnte. In so einer Situation kann ein Awakening Coach auch mit dem Arzt oder Psychologen zusammenarbeiten. Ich bitte dann immer den Psychiater schriftlich um Erlaubnis, mit seinem Klienten arbeiten zu dürfen, und dann sprechen wir am Telefon über den Fall. So können wir Hand in Hand arbeiten. Ich kann dem Patienten helfen, tiefer in seiner wahren Natur, im grenzenlosen, unendlichen Bewusstsein zu ruhen. Und ich kann ihm beibringen, wie er mit Radical Releasings seine Widerstände auflöst. Der Psychiater andererseits hilft dem Klienten, tief sitzende Themen und Traumata aufzulösen, denn damit kennt er sich aus. In allen Fällen einer solchen Zusammenarbeit berichteten mir die Psychiater, dass sie mit der Therapie viel schneller vorankommen und der Klient schneller wieder von den Medikamenten weg kommt. Die wesentlich ausgedehntere Sicht des Erwachens schuf also einen sehr fruchtbaren Boden für die Heilung der Psyche. Allerdings ist es nur dann möglich, die Arbeitsweise der Psyche wirklich effektiv zu beeinflussen, wenn genug Raum für die Erkenntnis vorhanden ist, dass wir nicht unsere Psyche sind.

Auf der Festplatte deines Computers befindet sich ein Betriebssystem. Von dort aus kann der Computer „booten". Wenn mit dem Betriebssystem etwas nicht stimmt, kann der Computer von dort aus nicht hochfahren. Du musst ihn von einem anderen Ort aus starten und dann Veränderungen am Betriebssystem vornehmen. Wenn du dich total mit deinen Gedanken und Überzeugungen identifizierst und glaubst, dass diese dein Wesen ausmachen, ist es relativ schwierig, einen Heilprozess einzuleiten, denn in dem Moment wirst du von einem kaputten Betriebssystem geführt. Wenn um deine Psyche herum aber genug Raum ist, um zu erkennen, dass du dieses weite Bewusstsein bist, dass du das bist, was nie geboren wurde und niemals sterben kann, dann kannst du all die Gedanken und Überzeugungen auch eher als Computerprogramme wahrnehmen. Dadurch hast du die Möglichkeit, an diesen Programmen Veränderungen vorzunehmen, denn du betrachtest sie ja aus einer anderen Perspektive.

Wann ist Coaching das Richtige für dich?

Awakening Coaching ist das Richtige für dich, wenn du dich schon so ausgiebig mit deiner Geschichte beschäftigt hast, dass es dir inzwischen langweilig geworden ist. Du hast vielleicht noch nicht alles gelöst und im Grunde ist es auch sehr unwahrscheinlich, das je zu schaffen. Aber die endlosen Mühen in dem Bestreben, dich selbst zu reparieren, haben dich nun müde gemacht.

Erinnerst du dich noch an Karen Fritz, die wir vorhin auf der Party getroffen haben? Sie hat nach der Geburt ihres zweiten Kindes an Kindbettdepressionen gelitten und hat sich jahrelang abgemüht, damit zurecht zu kommen. Sie kam nicht zum Awakening Coaching, weil sie ihre Depressionen überwunden hatte, sondern weil sie zu der Erkenntnis gelangt war, dass es da etwas gab, was sie anschauen und mit dem sie sich auseinandersetzen musste, anstatt dagegen anzukämpfen. Sie hatte es mit Medikamenten probiert, mit den verschiedensten Therapien und beides war auf seine Weise auch wirksam, aber das Problem wurde dadurch nicht gelöst. Als sie das Erwachen in ihre Lebensanschauung integrierte, verschwand auch dadurch das Problem nicht einfach. Im Gegenteil, sie lernte dadurch, sich noch tiefer in die Depression hineinzuentspannen und die Lektionen und Lehren aufzunehmen, die diese ihr schenken konnte. Und so wurde die Depression zu ihrem Verbündeten. Sie wurde zu einem Hilfsmittel, tiefer in sich selbst hinein zu sinken, und war fortan kein Hindernis mehr. Genau das geschieht, wenn wir das Erwachen in unser Leben integrieren: Wir lösen unsere Probleme nicht, wir lösen sie auf. Wir betrachten sie einfach nicht mehr als Probleme, weil wir sie aus einer größeren Perspektive betrachten. Und so werden sie selbst zum Weg, anstatt uns als Hindernisse zu erscheinen.

Ich will nun ein paar wesentliche Unterschiede zwischen einem klassischen psychotherapeutischen oder psychiatrischen Ansatz und dem Awakening Coaching zusammenfassen.

Der Klient. Wir haben bereits darüber geredet, dass der typische Klient bei einer Psychotherapie jemand ist, der sich stark mit seiner Geschichte identifiziert und diese heilen oder erlösen will. Er will sich selbst reparieren. Im Gegensatz dazu hat sich der typische Klient eines Awakening Coaches schon so lange mit seiner Geschichte beschäftigt, dass sie ihm inzwischen langweilig geworden ist und er nun lieber aus dieser Geschichte erwachen will, anstatt sie zu reparieren zu versuchen.

Der Zweck einer Psychotherapie ist es, auf der persönlichen Ebene Heilung oder Erlösung zu bewirken. Zweck des Awakening Coachings ist es, die Aufmerksamkeit von einem Festhalten an dieser persönlichen Ebene auf etwas viel Größeres und Ausgedehnteres zu lenken.

Scheinbare Hindernisse. Was genau als Hindernis wahrgenommen wird, ist von Fall zu Fall unterschiedlich. Menschen, die in psychotherapeutischer Behandlung sind, betrachten oftmals ihre Kindheit oder ihre Überzeugungen und Gewohnheiten als Hindernisse für ein gutes Leben. Beim Awakening Coaching erkennen wir, dass lediglich die Identifizierung mit diesen Dingen oder aber unser Widerstand dagegen ein Hindernis ist. Wenn wir alles in seiner Gänze erleben, dann wird daraus ein weites Tor.

Beziehung. Beide Ansätze unterscheiden sich stark in ihrer Betrachtung intimer Beziehungen. Die meisten Therapieformen konzentrieren sich auf eine Veränderung der Verhaltensweisen, um zu einem harmonischen oder respektvollen Zusammenspiel zwischen zwei Menschen zu gelangen. Beim Awakening Coaching steht vielmehr die Auflösung dieses Gefühls des Getrenntseins zwischen zwei Menschen im Vordergrund, denn dadurch öffnet sich ein Portal, durch das du dich selbst sowohl als getrennt vom anderen und gleichzeitig als eins mit ihm erleben kannst.

Die Vergangenheit. Auch die Art, wie die beiden Ansätze Vergangenheit und Kindheit betrachten, unterscheidet sich deutlich. Die Psychotherapie betrachtet die Vergangenheit als etwas Reales und als Ursache für das Leiden, das gelöst werden muss. Das bedeutet oft erst einmal eine Rückentwicklung. Awakening Coaching dagegen will die Erkenntnis untermauern, dass die Vergangenheit im Hier und Jetzt nicht real ist: Sie ist lediglich ein Gedanke im gegenwärtigen Moment.

Wünsche. Die meisten Psychotherapien und Coachings wollen uns dazu verhelfen, zu erkennen, was uns im Leben wirklich wichtig ist und wie wir unsere Wünsche realisieren können. Awakening Coaching hilft dir dabei, die begrenzte Natur dieser Wünsche zu erkennen und dich stattdessen in jenes tiefere Gefühl der Sehnsucht und des Heimkommens zu dir selbst zu entspannen.

Selbstwert. In den meisten Psychotherapien wird ein geringes Selbstwertgefühl als Hindernis betrachtet, darum setzen sie darauf, den Selbstwert zu steigern, damit der Klient mehr Selbstvertrauen hat. Im Awakening Coaching gelangen wir auf humorvolle Weise zu der Erkenntnis, dass jegliches Maß an Selbstwertgefühl eigentlich schon zu viel ist. Einer von uns getrennten Entität einen Wert beizumessen, ist einfach eine Illusion. Den Wert sollten wir nicht einer abgetrennten Entität namens „ich“ beimessen, sondern dem geheimnisvollen Quell des Lebens, der alles durchströmt.

Selbstliebe. Der letzte Unterschied besteht in der Vorstellung von der Selbstliebe. Viele Formen der Psychotherapie wollen Menschen dazu ermutigen, sich selbst mehr zu lieben. Im Awakening Coaching wissen wir, dass es kein „Selbst“ gibt, das man mehr lieben könnte, und so wird die Liebe zu einer Funktion des Bewusstseins, die Schönheit dieser Welt zu erkennen. Wir lösen uns von der Vorstellung, uns selbst zu lieben und entspannen uns in die Weite. Liebe ist dann das, was sich entfaltet, wenn diese Weite sich selbst als in der Welt tanzende Form erkennt.

KAPITEL 21

Deeper Love Coaching

Welche Auswirkungen hat ein Awakening Coaching auf intime Beziehungen?

Schön, dass du mir diese Frage stellst. Zu meinen Vorträgen und Seminaren kommen ganz oft Menschen mit spirituellen Erwartungen. „Ich will das Ego auflösen." „Ich will immerdar im grenzenlosen Bewusstsein verharren." Das ist völlig legitim und wir können dann entweder diese Sehnsüchte erfüllen oder sie auflösen, sie entspannen. Manchmal, aber etwas seltener, kommen Leute zu mir, die sagen: „Ich sehne mich danach, tiefer zu lieben." Das haut mich jedes Mal um. Diese Menschen können Single oder auch in einer festen Beziehungen sein – es macht keinen Unterschied. In meinen Augen ist diese Sehnsucht, das Herz voll und ganz für einen anderen Menschen zu öffnen, tief und bedingungslos zu lieben, die schönste, unschuldigste und verletzlichste Sehnsucht, die wir in uns selbst entdecken können.

Wenn man zulässt, dass das erwachende Bewusstsein sich auch auf Liebesbeziehungen auswirkt, wird eine völlig neue Art, Beziehungen wahrzunehmen, möglich. Grob gesagt, gibt es drei mögliche Beziehungen zur Intimität, die jemand leben kann. Lass sie uns kurz anschauen.

Abhängigkeit, Anti-Abhängigkeit und darüber hinaus

Die erste Form von Beziehung dürfte uns allen bekannt sein, wir können sie als „Abhängigkeit" bezeichnen. Ihr liegt das Gefühl zugrunde, dass du etwas in dir selbst vermisst und zwanghaft daran glaubst, dass du dich ganz und vollständig fühlen wirst, sobald du nur den Richtigen gefunden hast, der dir geben kann, was du brauchst.

Bestimmt weißt du selbst, was passiert, wenn du mit einem solchen Gefühl der Bedürftigkeit auf eine Party gehst und nach dem Menschen suchst, der dich ganz und vollständig machen wird. Keine sehr effektive Dating-Strategie. Wenn du in dieser Bedürftigkeit schließlich doch jemanden findest, dann ist dieser Mensch sehr wahrscheinlich in einer ähnlichen Bedürftigkeit gefangen. Wenn es euch beiden dann gelingt, eure Projektionen aufeinander abzustimmen, könnt ihr euch vielleicht gegenseitig davon überzeugen, dass ihr den jeweiligen Zauberschlüssel besitzt, einander glücklich zu „machen". Was dann folgt, ist das absolute Wolke-7-Gefühl, der größte Endorphinrausch, den es auf diesem Planeten zu haben gibt. Zumindest bis das ganze Konstrukt zusammenbricht. Im Englischen heißt „sich verlieben" nicht ohne Grund in die Liebe „fallen".

Eine solche Form der Beziehung, die auf Projektionen, Bedürftigkeit und einem Gefühl von Unvollständigkeit beruht, wird im Allgemeinen als „Co-Abhängigkeit" bezeichnet. In so einer Beziehung ist man bereit, Kompromisse einzugehen und sich bis zur Unkenntlichkeit zu verbiegen, um sich für den Anderen unverzichtbar zu machen und sicherzustellen, dass er einen niemals verlässt. Der Andere seinerseits tut genau dasselbe, bis der Druck so enorm hoch wird, dass einer von beiden nicht mehr anders kann, als sich zu befreien. Und dann ist das Spiel aus.

Die zweite Form der Beziehung, die wir in einer Liebesbeziehung entwickeln können, ist das genaue Gegenteil. Du bist so oft verletzt, zurückgewiesen worden, hast dich so oft verbrannt, dass du dich dazu entschlossen hast, dich nie wieder zu öffnen. Du schottest dich ab. „Ich brauche gar nichts von niemandem. Keiner kann mir das geben, was ich will. Ich habe alles in mir selbst. Ich habe Zugang zu meiner inneren Weiblichkeit und meiner inneren Männlichkeit. Ich kann Einigkeit und Liebe in mir selbst finden. Ich brauche nichts von alldem im Außen." Wenn du aus dieser Geisteshaltung heraus auf andere Menschen zugehst, wirst du wiederum mit größter Wahrscheinlichkeit einen Partner anziehen, der dein Spiegel ist. Wenn zwei Menschen aufeinander treffen, die der Meinung sind, sie brauchen von niemandem irgendetwas, dann entsteht zwischen diesen beiden eine Beziehung, die wir als „Anti-Abhängigkeit" bezeichnen. Ihr trefft euch immer mal am Wochenende. Vielleicht geht ihr ein bis zwei Mal die Woche zusammen essen und teilt dabei immer schön die Rechnung. Ihr könntet sogar noch weitere Geliebte haben und das Ganze als „offene Beziehung" bezeichnen. Es gibt keine Bindung, keine Verpflichtungen; jeder der Partner kann tun und lassen, was ihm beliebt. So kriegt man es vielleicht hin, sich nicht mit dem anderen zu verstricken, aber früher oder später stellt man auch hier fest, dass doch irgendetwas fehlt. Man findet nie heraus, wie es ist, sich wirklich tief einzulassen und wahre Intimität zu erleben. Tief im Inneren fühlt man sich abgetrennt und einsam.

Die dritte mögliche Beziehungsform erfordert mehr Tiefblick, mehr Übung und mehr Reife. Wir bezeichnen sie als Deeper Love – die tiefere Liebe. Dabei tauchst du so tief in das Erwachen ein, in diese Dimension deiner selbst, die frei ist und keine Grenzen kennt, die von niemandem etwas braucht, und dann verweilst du so lange darin, du marinierst in diesem Gefühl und wirst selbst dazu, bis es irgendwann zu wachsen beginnt. Und dann passiert es ganz von selbst, dass es sich selbst verschenken möchte.

Viele von uns haben das schon einmal erlebt: Wenn wir Eltern werden oder auf ein kleines Kind aufpassen. Mit kleinen Kindern geht man nicht in einen reifen Austausch. Man trifft keine Vereinbarungen nach der Art „Ich passe auf dich auf, wenn du auf mich aufpasst. Ich wasche deine Windeln, wenn du den Müll rausbringst." In einer Beziehung zu einem Kleinkind gibt es nur das reine Geben. Auf der praktischen und materiellen Ebene bist du die ganze Zeit immer nur am Geben, Geben, Geben und das erweist sich als erstaunlich erfüllend. Das Kind selbst gibt dir nichts dafür. Es ist einfach nur da und schaut dich mit großen Augen an. Viele Leute sagen, in genau solchen Augenblicken empfanden sie die tiefste Liebe im Leben.

Genauso ist es auch möglich, natürlich mit ein wenig Übung, sich tief in jene Dimension deiner selbst zu entspannen, die gänzlich frei ist. Allmählich erkennst du dann deine Schutzmechanismen, die dich in deiner Beziehung stets in dem Gefühl gefangen hielten, vom anderen getrennt zu sein, und kannst sie loslassen. Dann kannst du eine völlig neue Form der Liebesbeziehung erleben, die von einem Gefühl des Überfließens, des Großmuts und des Gebens geprägt ist. Das verändert auch deine Sexualität sehr deutlich. Du gehst dann nicht mehr mit deinem Partner ins Bett, um Vergnügen oder Erleichterung zu finden. Dann beschenkst du deinen Partner mit dem Geschenk deiner Liebe durch deinen Körper.

Wer sucht denn nach der Tieferen Liebe?

Die Klienten, die sich zu einem Awakening Coaching entschließen, weil sie ihre Liebesbeziehungen vertiefen wollen, lassen sich in zwei Kategorien unterteilen. Da gibt es zum einen die Singles, die sich für ihre nächste Partnerschaft mehr Tiefe und Erfüllung wünschen, als sie es in der Vergangenheit erlebt haben. Und zum anderen gibt es die Leute, die bereits in einer Partnerschaft leben und mit ihren Partnern eine tiefere Vertrautheit erfahren möchten.

Für Singles ist es leichter, mehr Tiefe in ihre Beziehungen zu bringen. Wenn es in deinem Leben keine bestimmte Person gibt, die es gewohnt ist, dass du dich auf eine ganz bestimmte Weise gibst, lassen sich die eigenen Gewohnheiten viel schneller verändern. Der Wandel von Abhängigkeit oder Anti-Abhängigkeit hin zur Tieferen Liebe lässt sich für Singles in nur wenigen Wochen vollziehen. Die Kunst dabei besteht darin, durch die immer wieder gemachte Erfahrung des Erwachens in die innere Weite hinein, in sich das Gefühl des Überfließens, des Großmuts und des Gebens zu wecken. Im Awakening Coaching stehen uns viele verschiedene Techniken zur Verfügung, um dieses Gefühl zu vertiefen.

Wenn wir mit Paaren arbeiten, können wir ihnen viele Übungen mit auf den Weg geben, mit deren Hilfe sie gemeinsam in ein Gefühl der Erfüllung eintauchen können – viel mehr Übungen, als ich hier beschreiben könnte. Zu den wichtigsten dieser Übungen gehören das Ausdrücken von Wertschätzung, über den Körper oder die Augen Präsenz zu zeigen und einige Übungen der körperlichen Liebe, die dabei helfen, von einer auf Erleichterung basierenden Sexualität zu einer Form der körperlichen Liebe zu finden, die auf Geben und zirkulierender Energie beruht.

Schauen wir uns nun einige grundlegende Prinzipien all unserer Übungen an, damit du einen Eindruck gewinnst, wie man mehr Bewusstheit in eine Partnerschaft bringen kann.

Übungen für die Tiefere Liebe

Aufrichtigkeit. Es ist nicht nur eine moralische Tugend, die Wahrheit über das eigene Erleben des gegenwärtigen Augenblicks zu sagen; es ist auch eine Übung, die mehr Wachheit in unsere Beziehungen bringt. Die Übungen, mit deren Hilfe wir Aufrichtigkeit kultivieren, beschäftigen sich weniger mit Geschichten aus der Vergangenheit, sondern vielmehr mit dem Hier und Jetzt. Wenn sich die Worte, die aus deinem Mund kommen, unmittelbar mit deinem Erleben des gegenwärtigen Augenblicks verbinden, löst sich das Gefühl des Getrenntseins und der Eindruck, jemand außerhalb des Erlebens würde Kontrolle darauf ausüben, auf. Probiere doch mal diese Beziehungsübung aus.[38]

Reines Zuhören. Wir hören zu, um Dinge zu begreifen, zu verstehen, zu analysieren, zu kritisieren oder um ihnen zuzustimmen. Das Reine Zuhören hingegen bedeutet, wie der Himmel zu lauschen. Ist dir schon mal aufgefallen, dass der Himmel, wenn du ihn anschreist, einfach nur präsent ist? Er würde dich nie unterbrechen, dir Ratschläge erteilen oder dich bewerten. Er hält sich auch nie die Ohren zu. Das Reine Zuhören gehört zu den tiefschürfendsten, heilendsten, nährendsten Qualitäten, die man in eine Liebesbeziehung einbringen kann: Sie eröffnet die Möglichkeit, dich voll und ganz in den gegenwärtigen Augenblick hinein zu begeben, du hörst nur zu, ohne zu reagieren.

Wenn man lernt, wie Reines Zuhören funktioniert, ist das nicht nur für den Zuhörer äußerst bewegend, sondern auch für denjenigen, dem zugehört wird. Hier eine Zuhör-Übung.[39]

Fühlen ohne Geschichte. Dieses Prinzip haben wir ja schon kennen gelernt, als wir über die weibliche spirituelle Praxis gesprochen haben. Es ist die Befreiung des weiblichen Herzens von den Bürden des „warum“ und „deshalb“ und dem Anspruch, in den eigenen Gefühlen Vernunft walten zu lassen. Es gibt viele Möglichkeiten, deinem Partner zu sagen, was du fühlst und dabei frei von Schuldzuweisungen und Logik zu bleiben. Probier doch mal diese Übung hier.[40]

Humor. Als wir über die Ermächtigungsübungen gesprochen haben, habe ich dir von Luigi erzählt. Chameli und ich haben Luigi erfunden, um meiner unbewussten Eifersucht mit Humor und Kreativität zu begegnen. Ähnliches haben wir immer wieder bei der Arbeit mit Paaren und Singles erlebt: Es gelingt nicht immer, die Gewohnheiten selbst zu ändern; wenn wir ihnen aber mit Humor und Kreativität begegnen, können sie zu einem Mittel werden, noch mehr Liebe zu schenken, sich offener zu zeigen, anstatt uns in unserer Liebe zu behindern. Versuche einmal diese Übung.[41]

---

[38] http://better-than-sex.kajabi.com/posts/here-nowing--2

[39] http://better-than-sex.kajabi.com/posts/pure-listening

[40] http://better-than-sex.kajabi.com/posts/feel-without-a-story

[41] http://better-than-sex.kajabi.com/posts/humor-practices

Verbindlichkeit. Wenn du im Fluss der Tieferen Liebe leben willst, musst du dich zuallererst daran erinnern, warum du überhaupt eine Partnerschaft führen möchtest, du musst deine Prioritäten neu ordnen und dann aus dieser Haltung heraus leben. Wenn du erst einmal herausgefunden hast, warum du in Partnerschaft leben willst und dazu stehst, wird es ganz einfach. Beim Coaching für Tiefere Liebe geht es uns nicht darum, Menschen dazu zu ermutigen, sich einer Person oder einer Situation zu verpflichten. Das ist nur zweitrangig. Die Verbindlichkeit, die du eingehst, gilt der Liebe an sich, der Entschlossenheit, das Erwachen in jeden Aspekt deines Lebens einfließen zu lassen.

Chameli und ich und viele andere Paare, mit denen wir gearbeitet haben, leben zum Beispiel monogam. Wir beide fühlen uns zutiefst verpflichtet, jeden Augenblick unseres Lebens aus unserer tiefsten Erkenntnis heraus zu leben, aufrichtig und ehrlich zu sein und jeden Augenblick unseres Lebens voll auszukosten. Diese Verbindlichkeit gehen wir jeden Tag neu ein, jeder für sich und wir beide füreinander. In dieser Verpflichtung stehen wir Seite an Seite, wir ermutigen einander darin, erinnern uns daran und waschen uns gegenseitig den Kopf, wenn es einer mal vergisst. Wir haben für uns festgestellt, dass eine monogame Partnerschaft mit dem richtigen Partner der effektivste Weg ist, diese Art von Verbindlichkeit aufrecht zu erhalten. Hier eine Übung für die Verbindlichkeit.[42]

Wertschätzung und Verehrung. Die wichtigste Übung, die wir in eine Partnerschaft einfließen lassen können, ist die Verehrung. Wenn wir das Thema in Interviews auf den Tisch bringen, fragen sich die Leute oft, ob sie richtig gehört haben. „Verehrung? Du meinst doch sicher Respekt oder Freundschaft?“ Und dann antworten wir: „Nein, du hast schon richtig gehört. In Liebesbeziehungen üben wir uns in Verehrung. Genau wie bei einem religiösen Ritual.“

Sicherlich steht uns nicht immer der Sinn nach Verehrung: Darum braucht es ja auch Übung. Wie leicht konzentrieren wir uns doch in einer Partnerschaft auf alles, was nicht so rund läuft, was repariert, aufgearbeitet, vergeben oder bearbeitet werden sollte. Dabei übersehen wir allzu oft das unbeschreibliche Mysterium und den Segen, dass wir hier ein lebendiges Wesen vor uns haben, das sich uns weit genug geöffnet hat, um unter die

---

[42] http://better-than-sex.kajabi.com/posts/commitment--10

Oberfläche und auf die tieferen Strömungen blicken zu können. Verehrung zu praktizieren, verlangt von uns, über die Persönlichkeit, über die Gemeinsamkeiten und Differenzen und die Überzeugungen, die in den seichten Gewässern eines Menschen treiben, hinaus zu schauen und die gewaltigen Kräfte zu entdecken, die irgendwo zwischen Persönlichkeit und Universum schweben. Wenn du in deinen Partner tief genug hineinschaust, gleich, welche Geschichte ihm oder ihr anhaftet, wirst du eine endlose Tiefe entdecken und dann wirst du vor Ehrfurcht in die Knie sinken. Hier findest du eine Übung, die dir hilft, dir die Strömungen der Verehrung zu erschließen.[43]

[44] http://better-than-sex.kajabi.com/posts/couples-puja--3

KAPITEL 22

Rechne mit Widerständen

Ich habe es schon früher mit einem Coaching versucht, aber es hat nicht so richtig funktioniert. Es gab einfach Grenzen, die ich nicht überwinden konnte. Was sollte beim Awakening Coaching anders sein?

Coaching ist eine Zusammenarbeit zwischen Coach und Klient. Sie treffen von Anfang an eine Vereinbarung miteinander, einander dabei zu helfen, bestimmte Ergebnisse zu erzielen. Gleich zu Beginn ist klar, dass der Klient bislang nicht fähig war, die gewünschten Veränderungen aus eigener Kraft hervorzubringen. Ob es nun darum geht, tiefer in das Erwachen einzutauchen, sich in Beziehungen anders zeigen zu können oder die Gesundheit oder Ernährung zu verbessern, der Klient war nicht in der Lage, das allein zu bewerkstelligen, und deshalb hat er sich einen Coach zu Hilfe geholt.

Nehmen wir doch mal ein ganz einfaches Beispiel. Der Klient weiß, dass er, wenn er sich gut ernährt und viel Wasser trinkt, mehr Energie haben und sich wesentlich besser fühlen könnte, oder dass sein Leben viel reibungsloser verliefe, wenn er jeden Tag meditieren würde. Wenn dieser Klient zur unendlichen Weite des Bewusstseins wird, lösen sich eine Menge Probleme ganz von selbst. Ganz offensichtlich ist es genau das, was der Klient sich wünscht, aber ebenso offensichtlich ist, dass da auch eine Menge Selbstsabotage am Werk ist, denn sonst würde er das alles ja bereits tun.

Dimensionen deines Selbst

Es gibt eine einfache Erklärung dafür, dass wir immer wieder auf enorme Widerstände treffen, wenn es um Dinge geht, von denen wir glauben, dass wir sie unbedingt wollen. Die Antwort finden wir in einer tieferen Betrachtung dessen, wer oder was wir eigentlich sind.

Eine Ebene deines Selbst, die wir inzwischen schon ausführlich erkundet haben, ist das grenzenlose Bewusstsein. Du bist ungeborenes, unsterbliches Bewusstsein, das in keinerlei

Richtung strebt, keinerlei Sehnsüchte oder Wünsche hegt, und ebenso wenig Widerstand gegen irgendetwas. Dieses weite Bewusstsein ist einfach in dem präsent, was gerade ist.

Auf einer anderen Ebene bist du ein Körper. Immer, wenn du sagst „Ich gehe in den Laden" oder „Ich habe Bauchschmerzen", redest du von einem Körper. Der Körper ist so etwas wie ein Tier. Und so wie andere Tiere auch, empfindet der Körper eher keine inneren Konflikte. Er hat ganz natürliche, unschuldige Bedürfnisse: Er will essen, wenn er hungrig ist, schlafen, wenn er müde ist. Genau wie jedes andere Tier oder wie ein Baby hat er seine Bedürfnisse und wenn diese befriedigt werden, ist er eine Zeitlang zufrieden.

In der Mitte nun, in dem Raum zwischen der natürlichen Bewusstheit, die keine Präferenzen hat, und dem Körper mit seinen simplen Bedürfnissen liegt eine Grauzone. Und dort fangen die ganzen Schwierigkeiten an. Wir halten diese Grauzone für eine definierbare Sache. Wir nennen sie „den Geist" oder „das Ego", manchmal auch „Ich". Das Ich spricht dann von „mein Körper" und „mein Bewusstsein." Was immer es nun auch tatsächlich ist, es ist jedenfalls nicht klar definiert. Tatsächlich ist es diese Unbestimmtheit jener Mitte, jener Grauzone zwischen Körper und Bewusstsein, die uns in Schwierigkeiten bringt.

Dokumentiere deine Gedanken

Hier nun der Schlüssel zum Verständnis des Widerstands, der alles ganz einfach erklärt. Fange an, genau darauf zu achten, was sich dort in dieser Grauzone abspielt. Beobachte die Gedanken und reaktiven Gefühle, die sich andauernd wiederholen. Sie verändern sich ziemlich schnell, darum musst du wirklich gut aufpassen. Das ist, als versuchte man, den Flug einer Mücke im Raum zu verfolgen: Sie schießt durch den Raum und verändert in rascher Folge ihre Position. Das ist einer der Vorteile am Meditieren: Du lenkst deine Aufmerksamkeit auf das, was sich in der Grauzone abspielt – was deine Gedanken und Gefühle treiben.

Ich möchte dir eine Übung vorstellen, die wir unseren Coaching Klienten oft geben. Schreibe jeden Tag fünf Gedanken auf, die dir schon wie vertraute Besucher vorkommen: Sie tauchen sehr oft auf. Zum Beispiel: „Ich bin nicht gut genug" oder „Ich hab nicht genug Zeit" oder „Ich kann es mir nicht leisten" oder „Ich verdiene das nicht." Schreibe sie auf, bring sie zu Papier. Das machst du eine oder zwei Wochen lang jeden Tag. Du wirst sehr schnell feststellen, dass der Geist oder das Ego – oder wie auch immer wir diese Grauzone nun nennen wollen – im Grunde gar nichts Bestimmtes ist. Eigentlich handelt es sich eher um eine Ansammlung, eine Menge verschiedenster Stimmen und Persönlichkeiten, die immer wieder miteinander in Konflikt geraten. Es gibt ganz bestimmt einen Teil von dir, eine Stimme, die wirklich gern früh aufstehen, Sport treiben und sich gesund ernähren möchte. Aber dann gibt es da noch eine andere Stimme, einen anderen Teil, der sich alle Mühe geben wird, dafür zu sorgen, dass nichts von alledem gelingt. Und so geht die Reise, die wir uns vorgenommen haben, nie gleichförmig vonstatten: Mal geht es beschwingt, oft aber sind wir entmutigt und beschämt.

Genau das ist der Grund, weshalb du vielleicht irgendwann einen Coach oder eine andere Art von Unterstützung brauchst. Wenn es nur einen oder eine von dir gäbe, wäre die Sache doch sehr einfach. Du entschließt dich, jeden Tag Sport zu treiben und siehe da: Genau das tust du dann auch. Wenn du nur ein einziges Mal die Erkenntnis hast, dass du grenzenloses Bewusstsein bist, jenseits von Geburt und Tod, dann lösen sich alle Ängste binnen eines Wimpernschlags auf – und das Leben wird zu einem Spiel. Aber leider bist du kein sich einiges Wesen, wie ein wenig Nachforschung sehr schnell aufzeigen wird. Darum kann ein Coach dich dabei unterstützen, die Widerstände zu erkennen, sie sogar vorherzusehen und dann mit ihnen zu arbeiten.

Eine weitere Möglichkeit, die Aktivitäten in deiner Grauzone zu begreifen, ist die Erkenntnis, dass diese Gedanken eigentlich gar nicht zu dir gehören. Sie gehören nicht zu einer klar definierten Person, die man als „Ich“ bezeichnen könnte. Wenn du deine Gedanken und reaktiven Gefühle aufschreibst und beginnst, sie zu ordnen, wirst du schnell feststellen, dass viele von ihnen eine ungeheure Ähnlichkeit mit den Gedanken und Glaubenssätzen deiner Eltern und Großeltern, aber auch zu den in deiner Kultur, deiner Religion oder deiner Gemeinschaft vorherrschenden Gedanken und Überzeugungen aufweisen. All diese sich ständig wiederholenden Glaubenssätze sind nur aus einer Vielzahl von Quellen zusammengeborgt. Sie sind nachgeahmt. Und sie stehen miteinander in Konflikt.

Wenn du diese Stimmen klar erkennen kannst, kann dein Coach mit dir Radical Releasings durchführen, um die Widerstände gegen diese Stimmen aufzulösen. Wenn wir mit einem verleugneten Glaubenssatz Radical Releasing machen, dann entspannt er sich für gewöhnlich. In der Folge kannst du viel gelassener und müheloser handeln und ruhst zugleich viel tiefer in deinem natürlichen Bewusstseinszustand.

Es gibt zahlreiche Möglichkeiten, damit zu arbeiten. Wenn du erst einmal erkannt hast, dass bestimmte Glaubenssätze wieder und wieder in dir hochkommen, dann wirst du auch sehen, dass es in dir ein verirrtes Kind, einen Kontrollfreak, einen Obdachlosen, einen erbarmungslosen Offizier und einen ganzen Haufen anderer Persönlichkeiten zu geben scheint. Du entdeckst eine endlose Reihe von Stimmen oder „Unter-Persönlichkeiten."

Es bedarf schon eines hohen Maßes an Disziplin und der Unterstützung eines guten Coaches, um sich dieser Persönlichkeiten bewusst zu werden und zu erkennen, dass sie miteinander in Konflikt stehen; doch wenn es erst einmal gelungen ist, werden zwei Dinge möglich, die enorme Auswirkungen auf Widerstände und Selbstsabotage haben.

Das Erwachsene Selbst

Je mehr Bewusstheit du für diese widerstreitenden Anteile und Stimmen entwickelst, desto leichter kannst du auch den neutralen erwachsenen Beobachter in dir stärken und kultivieren. Dieser Beobachter ist nicht nur grenzenloses, reines Bewusstsein, das einfach nur beobachtet. Er ist ebenfalls eine Stimme, ein Anteil von dir. Der Unterschied liegt lediglich darin, dass er sich all der anderen Stimmen bewusst ist. Er kann Entscheidungen treffen, am Leben teilnehmen, aber er ist nicht emotional belastet und hat keine bestimmten Ziele wie all die anderen Stimmen. Je mehr du die anderen Anteile beobachten kannst ohne etwas zu tun, desto stärker treten die Qualitäten des neutralen Beobachters zutage.

Stell dir vor, diese Grauzone ist so etwas wie ein Kleinbus, in dem all diese Anteile sitzen und ihre Bedürfnisse in die Welt schreien. „Ich will ein Eis", schreit der eine. „Ich will wieder dahin zurück, wo wir herkommen", ruft ein anderer. „Los schneller, schneller, schneller!" plärrt ein dritter. „Ich hab Angst, dass wir verunglücken – fahr doch langsamer", schreit wieder einer. „Ich will eine Pizza." „Fahr mal dem Sportwagen dort hinterher." „Hier müssen wir raus!" „Ich will jetzt endlich nach HAUSE! Ich verpasse sonst meine Fernsehsendung!" Das Erwachsene Selbst ist der Fahrer. Er hört alles, was da gefordert wird, bedenkt alle Details und entscheidet dann, was für alle das Beste ist und berücksichtigt dabei auch die anderen Fahrer und Kleinbusse in seiner Umgebung.

Das Erwachsene Selbst tut das, was erforderlich ist. Es klebt nicht an irgendeinem „Ich will und ich brauche." Es ist sich des Spektrums der unterschiedlichsten Bedürfnisse aller Beteiligten bewusst und tut, was getan werden muss. Viele von uns entdecken diese erwachsene Stimme, wenn wir Eltern werden. Wenn dein Kind mitten in der Nacht mit Fieber aufwacht, dann bist du in dem Moment nicht mit Fragen wie: „Was brauche ich gerade? Ich brauche meinen Schlaf. Ich will nicht aufstehen. Naja, vielleicht sollte ich ja doch. Ich muss erst mal darüber nachdenken ..." beschäftigt. Du stehst auf und kümmerst dich um dein Kind. Für viele von uns ist die Elternschaft gerade deshalb eine so mächtige evolutionäre Übung, weil sie uns aus unserer Besessenheit von uns selbst heraus führt und uns wieder bewusst macht, was jenseits unserer persönlichen, selbstsüchtigen Bedürfnisse einfach zu tun ist. Wenn wir unser Erwachsenes Selbst kultivieren und uns immer bewusster werden, was wirklich notwendig ist, entsteht dadurch mehr Raum für unser einzigartiges Geschenk. Es kann ans Licht kommen, und wir können es verströmen.

In den Dialog gehen

Eine andere Folge ist, dass es möglich wird, diesen unterschiedlichen Stimmen zuzuhören und sogar mit ihnen in Dialog zu treten. Vielleicht gibt es gerade eine Aufgabe zu vollenden. Ich arbeite oft mit Leuten, die Bücher oder Drehbücher schreiben und sich mühen, ein Projekt zu vollenden, von dem sie glauben, dass es für andere von Nutzen sein könnte. Eine Stimme in diesen Menschen fühlt sich verpflichtet, weiß, dass es einen Abgabetermin gibt, will sich voll reinhängen und die Sache zum Abschluss bringen. Aber da gibt es noch diese andere Stimme, die sagt: „Ich will das gar nicht machen. Ich will lieber an den Strand. Ich will frühstücken gehen. Ich will fernsehen."

An dieser Stelle erkennen wir, dass es da ein paar Anteile oder Stimmen gibt, die ambitioniert sind, die Verantwortungsgefühl und Loyalität besitzen, und dann gibt es noch diesen Anteil oder die Stimme, die sich wie ein Teenager verhält und einfach nur rebellieren will. Mit diesem rebellischen Anteil können wir kommunizieren. Wir können neugierig sein und ihn fragen: „Was brauchst du? Wovor hast du Angst? Was braucht es, damit du zufrieden sein und dich entspannen kannst?"

Du kannst es gleich ausprobieren, dazu brauchst du nur zwei Kissen oder zwei Stühle. Setze dich zunächst auf das eine Kissen und visualisiere oder stelle dir diesen abgetrennten Anteil auf dem anderen Kissen sitzend vor. Es könnte sich um ein kleines Kind handeln, vielleicht fünf Jahre alt, oder aber einen Teenager in Gothic Klamotten oder irgendeine andere Person, die dir passend erscheint.

Nun sprich mit diesem Anteil: „Ich bin für dich da. Ich weiß, dass ich dir nicht immer genügend Aufmerksamkeit geschenkt habe und du das Gefühl hattest, dich irgendwie bemerkbar machen zu müssen, um meine Aufmerksamkeit zu erlangen. Jetzt bin ich da. Ich will dir zuhören und dich verstehen."

Nach etwa einer Minute hörst du auf zu sprechen und hörst einfach nur zu, was dieser Anteil dir zu sagen hat. Möglicherweise ist dieser Anteil zunächst ziemlich trotzig und will überhaupt nicht reden. Vielleicht murmelt er nur vor sich hin: „Wieso sollte ich dir denn jetzt vertrauen? Du hast mich doch immer nur im Stich gelassen."

Wenn du eine Minute lang zugehört hast, richte wieder das Wort an diesen Anteil. Sei geduldig, sei neugierig.

Dann stehst du auf, setzt deinen Körper auf das andere Kissen und gehst in die Energie dieses Anteils hinein. Benutze deinen Körper, die Haltung dieses Anteils einzunehmen. Wenn es sich um ein verirrtes Kind handelt, ziehe die Knie an deine Brust und wiege dich vor und zurück. Sei die Stimme dieses Anteils.

Du kannst mehrmals die Positionen zwischen dem Erwachsenen Selbst und dem isolierten Anteil wechseln, aber nicht länger als zehn Minuten. Achte darauf, die Sitzung stets auf dem Kissen des Erwachsenen zu beenden. Sonst verbringst du am Ende den Rest deines Lebens als rebellischer Teenager! Beende die Sitzung, indem du das andere Kissen hoch nimmst, es an dich drückst und dem abgetrennten Anteil versicherst, dass du morgen wiederkommst. Atme tief durch und integriere diesen Anteil wieder in dein Ganzes.

Wenn du diesen Dialog über mehrere Tage hinweg führst, wird sich eure Beziehung verändern und entwickeln. Das Kind wird glücklicher und ist nicht mehr so bedürftig. Der Teenager fühlt sich nicht mehr so isoliert. Wenn du erst einmal die Bedürfnisse dieses Anteils erkennst, ist es nicht mehr schwer, mit ihm Vereinbarungen zu treffen, die ihm helfen, sich zu entspannen und mit dir gemeinsam für das Wohl des Ganzen zu arbeiten. „OK, ich verstehe jetzt, dass du mehr Zeit zum Spielen brauchst. Und ich weiß, dass ich dir die in letzter Zeit nicht gegeben habe. Was hältst du davon, wenn wir jetzt ein paar Stunden schreiben und danach gehen wir aufs Trampolin oder spazieren oder wir spielen draußen mit dem Hund. Wäre das in Ordnung?"

Diese Übung muss man nicht über lange Zeit machen. Sobald der Anteil sich gesehen und gehört fühlt, sobald seine Bedürfnisse erfüllt werden, ist er wieder integriert und macht keinen Ärger mehr. Die Folge davon ist, dass auch der Widerstand nachlässt und sich das Erwachsene Selbst weiter entwickeln kann.

Wenn du dir der Konflikte innerhalb deiner Psyche bewusst wirst, wenn du den Beobachter stärkst und dich gleichzeitig um die Bedürfnisse dieser unterschiedlichen Anteile kümmerst, wirst du feststellen, dass es weniger Konflikte in dir gibt und du die Dinge, die zu erledigen sind, wesentlich effektiver angehen kannst.

Es ist das Leben, das funktioniert

Um auf unsere Frage zurückzukommen: Es ist nicht nötig, darüber nachzugrübeln, ob Awakening Coaching denn nun funktioniert oder nicht. Es ist nicht mehr als ein Werkzeug – na gut, ein ganzer Werkzeugkasten. Wenn man diese Werkzeuge effektiv einzusetzen weiß, gelangt man auch zu den gewünschten Ergebnissen.

Die große Erlösung besteht nicht darin, dass wir eine funktionierende Methode finden, sondern dass wir erkennen, dass wir selbst im Grunde unseres Wesens funktionieren, dass das Leben an sich funktioniert, und das erkennen wir, indem wir erwachen und uns bewusst werden, was real ist und was nur in unserer Vorstellung stattfindet. Sobald wir das fragmentierte Wesen unserer Psyche in aller Klarheit erkennen, sobald wir uns mit dem inneren Konflikt unserer unterschiedlichen Stimmen vertraut gemacht haben, können wir auch gut damit arbeiten. Dann wird uns auch klar, dass es nicht eine bestimmte Methode ist, die für uns funktioniert, sondern dass alles funktioniert, wenn wir Widerstände einkalkulieren und mit ihnen arbeiten.

Erzähl mir, wie du darüber denkst.

KAPITEL 23

Ständige Ablenkungen

Welches ist das größte Hindernis für diese Art von Coaching?

Ich erinnere mich noch an einen Tag in Indien, als sich einige von uns um unseren Lehrer, H.W.L. Poonja versammelt hatten. Er zog uns immer gerne ein bisschen auf.

„Was steht der Freiheit am meisten im Weg?“, fragte er.

„Der Geist“, schlug irgendjemand vor. „Das Ego“, meinte ein anderer. Er schüttelte wegwerfend den Kopf. „Konzepte“, sagte noch ein anderer. „Überzeugungen.“ So setzte sich das Spiel noch etwa eine halbe Stunde lang fort. Schließlich gab er uns die Antwort selbst.

„Ablenkung“, sagte er. „Ablenkung: Das ist das Einzige, was zwischen euch und der Freiheit steht.“ Und dann erzählte er uns eine wundervolle Geschichte, die wohl meine absolute Lieblingsgeschichte geworden ist.

Vor langer Zeit lebte in einem fernen Land ein König, der hatte keinen Erben. Ich muss leider dazu sagen, dass diese Geschichte politisch nicht ganz korrekt ist, denn in diesem vorzeitlichen Land musste es ein Mann sein, das Erbe anzutreten, es durfte keine Frau sein.

Der König hatte also keinen männlichen Erben und so schickte er Abgesandte in die umliegenden Dörfer und ließ verkünden, dass der nächste König nicht durch Abstammung bestimmt werden würde, sondern durch ein Vorstellungsgespräch. Alle Männer aus der Umgebung waren eingeladen, sich zu einem Gespräch mit dem König einzufinden.

Als der angekündigte Tag heran war, trafen sie alle ein. Da sie von den Dörfern kamen, hatten sie natürlich verfilztes Haar, waren in Lumpen gehüllt, einige hatten lange Bärte und viele kamen barfuß. Ehe sie zum Gespräch mit dem König vorgelassen wurden, mussten sie alle in das königliche Badehaus, wo sie ordentlich geschrubbt wurden. Die Bärte wurden geschnitten oder ganz abrasiert, und alle bekamen einen anständigen Haarschnitt. Als die Toilette beendet war, wurden sie allesamt mit herrlichen Ölen und

Düften gesalbt. Dann brachte man sie in das königliche Ankleidezimmer, wo sie neue Kleider aus Samt, Seide und Satin bekamen.

Dann gingen die Dorfbewohner in den königlichen Speisesaal, wo sie essen konnten, was sie wollten. Dort war ein Buffet aufgebaut, das vom einen Ende des Saals bis zum anderen Ende reichte, mit jedem Gericht, das man sich nur vorstellen konnte. Auch die unterschiedlichsten edlen Weine wurden bereitgestellt. Die Leute dinierten so ausgiebig, wie sie es sich nie hätten träumen lassen, sie tranken und tranken. Dann traten Musikanten und Tänzer auf. Es wurde getanzt und gesungen und es herrschte größte Ausgelassenheit.

Schließlich wurde es neun Uhr und die Wachen baten die Leute, wieder zu gehen. Die armen Menschen aus den Dörfern versuchten, noch schnell ein Hammelbein in die herrlichen Kleider aus Seide und Satin zu wickeln, doch man sagte ihnen „Nein, ihr dürft von hier nichts mitnehmen. Ihr dürft nur das mitnehmen, was ihr mitgebracht habt." Also verließen sie den Palast in Lumpen, und dabei sangen sie und wankten Arm in Arm in ihre Dörfer zurück.

Der König rief seinen ersten Minister zu sich. „Was ist geschehen?", fragte er. „Ich hatte doch angeordnet, dass meinem Volk verkündet werde, dass der nächste König durch ein Gespräch mit mir bestimmt werden sollte. Ich habe den ganzen Tag lang gewartet, aber niemand ist erschienen."

Der Minister ließ verlegen den Kopf hängen. „Es tut mir Leid, mein König", sagte er, „aber sie waren alle so abgelenkt von den Dingen, die Ihr ihnen angeboten habt – von den tanzenden Mädchen, der Musik, dem Essen, dem Trinken –, dass niemand mehr daran gedacht hat, zum Gespräch zu kommen."

Der König blickte seinen Minister verblüfft an. „Das kann ich nicht glauben", sagte er. „Wenn nur einer von ihnen, ein einziger sich daran erinnert hätte, weshalb er überhaupt in den Palast gekommen war, hätte er das ganze Königreich bekommen. Dann hätte all dies ihm gehört für den Rest seines Lebens. Aber jeder einzelne von ihnen hat vergessen, warum er eigentlich gekommen ist."

Ich liebe diese Geschichte. Erinnert sie dich an irgendetwas aus deinem eigenen Leben? Fragst du dich auch manchmal, ob du nicht auch vergessen hast, warum du eigentlich hier bist? Das ist vermutlich der wichtigste Teil einer Coachingbeziehung: die Menschen wieder daran zu erinnern, weshalb sie eigentlich hier sind.

Wenn sich ein junges Paar ein Kind wünscht, dann hat es eine Vision davon, wie es dieses Kind großziehen will. Es malt sich die perfekte Umgebung aus, in der der künftige Sohn oder die Tochter wachsen und gedeihen, in der er oder sie lernen und sich voll entfalten kann. Jahre später dann sind die Eltern so überfordert und gestresst, weil sie die Kinder zum Fußballtraining oder zum Zahnarzt fahren oder sich mit nicht gemachten Hausaufgaben auseinandersetzten müssen, dass sie ganz vergessen, warum sie eigentlich ein Kind bekommen haben.

Wenn ein Mensch eine Vision hat und sich beispielsweise selbständig machen will, dann bringt er das nötige Geld auf, schreibt seinen Businessplan und seine Ziele nieder. Jahre später dann, muss er vielleicht den Gürtel enger schnallen, um Geld zu sparen, Angestellte entlassen oder Geschäfte machen, die gar nicht mehr in Übereinstimmung mit der ursprünglichen Vision sind.

Die Menschen vergessen, wozu sie hierhergekommen sind.

Und das trifft selbstverständlich auch auf das größere Ganze zu. Da sind wir nun und haben nur ein paar Jahrzehnte auf diesem Planeten. Wir haben Geschenke mitgebracht, vielleicht haben wir auch eine Botschaft zu verkünden. Tief in unserem Inneren haben wir Werte, die für uns von Bedeutung sind, aber wir vergessen allzu leicht, warum wir eigentlich hier sind.

Im Awakening Coaching haben wir eine ganze Reihe ausgeklügelter Techniken entwickelt, die den Menschen dabei helfen können, wieder tief genug in dem zu ruhen, was sie wirklich sind, in ihrer „wahren Natur“, so dass sie sich schließlich daran erinnern, wer sie sind und warum sie hier sind. Das geschieht aber nicht über das Denken, sondern auf einer viel tieferen Ebene. Dann erinnern sie sich auch daran, dass sie hier sind, weil sie ein Geschenk zu geben haben.

Gewissermaßen ist es genau das, worum es bei einem Coaching geht: dich zu erinnern, wer du wirklich bist, dich zu erinnern, warum du auf diese Welt gekommen bist, und dich des Geschenks in deinem Inneren zu erinnern, das endlich verschenkt werden möchte. Auch das ist eine Bedeutung von „Erwachen.“

Das einzige, was dem im Wege steht, ist die ständige Ablenkung.

KAPITEL 24

Frei vom Kreislauf von Leben und Tod

Ich habe den Eindruck, du sprichst sehr viel über materielles und persönliches Wohlergehen. Was ist aber mit denen von uns, die sich aus dem Kreislauf von Leben und Tod befreien wollen?

David, darf ich dir eine Geschichte erzählen?

Ich habe mehrere Jahre bei meinem Lehrer in Indien gelebt. Er war kein Lehrer im herkömmlichen Sinne, es gab keine formale Lehre, die er zu vermitteln hatte, und auch keine Organisation, die hinter ihm stand. Er lehnte es auch ab, Menschen als seine Anhänger zu betrachten. Ich würde ihn heute als den ersten Awakening Coach der Welt bezeichnen. Nach einer Zeit bat er mich, nach Amerika zurückzukehren und „das Geheimnis" mit meinen Freunden zu teilen. Ich wusste nicht so recht, was er damit meinte.

„Was genau soll ich denn tun?", fragte ich.

„Geh zurück nach Amerika und erzähl den Menschen von diesem Geheimnis."

„Ich soll Lehrer werden?", fragte ich überrascht.

„Hmmm, ja, du sollst lehren", murmelte er und wandte sich wieder seiner Zeitung zu, weil unser Gespräch ihn jetzt langweilte.

Ich hatte beobachtet, wie andere Westler zu spirituellen Lehrern wurden, und ich war nicht immer besonders begeistert davon. Da gab es einfach mehr Schlaglöcher als auf den indischen Straßen vorm Haus meines Lehrers.

„Du machst wohl Witze!", erwiderte ich.

Er blickte von seiner Zeitung auf. „Die Wahrheit ist nur ein großer Witz. Geh jetzt und sag das deinen Freunden."

Ich kehrte zurück nach Seattle, wo ich bereits gelebt hatte, ehe ich ihm begegnete. Ich lud also ein paar alte Freunde ein, die brachten dann weitere Leute mit und irgendwann fanden regelmäßige Treffen mit Dutzenden Menschen statt.

Nach einigen Monaten erhielt ich eine Einladung nach Orcas Island, um dort zu unterrichten. Das war mit dem Boot etwa zwei Stunden von Seattle entfernt und es wehen heftige Winde dort. Eine Frau hatte mich eingeladen, in ihrem Haus zu unterrichten. Sie hatte mir gesagt: „Du kannst das Haus ganz für dich allein haben. Wir kommen dann auch dort zusammen. Ich habe noch ein Haus, in dem ich solange wohnen werde." Das Haus stand auf einem fünf Morgen[44] großen Grundstück auf einem Hügel und blickte nach Westen, so dass der Wind direkt vom Pazifik hereinwehte.

Tagsüber ging ich in die Stadt. Während meiner Zeit in Indien hatte ich nie auch nur einen einzigen Film gesehen. Damals kam man in Indien nur sehr schwer an Filme aus dem Westen heran. Obwohl ich Filme liebte, hatte ich nun schon seit über zwei Jahren keinen mehr gesehen. Also ging ich in die Videothek und war ganz aufgeregt dabei. Ich wollte nichts Gewalttätiges, nichts Abgefahrenes sehen. Was ich suchte, war eine sanfte Wiedereinführung in die Welt des Kinos – einen Disney-Film oder so etwas. Und dann fand ich einen, der genau das zu versprechen schien, was ich suchte. Anthony Hopkins spielte mit. Den mochte ich. Er hatte den lieblichen Titel *Das Schweigen der Lämmer*. Und auf dem Cover war ein Schmetterling abgebildet. Schön. Ich lieh ihn mir aus.

Nachdem am Abend die Leute gegangen waren und die Frau, der das Haus gehörte, sich in ihr anderes Haus zurückgezogen hatte, war ich auf diesem riesigen Grundstück ganz allein. Allein in einem Haus, das unter den heftigen Stürmen knirschte und knackte.

Ich holte meinen niedlichen Kinderfilm mit dem Schmetterling auf dem Cover hervor und steckte ihn in das Videogerät. Dann machte ich es mir bequem und entspannte mich.

Es stellte sich als, sagen wir, intensiv heraus.

---

[44] 1 Morgen sind ca. 4047qm. (Anm. d. Übers.)

Der Wind drückte immer wieder einen Ast gegen das Fenster. *Rat tat tat.* Langsam wurde mir ein bisschen mulmig zumute. Ich konnte den Film aber nicht einfach ausschalten, denn dann würde ich ja ins Bett gehen müssen, ohne zu wissen, wie die Geschichte ausging. Ich konnte also nur auf ein Happy End hoffen.

Da saß ich also ganz allein in diesem Wohnzimmer, kein Mensch in meiner Nähe. Vor mir stand eine Kiste. Und in dieser Kiste spielte sich der reinste Alptraum ab.

Da erkannte ich plötzlich, dass ich mit meiner Aufmerksamkeit in diese Geschichte in der Kiste hineingehen und mich dem Grauen aussetzen konnte: „Oh mein Gott! Unendliches Entsetzen." Aber ich konnte auch wieder raus aus der Kiste und mir in Erinnerung rufen: „Das da ist Anthony Hopkins. Den mag ich. Er ist ein Schauspieler. Das ist Jodie Foster. Sie sind geschminkt. Es ist nur ein Film." Ich konnte also rein und raus gehen, eintauchen und wieder auftauchen. Und so habe ich *Das Schweigen der Lämmer* überlebt, ganz allein, mitten in der Nacht, auf einem von Winden geschüttelten Hügel in einem knarrenden Haus.

Auf die gleiche Weise kann man sich auch aus dem Kreislauf von Leben und Tod befreien. Was ist es denn, was geboren wird und stirbt? Es ist nur ein Körper. Dieser Körper ist eigentlich nichts weiter als animierte Erde. Alles an diesem Körper ist aus der Erde geboren. Er besteht aus Kohlenstoff und anderen Nährstoffen, die ursprünglich einmal Pflanzen gewesen sind. Er wurde aus einem anderen Körper erschaffen. Er wird sterben. Wenn du eintauchst in den Gedanken „Ich bin David, ich bin dieser Körper", dann bist du gefangen im Kreislauf von Leben und Tod.

Aber du hast auch die Möglichkeit, aufzutauchen und zu erkennen, dass da auch grenzenloses Bewusstsein ist: ohne Geburt, ohne Tod, ohne Form. Auch dieses Bewusstsein bist du: Du nimmst David wahr, jene flüchtige Erscheinung von David.

Der Weg, sich in diesem Augenblick, JETZT, nicht erst in 5 Minuten, sondern genau jetzt aus dem Kreislauf von Leben und Tod zu befreien, besteht darin, zu erkennen, dass alles, was geschieht, durch uns erfahren wird. Geräusche werden gehört: Was hört sie? Macht dieses Etwas Geräusche? Oder ist es still? Form, Größe, Farbe, Oberflächenstruktur: Was sieht das alles? Hat es eine Form? Oder ist es gestaltlos? Grenzenlos? Körperempfindungen, blockierte Energien werden gefühlt: Was fühlt sie? Ist es blockiert? Oder ist es offen? Ist es womöglich die Liebe selbst?

Dies ist die Abkürzung auf dem Weg zur Freiheit vom Kreislauf von Leben und Tod: die unmittelbare Frage: „Wer erfährt denn all dies?“ Dann erkennst du, dass das, was du wirklich bist, niemals in irgendeinem Kreislauf gefangen gewesen ist.

Eines lässt sich dem noch hinzufügen. David ist hier, nicht wahr? Jeden Tag wird er ein bisschen älter und nähert sich dem Tod. Aber da ist auch das grenzenlose Bewusstsein. Manchmal kippen wir allzu sehr in eine dieser Wahrnehmungen. Wenn du dich zu sehr in David hinein lehnst, bist du in der Geschichte gefangen, eingeschlossen im *Schweigen der Lämmer*, völlig von Angst beherrscht. Wenn David Geld verliert: Aaaahhh! Wenn David abgelehnt wird, wenn David krank wird, wenn David sich zum Narren macht: Noch mehr Aaaaahhh! Alles wird plötzlich ernst und angespannt. Du kannst dich aber auch zu sehr in die Leere, in die Weite hinein lehnen, dann bist du „scheinbar frei“, nämlich so lange, wie du mit geschlossenen Augen und geradem Rücken dahockst und OM singst.

Genau das ist der Fehler, der in vielen fernöstlichen Kulturen gemacht wurde: eine Überbewertung der Leere. Dann führt man nämlich ein Leben der Entsagung. Kein Sex, kein Geld, keine Beziehungen, keine Kreativität, kein gar nichts. Wozu soll das gut sein? Wir sind doch schließlich hier, wir dürfen das Leben genießen. Die Kunst besteht darin, den Film anzuschauen, das Schauspiel zu genießen und dabei stets zu wissen, dass es nur ein Film ist. Dann bist du nämlich mitten im Spiel und gleichzeitig außerhalb des Spiels.

Das ist ein weiterer guter Grund, das Konzept der „Erleuchtung“ das Klo hinunterzuspülen. Wir betreten jetzt ein neues Spielfeld. Wir betreten ein erwachtes Leben. Das ist nicht das Spiel, das Buddha spielte. Es ist kein Spiel, bei dem es um Entsagung, Zölibat und ein Leben mit der Bettelschale geht. Es ist eine Erforschung der spirituellen Evolution.

Sag mir nun, David, was denkst du darüber?

KAPITEL 25

Siehst du: Kein Ego!

Wie kann ich mein Ego loswerden?

Wie du dein was loswerden kannst?

Das Ego. Ich will mein Ego loswerden.

Tut mir leid. Ich versteh dich nicht. Wen willst du loswerden? Meko?

Nein, das Ego.

Was ist das denn? Ich hab noch nie eins gesehen, darum kann ich dir auch nicht dabei helfen, es loszuwerden.

Hast du schon einmal eins gesehen? Kann man es hören? Kannst du es mir beschreiben?

Nicht so genau, nein. Man kann es nicht sehen oder hören.

Bist du sicher, dass es überhaupt existiert? Wenn du mal einen Moment lang nicht denkst oder konzeptionalisierst oder dir etwas vorstellst, bist du dann noch sicher, dass es existiert?

Das Ego ist, wenn ich selbstsüchtig bin, wenn ich für meine eigenen Interessen eintrete …

Noch im späten 19. Jahrhundert war das Wort „Ego“ nichts anderes als die erste Person Singular in der lateinischen Sprache. Es bedeutete „ich“. In Freud'schen Kreisen wurde es dann verwendet, um einen Aspekt der Psyche zu beschreiben und inzwischen hat es Eingang in die Allgemeinsprache gefunden, um ein ganz bestimmtes selbstsüchtiges Verhalten zu umschreiben. Wenn der Organismus von sich selbst und seinen Prozessen allzu fasziniert ist, anstatt die Welt um sich herum wahrzunehmen, bezeichnen wir diese Funktion als „Ego.“ Aber damit beschreiben wir eine Funktion, kein Ding. Man kann es nicht greifen. Und weil man es nicht greifen kann, kann man es auch nicht loswerden.

Es gibt schlicht nichts, was du tun könntest, um das Ego zu vertreiben, denn im Grunde genommen existiert es gar nicht.

Wenn ich diese Taschenlampe hier nehme und sie rasch herumwirbele, was siehst du dann?

Ich sehe einen Kreis.

Und wenn ich mit der Bewegung aufhöre, wo ist der Kreis dann hin? Es hat gar keinen Kreis gegeben, das einzige, was da war, war ein sich bewegender Lichtpunkt, und den hast du als Kreis bezeichnet. Genauso ist es mit dem Ego: Es ist gar nicht da, ist nie da gewesen. Alles, was da ist, sind die Bewegungen der Gedanken und Gefühle. Wenn Gedanken und Gefühle bestimmten Mustern folgen, dann sagen wir: „Das ist das Ego." In einem Moment klaren Sehens erkennst du, dass da gar kein „Ego" ist. Es gibt auch keinen „Verstand". Im gegenwärtigen Augenblick ist da entweder ein Gedanke oder eben kein Gedanke, aber ein Verstand ist da sicher nicht. In diesem Moment gibt es keine Vergangenheit, keine Zukunft, keine Staatsschulden. All diese Dinge sind frei erfunden, verstehst du? Wir erfinden sie, wir stimmen ihnen zu und dann versuchen wir, sie loszuwerden.

Darum sprechen wir hier über das Erwachen: nicht über das Erlangen eines höheren Seinszustands oder das Loswerden niederer Seinszustände, sondern vom Erwachen. Das bedeutet, wir erwachen aus der Vorstellung von Dingen, die gar nicht existieren. Was dann übrig bleibt, ist einfach, frisch und leicht.

Nun sag mir, was du davon hältst?

TEIL FÜNF:

Bis später!

KAPITEL 26

Danke, dass du da warst

Man soll ja aufhören, wenn es am schönsten ist. Mir war es jedenfalls eine Freude, diese Party für euch zu geben, allein schon die Idee, dann das Verschicken der Einladungen, die Planung des Ablaufs und schließlich, wie ich euch hier in meiner Welt herumführen konnte. Ich hoffe inständig, dass es dir gefallen hat und du dich genauso gefreut hast, meine Freunde kennen zu lernen, wie ich.

Ich habe noch eine kleine Partytüte vorbereitet, die ich dir mit auf den Weg geben will. Zuallererst hoffe ich, dass du an der Leser-Webseite, die ich für euch eingerichtet habe, Gefallen findest. Du findest dort noch viele weitere Videos, Audiodateien, weiterführende Literatur und hast auch Gelegenheit, mit anderen Gästen ins Gespräch zu kommen. Ich gehe davon aus, dass du ihr inzwischen schon einen Besuch abgestattet hast, aber falls nicht, hier noch einmal die Adresse.[45]

In der Partytüte findest du außerdem eine Einladung, noch tiefer in die Thematik einzutauchen. Vielleicht interessierst du dich dafür, bei einem zertifizierten Coach ein Awakening Coaching zu machen. Hier kannst du nach einem Coach in deiner Nähe oder einem Coach für ein ganz bestimmtes Fachgebiet suchen.[46] Oder du kommst mal zu einem meiner Wochenendseminare in deiner Nähe. Hier ist der Kalender.[47] Wir bieten auch ein Gruppencoaching-Programm an, das du online von zu Hause aus machen kannst. Und möglicherweise möchtest du ja sogar selbst eine Ausbildung zum Awakening Coach machen, alle notwendigen Informationen dazu findest du hier.[48] Das wollte ich unbedingt noch loswerden, bevor du gehst.

---

[45] http://better-than-sex.kajabi.com/login

[46] http://awakeningcoachingtraining.com/find-coach

[47] http://awakeningcoachingtraining.com/schedule

[48] http://awakeningcoaching.de/

An früherer Stelle haben wir bereits eingehend über die wichtige Unterscheidung zwischen Techniken und Prinzipien gesprochen. Jetzt, am Ende unseres gemeinsamen Abends, möchte ich noch einmal auf dieses Thema zurückkommen. Ich habe mein Bestes gegeben, um dir einen guten Überblick über die praktischen Werkzeuge zu verschaffen, die wir beim Awakening Coaching verwenden. Viele davon kannst du sofort selbst anwenden. Zu anderen wirst du wahrscheinlich besseren Zugang finden, wenn du sie zusammen mit einem Coach verwendest. Aber im Grunde sind sie alle nur wie ein Kleenex: Du kannst sie nutzen, solange du sie brauchst, aber es ist auch wichtig, zu wissen, wann du sie wegwerfen solltest.

Das Entscheidende an einem Kleenex ist ja, dass es dir helfen kann, wieder freier zu atmen. Du benutzt das Kleenex einmal und schon kannst du die Gerüche wieder klarer wahrnehmen, du kannst herrlich tief durchatmen und fühlst dich gleich viel lebendiger. Das sind sehr wichtige und erstrebenswerte Dinge. Das nasse Papiertaschentuch, das du aber nun in Händen hältst, solltest du schleunigst wegwerfen, und zwar möglichst diskret. Präsentiere es lieber nicht mit stolzgeschwellter Brust beim nächsten Abendessen bei Freunden oder bei einer ersten Verabredung. Vertrau mir, das geht schief.

Die Werkzeuge, die wir heute Abend angeschaut haben, ja eigentlich der gesamte Ansatz des Awakening Coachings, sind genau dasselbe wie ein Kleenex. Sie sind nützlich, aber sie sind nicht das, worum es geht. Wenn sie ihren Job richtig machen, dann hast du am Ende wieder ein Gefühl für deine wahre Natur als grenzenloses Bewusstsein. Mit ihrer Hilfe kannst du wieder voll und ganz am Spiel des Lebens teilnehmen und bist nicht mehr von verzweifelter Überlebensangst getrieben, sondern von einer großen Leichtigkeit, von einer gewissen Verspieltheit erfüllt. Sie ermöglichen es dir, als die Liebe selbst in Erscheinung zu treten und das Herz und die Seele einer jeden Party zu werden.

Darum geht es, das ist es, worüber du bloggen und twittern kannst, das kannst du laut in die Welt hinaus rufen. Mach dir keine weiteren Gedanken darum, wie du dahin gekommen bist, wieder freier atmen zu können, denk nicht mehr an das Kleenex. Dein Enthusiasmus gilt jetzt dem betörenden Duft eines Jasminstrauchs am Abend, den du nun endlich wahrnimmst.

Wenn dir diese Werkzeuge von Nutzen waren oder du dich dazu inspiriert fühlst, sie tiefer zu ergründen, dann hat sich meine Party doch schon gelohnt.

Du kannst dich aus jeder scheinbaren Gefängniszelle befreien, die dich bislang eingeschränkt hat. Du kannst in deiner ganzen Pracht und Herrlichkeit erstrahlen. Alles, was es braucht, ist nur ein winziger Bewusstseinswandel.

Es ist ein Leichtes, auch andere dazu zu inspirieren.

Es ist das Beste, was man meiner Meinung nach mit diesem Abenteuer Menschsein anfangen kann.

Es ist Besser als Sex.

DANKSAGUNGEN

So viele Menschen haben dabei geholfen, dieses Buch zu erschaffen, so viele Jahrzehnte der Forschung waren nötig, dass es mir fast unmöglich scheint, sie alle beim Namen zu nennen.

Ich versuch's einfach mal.

Das ursprüngliche Manuskript war als Gespräch zwischen mir selbst und verschiedenen Freunden gestaltet. Wir haben miteinander Gespräche geführt, sie aufgenommen und dann aufgeschrieben. Ein Riesendankeschön an meine lieben Freunde Jonathan Robinson und Matthew Blom für unsere stundenlangen Gespräche, ein ebenso tiefer Dank an meine geliebte Frau Chameli. Die Gespräche wurden von Kristen Rieger und Myles Aion niedergeschrieben.

Herzlichen Dank an Myles Aion und David Lasocki für das Redigieren der finalen Version und an David Lasocki, Michael Burnstein und Shannon Generazzo für das Korrekturlesen.

Danke an unsere unerschütterliche virtuelle Assistentin Shannon Generazzo, die dem Buch den letzten Schliff gegeben hat und überhaupt einfach wunderbar ist.

Das Cover Design stammt von Tyler Nilson von Humanbeam Design. Das Layout der Hardcover Ausgabe kreierte Marites Bautista.

In diesem Buch vereinen sich tausende Stunden der Entwicklung unserer Arbeit mit dem Awakening Coaching, die sich über zwanzig Jahre hinweg erstreckte. Wahrscheinlich kann ich mich nicht einmal an all die Menschen erinnern, die an dieser Entwicklung beteiligt waren, aber einige herausragende Persönlichkeiten will ich an dieser Stelle benennen: Oliver Arnold, Verena Hirschmann, Ursula Kauer, Katharina Rieder, Sorel Norlin, Jan Kirby, Suzi April, Connie Kishbaugh, Nikki und Glenn Blackburn, Garrett Stanley, Peter Devries, Olivia Pinto, Tanya Corrin, Marion Meloni und Karen Fritz.

Ich liebe zwar das Lehren, Coachen und Schreiben, aber in der schwindligen Welt des Business bin ich nie wirklich zu Hause gewesen. Darum bin ich Sorel Norlin unendlich dankbar für ihren großzügigen und loyalen Beitrag dazu, dass diese ganze Sache doch sehr geschmeidig laufen konnte.

Der Mensch, der wohl den größten Beitrag von allen geleistet hat, ist mein Freund und Manager Michael Burnstein. Danke Michael, du hast dafür gesorgt, dass der Lärm aufhört. Du bist ein durch und durch guter Mensch.

Ein Riesendank an alle, die ihre Geschichten mit uns geteilt haben. Sie sind bereits im Text namentlich erwähnt.

Danke auch an meinen Agenten Bill Gladstone von Waterside Productions, der auch in der komplizierten Welt der Buchveröffentlichungen immer an seiner großen Vision festgehalten hat.

Und tiefen Dank an meine wunderbare Verlegerin, Jill Mangino, die mit ihrem unermüdlichen Enthusiasmus selbst an Wochenenden und am späten Abend zur Verfügung stand.

Und immer wieder bin ich zutiefst beeindruckt von meiner wunderbaren Familie: Abhi, Shuba, Hanna, Amanda und meiner geliebten Frau Chameli. Ich bin ein wahrer Glückspilz.

www.awakeningcoaching.de

29688799R00139

Made in the USA
Charleston, SC
20 May 2014